陕西师范大学优秀著作出版基金资助

资本约束下
汇率变动与企业生产率关系

苗文龙　张德进　著

Ziben YueShuxia

Huilü Biandong Yu Qiye Shengchanlü Guanxi

中国社会科学出版社

图书在版编目（CIP）数据

资本约束下汇率变动与企业生产率关系/苗文龙，张德进
著 . —北京：中国社会科学出版社，2017. 10
ISBN 978 - 7 - 5203 - 1073 - 4

Ⅰ . ①资… Ⅱ . ①苗…②张… Ⅲ . ①汇率波动—关系—制造
工业—研究—中国 Ⅳ . ①F832. 63②F426. 4

中国版本图书馆 CIP 数据核字（2017）第 238468 号

出 版 人	赵剑英
责任编辑	谢欣露
责任校对	王纪慧
责任印制	王 超

出 版	中国社会科学出版社
社 址	北京鼓楼西大街甲 158 号
邮 编	100720
网 址	http：//www. csspw. cn
发 行 部	010 - 84083685
门 市 部	010 - 84029450
经 销	新华书店及其他书店

印 刷	北京明恒达印务有限公司
装 订	廊坊市广阳区广增装订厂
版 次	2017 年 10 月第 1 版
印 次	2017 年 10 月第 1 次印刷

开 本	710 × 1000 1/16
印 张	15. 5
插 页	2
字 数	249 千字
定 价	66. 00 元

凡购买中国社会科学出版社图书，如有质量问题请与本社营销中心联系调换
电话：010 - 84083683

序

自国际上汇率浮动制度实施之后，汇率波动成为一个重要的研究问题，它不仅对各经济体的国际贸易、国际投资、国内消费、经济增长具有不容忽视的影响，而且对金融风险控制和经济政策实施具有重要作用。特别是 2016 年，人民币汇率在较短时间内异常贬值，引发资本外流和中国外汇储备规模的大幅下降，并进一步恶化人民币汇率稳定预期和影响正常的国际经济活动。

本书准确捕捉这一问题，并立足于企业微观层面，从汇率波动对企业生产率的影响出发，分解为汇率对企业资本产出比、销售规模、外商直接投资、技术创新投资的影响，并以翔实的数据作为佐证，进而在动态随机一般均衡模型框架下模拟分析汇率波动的宏观经济效应。值得一提的是，这一著作从行业层面设计并计算各行业的实际汇率，根据行业进出口净值和技术创新空间将制造业分为创新行业和稳定行业，从微观层面分析汇率波动对企业生产率的作用机制，都具有一定的新颖性和引领性，对丰富这一领域的研究具有一定的理论价值，对一国制定汇率政策和产业政策具有重要的参考价值。

随着金融国际化程度的进一步加深和人民币国际货币地位的继续提升，汇率问题将成为国际经济政策的核心问题。就这个意义而言，本书具有一定的学术价值，但我更殷切盼望的是，本书能很快引发更多有价值的研究力作问世，为中国的崛起建言献策。

王洛林

2017 年 9 月

摘　要

　　汇率波动及其经济效应是开放经济国家宏观经济政策的核心问题。本书的目的在于较为全面地分析汇率波动对我国制造业生产率的影响，探索汇率波动影响生产率的主要路径，并详细阐述在汇率升值过程中，需要采取哪些协调支持措施促进行业的生产率提高和结构升级。正如克鲁格曼所说的，长期来看，生产率决定一切。

　　鉴于此，本书通过梳理相关文献，设计并计算行业实际汇率，对我国工业制造业 27 个行业 1998—2011 年出口实际汇率、进口实际汇率和进出口实际汇率进行测算，结果表明，行业实际汇率整体呈上升趋势，但行业间分化明显。对制造业应对汇率升值压力的抽样调查表明，人民币升值短期对出口的负面影响较大，长期来看，汇率升值有利于促进优胜劣汰、出口结构调整升级和生产率提高。本书运用随机前沿 DEA 方法对 27 个行业的生产率进行了分解，结果表明技术密集型的行业生产率和技术进步较劳动密集型更快。

　　在此基础上，本书通过构建模型，从理论上分析了汇率变化影响生产率的三条路径：资本深化、外资流入和销售规模。在汇率升值背景下，行业风险暴露越高的行业，越有动力提高资本劳动比，而价格加成比例高的行业反而没有动力提高资本劳动比。汇率升值对资本流入的总体影响不大，但对于资本流向具有显著影响，并促进资本流向中高技术行业。对于销售规模来说，实际汇率升值促进了行业内企业平均规模的扩大。进而，本书实证分析了汇率变化对这三个因素的中间影响及其对生产率的最终影响，结果表明，资本深化和销售规模对劳动生产率具有显著促进作用，而外资流入对于全要素生产率具有促进作用但对劳动生产率作用不显著，资本设备的引进在一定程度上替代了劳动力，从而提高了人均增加值，但并没有促进技术进步。针对不同行业融资能力的研究表明，融资能力较高的行业，汇率变化促进行业生产率进步的作用更大，反映了融资能力在影响行业应对汇率升值方面的作用。这些结论不同于以往从企业资本密集度、规模经济和企业的进入与退出三个方面来考察汇率变化对企业生产率影响的研究，对汇率波动的经济影响分析具有重要的补充意义。

最后，结合德国、日本、韩国、中国台湾在本币升值过程中促进企业结构调整和生产率进步的经验，对我国企业进一步提高生产率和促进技术进步提出了建议。中国可进一步完善人民币汇率形成机制的市场化，增加人民币汇率弹性，引导生产要素的合理配置；政府可加大对外资流向的引导和企业对外投资的支持；企业自身则应加大技术创新和资源重组，加大对技术设备的引进和利用，提高企业的资本劳动比；中国仍需进一步完善金融市场，降低企业融资的资金成本，为企业的技术进步提供必要的资金支持。

关键词：汇率波动；制造行业；劳动生产率

目　　录

第一章　导论

第一节　研究背景与意义

一　研究背景

1922 年，瑞典经济学家古斯塔夫卡塞尔在其著作《1914 年以后的货币和外汇》中提出了购买力平价理论（PPP），该理论第一次提出了汇率的决定理论。巴拉萨（1964）和萨缪尔森（1964）在此基础上提出了著名的"巴拉萨—萨缪尔森效应"（Balassa - Samuelson Effect），即一国生产率的提高将导致该国实际汇率升值。当前大量的研究文献集中于研究生产率变化对一国汇率的影响。但是，从汇率对生产率的反向作用来研究的文献并不多见。事实上，如果一国的汇率波动较大且持久，其产生的结果将类似于关税的调整（Fenstra，1989），本国货币升值的效果类似于进口关税的下降和出口关税的上调，而本国货币贬值的效果则刚好相反。相对于研究贸易自由化对企业生产率影响的文献来说，有关汇率变化对企业生产率影响的研究相对较少（Ben Tomlin and Loretta Fung，2010）。克鲁格曼（P. Krugman，1989）曾对汇率与生产率的关系提出过相关观点，他认为，1979—1985 年美国工业生产率的加速提高可能是由美元的大幅升值引起的，原因是企业在美元升值的压力下被迫提高其生产率。而波特在其出版的 *Competitiveness and Growth* 一书中提出，汇率的高估可能会带来生产率的提高（Porter，1990）。

从人民币汇率变化历程来看，自 1994 年以来，汇率升值趋势明显。根据国际清算银行发布的报告，1994 年 1 月至 2012 年 2 月，人民币对美元汇率由 8.70 上升至 6.30，累计升值了 38%；人民币实际有效汇率指数由 64.4 上升至 107.9，累计升值了 68%。在这种背景下，关于汇率升值对我国企业生产率产生了什么影响，国内这方面的研究以定性分析为主，从行业层面和企业层面进行定量研究的几乎没有，目前可查的只有 Ping Hua（2003），Teanneney、Hua 和 Liang（2010）关于实际汇率升值对中国省域生产率的影响研究。汇率分析需要一个动态的视角。比如说，在正常情况下货币升值将引起出口下降，因为货币升值使得同样产品的国际价格上升，竞争力降低。不过如果动态地看，竞争力下降会迫使企业提高生产率、降低成本，这样可以适当弥补竞争力的损失，因此汇率从一个较长时期来看就具有积极作用。因此，系统梳理国内外的已有研究，可为国内更好地开展这方面研究提供借鉴。

二　研究意义

从我国当前对外贸易结构来看，劳动密集型产品出口占比明显下降，资本和技术密集型产品占比大幅上升。但是，一些学者认为，虽然我国出口产业结构不断升级，但这并不必然意味着制造业生产率的提高和技术进步，因为大量的高技术产品出口是由外商投资企业进口高附加值中间产品加工组装完成的。在许多文献中，都提到通过人民币升值来促进企业加强科学研究和技术开发，从而促使出口产品附加值提升。如 2008 年中央财经大学中国银行业研究中心课题组的调查报告《人民币升值对出口企业影响调研报告》调查了具有代表性的 1780 家中小型出口企业。调查发现，在人民币大幅快速升值的压力下，有59.9%的出口企业选择通过"改进技术、提高劳动生产率"来应对，这也充分说明出口企业并未在人民币快速升值的背景下消极对待，而是积极采取最根本的方法来增加其产品竞争力（《上海证券报》，2008 年6 月 12 日）。胡晓炼（2010）认为，2005 年以来汇率形成机制改革促使企业加大产品升级换代和创新力度，提升核心竞争力，有利于出口结构优化和外贸发展方式转变。那么，这种观点是否能够经受实践的检验？人民币名义汇率波动虽然较小，但实际汇率波动相对较大，在人民币升值趋势下制造业行业的生产率是否提高？汇率影响生产率的渠道有哪些？这些影响是否存在行业特征？这些问题需要进行深入研究。

有关中国实际汇率变化对企业生产率的研究很少。目前国内对汇率的研究多集中于汇率对进出口、产业结构、就业和收入分配的影响，所采用的数据以宏观数据为主，多是从总量层面进行分析。有关汇率对企业的影响，多是利用定性分析来说明汇率升值有利于促进企业结构调整，增强企业竞争力，大量的文献集中于研究汇率对产业结构调整的影响。Teanneney、Hua 和 Liang（2010）从省域层面研究汇率对生产率影响，缺乏对行业和企业类型的细分，田素华（2008）的研究主要是考虑汇率变化对企业固定资产投资的影响，没有进一步研究汇率对企业生产率的影响，且采用的为 2006 年之前的数据，而人民币的快速升值和波动幅度加大是在 2006 年之后发生的。综观这些文献，从行业和企业层面出发，研究人民币升值对企业生产率和技术进步影响的文章没有。从时间方面来看，鲜有涉及人民币汇率改革后的研究，而且在研究中没有充分考虑人民币汇率升值和金融市场的交互作用。从方法上来看，没有采用更加切合实际的随机前沿技术分布来对行业或企业的生产率变化进行分解。因此，结合我国汇率改革以来的数据，对人民币升值对企业或行业生产率影响进行深入研究具有十分重要的意义。

第二节　文献综述

迄今为止，汇率变动对生产率的影响并没有像贸易自由化那样得到学术界的广泛关注。Melitz（2003），Melitz 和 Ottaviano（2008），Bernard、Eaton、Jensen Kortum（2003）等的研究表明，贸易自由化影响到市场中企业的分布，这反过来又影响企业生产率以及行业生产率。他们的模型假设贸易自由化会迫使生产率较低的企业选择退出市场，并将市场份额转移给具有出口竞争优势的企业，结果导致总体生产率水平提高。Trefler（2004）将 1939 年"加拿大—美国自由贸易协定"（FTA）设为门槛，检验了降低关税对加拿大制造业部门生产率的影响，研究发现，长期来看贸易自由化对加拿大制造业部门生产率有促进作用。Lileeva（2008）对"加拿大—美国自由贸易协定"（FTA）影响企业选择退出市场的概率以及加拿大制造业生产率分布进行研究发现，加拿大关税削减会通过淘汰小规模、低生产率企业，并将市场份额转移给大规模、高生产率的企业，最终导致行业生产率的提高。虽然一国的汇率经常发生变动，但是通常被认为是短暂的周期性波动。如果汇率发生持续且幅度较大的变动，那么这很可能如同关税的变化一样对企业或行业的生产率产生影响。从已有的相关文献来看，汇率对生产率的影响主要集中于以下几个方面：

一　汇率波动、企业生产要素配置与企业生产率

根据索洛模型，资本劳动比的提高将有助于企业生产率的提高，在一个开放的经济体系中，汇率存在价格传递作用，汇率升值使得企业使用相对便宜的资本替代劳动力，从而导致企业生产率提高。Kaysia C. 和 D. M. Hunter（2010）运用来自 53 个国家 1781 家企业 1999—2000 年的混合数据进行研究，结果表明，企业投资对汇率波动敏感，1% 的汇率贬值导致企业投资下降 4.2 个百分点。Danny Leung 和 Terence Yuen（2005）对加拿大 1981—1997 年制造业资本劳动比的研究表明，10% 的汇率贬值导致加拿大制造业资本劳动比下降 1.7 个百分点，20 世纪 90 年代初期加拿大元的贬值导致 1991—1997 年制造业资本劳动比下降了 2.7 个百分点。Landon 和 Smith（2007）对美国设备进口的研究表明，本国货币相对于设备来源国货币的贬值将导致资本设备进口减少，而相对于出口国货币的贬值将导致资本设备进口的增加，这也从间接上支持加拿大汇率贬值导致从美国进口的资本设备减少的结论。田素华（2008）利用 2000 年第一季度至 2006 年第四季度的汇率数据和企业季度投资数据，分析了汇率变化对企业投资的影响，发现人民币对美元汇率波动幅度加大显著促进了大多数企业固定资产投资增加，但这种效应受企业结构特征及投资资金来源影响。McCallum（1999）、Richard G. Harris（2001）认为，20 世纪 90 年代初期加拿大元的大幅贬值导致进口资本品价格的上涨和加拿大企业资本设备投资的下降，使得企业生产率相对美国企业下降。Dunaway（2000）、Carlaw 和 Kosempel（2000）将加拿大1961—1996年的TFP分解为资本品导向的技术进步和劳动导向的技术进步，发现资本品导向的技术进步在加拿大企业技术中占有主导地位，而汇率贬值导致资本品价格相对上涨从而抑制资本品进口和技术进口，导致加拿大企业的创新活动减少，阻碍了企业生产率提高。

但是，也有学者认为，汇率变化对投资的影响与企业市场定价能力①和出口导向程度有关，定价能力越高的企业其投资对汇率变化越不敏感。Campa 和 Goldberg（1995）认为，汇率的变化通过影响企业利润进而对企业资本设备投资产生影响，汇率对企业投资的影响随企业出口导向程度的不同而变化。在20世纪70年代美国的制造业以出口导向型为主，美元升值10%导致企业投资下降1.2%。但到20世纪80年代，美国制造业转向以进口为主，同样的升值幅度导致企业投资增加0.7%。Campa 和 Goldberg（1999）对美国、英国、日本和加拿大2位数代码制造业分类的研究表明，汇率变化对于定价能力高的部门投资影响较小，但在定价能力低的部门，投资对于汇率变化的反应很强烈，但这种影响在加拿大表现得并不明显。这一点与 Robert Lafrance 和 David Tessier（2008）的研究结论一致。他们运用 VAR 模型研究加拿大汇率变化对企业资本设备投资的影响，认为1970—2000年加拿大元汇率波动并没有对加拿大企业的投资行为产生明显的影响。Karolina Ekholm 等（2009）对挪威的研究表明，在2000—2004年挪威克朗升值17%期间，并没有发现企业资本劳动比提高的证据。

Nucci 和 Pozzolo（2001）对意大利1985—1995年1000家公司投资对汇率变化的反应的研究表明，企业投资对汇率波动的影响依赖于进口投入品、出口收入占比以及市场定价能力。如果汇率贬值，对进口投入品依赖程度越高，企业可变成本越高，资本的边际利润就越低，因此投资下降。对于出口收入占比较大的公司来说，汇率贬值可能导致预期资本收入的增加和投资增加。定价能力越低的企业，其利

————————

① 市场定价能力反映企业对市场的垄断程度，定价能力越高的企业，其利润受汇率影响越小。

润受汇率冲击的影响越大，因此投资波动也越大。另外，企业投资还受进口竞争的影响，进口竞争越激烈，产品替代率越高，汇率变化对企业投资的影响就越高。

部分学者认为，汇率变化对企业净资产产生影响，进而影响企业投资。汇率对企业净资产的影响有两种效应：一种是竞争效应，汇率贬值有利于企业出口；另一种是资产负债效应，对于持有大量外债的企业，本币贬值将降低企业净值，而净值决定了企业可获得的用于投资的内部资源。另外，汇率变化也会对企业信贷成本产生影响。企业投资资金来源的一个重要渠道是借入外债，汇率的变化对企业借债的利率产生影响。Pratap 和 Urrutia（2004）的研究表明，外债成本通过两个渠道受到汇率的影响，一是预期的贬值率，二是资金利率。当前汇率的大幅贬值意味着低预期贬值率，这通过费雪效应降低利率。但当前汇率较大的贬值也将抬高借入资金的成本，因此，汇率变化对企业投资的影响依赖于各种效应的大小。如 Luis Carranza 等（2003）从企业资产负债结构研究汇率变化对企业投资的影响。如果企业的负债主要是美元，而其收入来源主要是国内，当本国货币相对美元贬值时，企业的净资产下降，此时企业外部融资能力也将受到更严格的限制，通过这种资产负债效应，企业投资可能下降。他们对秘鲁 163 家非金融上市公司 1994—2001 年的数据研究发现，持有大量美元负债的公司，其资本支出受本币贬值的负面影响显著。Aguiar（2005）对墨西哥 1994 年金融危机的研究表明，货币贬值通过三个渠道对企业投资产生负面影响：一是高美元负债和货币贬值的交互作用；二是高美元负债公司本身倾向于较少投资；三是货币贬值自身的作用，由于资产负债表效应，企业投资下滑。这与 Pratap 和 Urrutia 的研究结论是一致的。Pratap 等（2003）对 1989—2000 年企业投资数据的研究发现，资产负债效应和汇率贬值的交互作用对企业投资产生负面影响，竞争效应存在但作用不显著，1993 年货币升值导致投资增长 8%—13%，而 1994 年墨西哥比索贬值导致投资下降 5%—7%，1995 年投资下降的 50% 可归因于货币贬值。Forbes（2002a）考查了 1997—2000 年 42 个国家 13500 家公司在 12 次货币贬值后汇率对公司收入的影响，发现高负债公司在货币贬值后收入下降，但对于出口收入占比较高的公司，货币贬值具有积极的作用。Bleakley 和 Cowan（2002）对拉丁美洲 5 个国家 1990—1999 年的数据研究表明，持有大量美元负债的公司在汇率贬值后资本支出反而有所增加，并认为汇率贬值的竞争性作用超过了资产负债的负向作用。

二 汇率波动、选择机制与企业生产率

Aw Bee Yan、Xiaomin Chen 和 Mark J. Roberts（2001）对中国台湾企业 1981—1991 年生产率变化的考察发现，企业的进入和退出对整体制造业生产率增长的贡献约为 40%。Foster、Haltiwanger 和 Krizan（2002）的研究表明，企业的新进和退出对美国 1977—1987 年服装制造业生产率增长的贡献高达 40%—50%。汇率变化引致的选择机制将加速企业的进入和退出，汇率升值使得国外竞争者在国内市场更具竞争力，同时本国企业在国际市场面临更大的竞争压力，这种压力将迫使低效率的企业退出市场，新进入的企业和生存下来的企业将更有效率。Lafrance 和 Schembri（2000）提出的"汇率掩体假说"认为，低估的汇率如同提高本国关税，使本国企业在面对国外企业竞争时受到较小的竞争压力，低效率的企业将利用"汇率掩体"继续生存并占有稀缺的资源，而这些稀缺资源本来可以重新配置给更有效率的生产企业，资源的低效配置使得行业的整体生产率下降。Richard G. Harris（2001）认为，企业之间的竞争以及由此导致的进入和退出所产生的创造性破坏活动是企业生产率增长的重要源泉。20 世纪 90 年代加拿大的汇率贬值导致加拿大企业创造性破坏活动降低，使得加拿大的传统经济结构没有得到及时升级，原因是加拿大相对于美国来说小企业更多，货币贬值通过两个渠道降低这些小企业的创造性破坏活动。一是小企业由于在资本市场的融资渠道不畅，倚重企业现金流，但在货币贬值下，这些企业的利润得到增加，因此企业退出比例下降，企业之间的兼并重组过程减慢。二是边际生产者的进入，由于货币贬值导致的行业整体生产率下降，边际生产者容易进入，结果使得行业整体生产率进一步下降。Ben Tomlin（2010）对 1973—1997 年加拿大农业机械设备制造行业的研究表明，汇率升值导致低效率企业的退出和新

企业的进入（Plant Turnover），这些新进入的企业具有更强的竞争力，从而有利于提高行业整体生产率。余永定（2010），Janneney、Hua 和 Liang（2010）认为，在低估的汇率下出口商品具有显著的价格优势，导致企业没有动机去提高生产率，人民币升值使得出口商品的相对价格上升，价格优势的削弱有助于优势企业兼并劣势企业，迫使低效率企业退出，使资源向高效率企业集中，从而有助于企业生产率提高。李玉红等（2008）利用 2000—2005 年的企业调查数据，在估计 473 个 4 位数行业生产函数的基础上，得到每个企业的生产率并进行汇总和分解，发现存活企业的技术进步对生产率的增长贡献了 50%，而由存活企业和企业进入与退出所引起的资源重新配置则贡献了另外 50%。这说明，这段时期工业生产率的提高不仅依靠存活企业的技术进步和效率的提高，而且很大程度上依靠资源优化配置，主要表现在新企业生产率增长较快和效率低下企业的退出。

三　汇率波动、规模经济效应与企业生产率

研究表明，规模经济效应有助于企业降低生产成本和提高资本使用效率，进而促进企业生产率提高。汇率升值下的竞争压力将导致企业兼并重组，劣势企业被淘汰，其留下的市场包括出口市场和国内市场将被生存下来的企业和新进入企业所占有，这些企业的生产规模可能扩大，从而规模经济效应有助于企业生产率提高。Loretta Fung（2008）通过引入汇率变量对克鲁格曼（1979）的垄断竞争模型和规模经济模型进行修正，认为实际汇率升值一方面导致企业数量减少，另一方面导致企业出口减少和国内销售的增加，因此汇率升值对公司规模和生产率的影响依赖于这两个相反趋势的作用大小。1985—1989 年台币实际升值幅度达 22%，通过对中国台湾企业 1986 年、1991 年、1996 年生产率的分析表明，实际汇率升值提高了企业的淘汰率，扩大了生存下来的企业的规模，这两个因素有力地促进了中国台湾企业生产率的提高。特别是生产规模的扩大有利于生存下来的公司实现规模经济，从而提高企业生产率。

不同生产率公司规模的此消彼长对于整体生产率增长有明显影响。Baily（1992）发现，企业间生产率的变化对于制造业整体生产率

增长影响显著。较高生产率公司规模的扩大和低生产率公司规模的缩小对于考察的 23 个行业在 1972—1977 年、1977—1982 年、1982—1987 年的生产率增长有显著影响。从行业的新进入者来看，新进入者对于行业生产率的增长也是积极的，特别是从一个较长时间来看，由于生存下来的进入者的学习和选择机制，这些保留下来的公司具有较高的生产率（Foster，1998）。这样的证据在其他国家同样存在。在英国，Disney（2003）的研究表明，公司的进入、退出和公司自身生产率的动态变化可以解释 1980—2002 年制造业劳动生产率增长的 50%，全要素生产率变化的 90%。在荷兰，公司的进入效应可以解释 1980—1991 年劳动生产率增长的 30%。而且，研究发现公司动态变化对生产率的影响与经济周期有关，在经济下行阶段，公司的动态变化对生产率的增长要高于经济上行阶段。Hahn（2000）的研究发现，在韩国 1990—1995 年经济繁荣时，公司的动态变化对于 TFP 的增长贡献是 45%，但在 1995—1998 年经济收缩阶段，公司的动态变化对于生产率的贡献是 65%。

但 Fung 和 Liu（2005）利用中国台湾 188 家上市公司 1992—2000 年的数据，对台币在 1998 年东南亚金融危机后的贬值对企业生产率的影响研究表明，汇率贬值提高了企业出口规模、国内市场规模和总体生产规模，促进了企业生产率提高，10% 的实际汇率贬值导致企业生产率提高 14.05 个百分点，但这种效应对于资本密集度较高的企业则不显著。Baggs、Beaulieu 和 Fung（2007）对 1987—1996 年加拿大的制造业样本数据进行研究，发现汇率升值降低了企业生产规模，其中出口型企业的生产规模下降更多，由此导致企业生产率下降。Ben Tomlin 和 Loretta Fung（2010）利用分位数回归方法，对汇率波动对加拿大 128 家大型制造业的影响研究表明，汇率升值导致企业出口市场缩小和进口竞争加剧，企业之间的竞争更加激烈，部分低效率的企业被迫关闭，这是汇率升值的选择机制发生作用；与此同时，对于生产率较高的那些生存下来的公司而言，由于市场规模缩小，企业规模不经济导致生产率下降。

四 汇率波动、技术转换与企业生产率

Thomas 和 David 等（2008）认为，企业在采用新技术的初期，通常面临短暂的产量下降和利润损失，他们将这种成本称为转换成本，通过在标准的阿罗模型（Arrow – Type）中加入转换成本，发现竞争的加剧降低了企业在采用新技术时的转换成本所导致的利润损失，从而刺激企业更多地创新和提高生产率。汇率的升值将加剧企业面临的市场竞争，从而有助于降低企业的转换成本。克鲁格曼（1989）认为，1979—1985 年美元的大幅升值加速了美国工业生产率的提高，因为美元升值迫使美国公司进行技术创新，通过技术进步提高生产率。Karolina 等（2009）的研究发现，2000—2004 年挪威克朗大幅升值期间，挪威制造业的真实劳动生产率提高了约24%，其中73%可以归因于企业对新技术的采用。Tang（2009）认为，在实际汇率升值时，企业在竞争压力下将采用新技术来提高生产率，对于出口市场占有率较高的企业来说，这种动力更为强烈，因为提高生产率的边际利润对于这类企业来说更高，而转换成本相对更低。研究发现，在 2002—2006 年加拿大元升值期间，237 个 6 位数代码的产业劳动生产率增长速度较其他时期更快。在外向型产业中，市场占有率高的产业劳动生产率提高更快。Tang 的研究表明，企业在面对汇率变化时，是否采用新技术提高生产率和企业的市场占有率密切相关。姜波克（2007）认为，当汇率上升而本国出口产品的国际定价由于国际市场竞争压力不能充分上升时，转换成本的下降将刺激企业通过自主创新或引进技术提高生产效率。

五 汇率波动、人力资本与企业生产率

Richard G. Harris（2001）认为，如果一国贸易品部门是人力资本密集型部门，实际汇率的贬值将由于斯托尔珀—萨缪尔森效应，导致企业的技术密集型劳动力工资水平以贸易品衡量呈下降趋势，从而使得这类人才发生迁移。加拿大元的贬值使得加拿大工资水平相对美国下降，导致技术人才流向美国，从而使得加拿大企业的人力资本减少。Ping Hua（2007），Jeaneney、Hua 和 Liang（2010）认为，实际汇率的升值将提高工人的整体福利，在一个非熟练工人工资很低的国

家，这种变化将提高工人的"X效率"（X-Efficiency），降低熟练技术工人的频繁流动倾向，技术水平较高的工人在学习和使用新技术方面具有比较优势，因此有助于提高企业生产率。张涛、张若雪（2009）对珠三角和长三角企业技术进步对比分析的研究表明，2003年以来珠三角企业的技术进步明显慢于长三角，技术创新活动明显落后，重要原因是珠三角地区吸收的外来低技能劳动力较多，总体劳动力素质低于长三角，随着人民币汇率的升值，熟练工人工资相对非熟练工人上涨更快，由此导致长三角工人整体工资高于珠三角，技术熟练工人从珠三角向长三角流动，而工人的技能水平和厂商的技术水平存在互补性，高技能工人的增加提高了厂商采用新技术的动力，从而促进企业生产率进步。

六　汇率波动、外商直接投资与企业生产率

研究表明，FDI的竞争效应、技术溢出效应及自身的外部性对于促进企业生产率提高具有积极的作用。而汇率变化对于FDI流入会产生影响。从汇率变动影响FDI流动的相关文献看，分为汇率的水平变化和汇率波动幅度的变化两方面的研究。Goldberg（1995）认为，汇率变动主要通过其价格传导机制产生成本效应和财富效应，从而对FDI流入规模产生作用。其一是工资成本效应，当一国货币贬值时，该国工资和生产成本相对另外一个国家将降低，在其他因素不变的前提下，该国将获得吸引生产性直接投资的区位优势。这种工资渠道将提高外商直接投资的收益。其二是财富效应，由于一国汇率贬值，资金来源国投资者持有货币的价值增加，从而刺激投资者增加对外投资。从汇率水平的变化对FDI流动的影响研究来看，大多数研究均认为东道国的货币升值不利于FDI的流入，而东道国的货币贬值对于FDI具有正面影响。Blonigen（1997）采用日本流入美国的FDI产业水平的数据，分析了美元汇率变动对于FDI流动的影响，发现美元的真实贬值导致FDI从日本流向美国。Takagi和Shi（2011）对1987—2008年日本对亚洲国家的投资研究发现，东道国货币贬值有利于来自日本的FDI流入，东道国货币相对日元每升值1%，将降低日本直接投资0.12—0.15个百分点。Goldberg和Klein（1998）的研究表明，

日本和美国对东南亚国家的投资与双边汇率有着密切的关系。20 世纪
80 年代中期日元对美元升值加大了日本对钉住美元货币的东南亚国家
和地区的投资，日元相对美元每升值 1%，将提高日本对东南亚地区
投资 8.14 个百分点，同时降低美国对这些地区投资 1.84 个百分点。
Xing（2006）认为，人民币汇率对中国吸引日本直接投资产生了重要
作用，通过对 1981—2002 年日本对中国 9 个部门的直接投资研究发
现，人民币对日元汇率贬值显著促进了日本企业对中国的投资，直接
投资对汇率的弹性为 1.663。

在汇率波动与 FDI 关系的研究上，也存在两种相互对立的观点。
一种观点认为，汇率波动不利于 FDI 的流入。如 Dixit 和 Pindyck
（1994）利用其开创的不确定性投资理论分析了汇率波动对直接投资
的影响，认为汇率波动增加了企业收集信息的成本，在汇率波动较大
的情况下，企业会选择等待，而不是立即投资。另一种持相反观点的
研究则认为，汇率波动具有增加 FDI 的作用。Goldberg 和 KolStad
（1995）认为汇率波动对贸易会产生负面影响，因此可以将汇率波动
看作是一种贸易壁垒，为了克服贸易壁垒的影响，跨国公司会选择对
外直接投资。此外，还有部分观点认为汇率波动与 FDI 的关系不大。
如 Bailey 和 Tavlas（1988）认为，汇率波动的剧烈程度与 FDI 之间并
不存在任何相关关系。Jeanneret（2008）的经验分析结果表明，虽然
汇率波动有碍于 FDI 流入，但随着金融工具的发展，这种影响已不再
显著。国内也有部分学者对人民币汇率变动与 FDI 流入之间的关系进
行了研究。何新华等（2003），李建伟、余明（2003）认为，人民币
实际有效汇率与利用外资之间存在高度显著的正相关关系，人民币实
际有效汇率每升值 1 个百分点，会导致滞后 3 个月的利用外资增速提
高 0.4725 个百分点。于津平（2007）研究结果表明，东道国货币升
值具有减少资源导向型 FDI 和增加市场导向型 FDI 的作用，而汇率波
动性的增加尽管会导致 FDI 规模下降，但对 FDI 结构不产生影响。程
瑶、于津平（2009）研究发现：人民币升值会抑制资源导向型 FDI 的
增长规模，刺激市场导向型 FDI 的增长规模，促使在华外商直接投资
结构的调整；另外，人民币升值对规模以上 FDI 增长存在促进效应，

对规模以下 FDI 增长存在明显的抑制效应。这说明人民币汇率的渐进升值有利于引导中国 FDI 的增长方式由粗放型向集约型转变。毛日昇等（2010）利用中国产业层面 1999 年第一季度至 2008 年第四季度相关数据对理论结论进行实证检验表明：人民币实际汇率水平升值会促进东道国市场进口导向型 FDI 择机进入，但对于出口导向型 FDI 择机进入具有负面影响。

第三节 研究思路、方法与创新

一 研究内容及技术路线

本书的研究内容主要有：①从理论上阐明人民币汇率变化影响企业生产率和技术进步的途径和渠道。一是如何通过提高资本劳动比提升行业生产率；二是汇率变化对行业外资的影响，进而通过外资的溢出效用对生产率产生影响；三是汇率风险暴露下企业竞争导致的兼并重组、规模经济和破坏性创新促进行业生产率提高和技术进步；四是金融市场发展在人民币升值对企业生产率影响中的作用。②在计算 1998—2011 年出口样本企业生产率变化的基础上，运用 DEA 方法将生产率分解成相对技术效率变化和技术进步变化，分析企业技术变化的趋势。③利用计量分析方法，在引入其他变量的基础上进行实证分析，进而构建包含创新异质性的动态随机一般均衡（DSGE）模型分析汇率波动对不同行业的冲击。④综合考察国际应对汇率稳定的经验，提出政策建议。研究内容和思路见图 1-1。

在研究过程中，重点解决的问题：一是在理论分析基础上如何建立恰当模型；二是在数据收集方面存在难度；三是如何建立恰当的实证分析模型。解决的办法：查阅外文文献，充分借鉴其他学者的模型，同时和我国实际情况相结合；在数据方面，行业数据来源于联合国 UNCOMTRADE 数据库，DEA 分析需要投入产出数据，采用《中国投入产出表》、《中国工业行业统计年鉴》、《中国统计年鉴》和国泰安数据库。

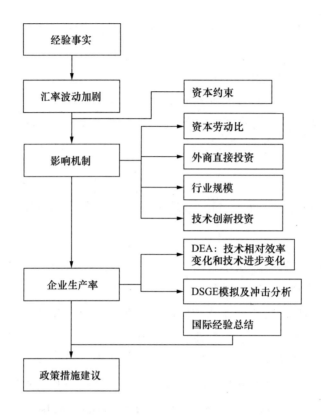

图 1-1 研究内容和思路

二 研究创新

本书的创新主要如下：

（1）在研究汇率对制造业各行业生产率的影响时，构建了一个能够衡量各个行业面临的国际竞争压力的合理汇率指标——行业实际有效汇率（Industry - Specify Real Effective Exchange Rate）。相对于总量人民币实际有效汇率，将各行业贸易伙伴国的进出口份额作为权重构建的实际有效汇率，更能区分行业间面临外部竞争压力的差异，从而更好地反映行业中的企业面临的竞争环境。构建行业实际有效汇率指标，不但可以为接下来的生产率分析做铺垫，而且可以作为开放背景下其他问题研究的数据基础。

（2）在研究汇率对生产率的影响时，本书建立了影响的渠道机制，主要选取了资本劳动比、外商直接投资和行业规模作为汇率作用于生产率的桥梁，并通过计量分析检验传导途径的有效性。

（3）本书构建了汇率变动影响投资、外商直接投资和行业规模的数理模型，并根据行业特征的不同分析汇率变动的影响程度，并且充分考虑了行业融资能力的不同。

（4）本书应用了汇率改革前和汇率改革后的数据，具有充分的代表性，能够较好地刻画汇率变化对各行业的影响。

（5）本书同时兼顾不同行业进出口净值情况和技术创新空间及压力，分为净出口技术创新行业和净进口技术稳定行业，构建异质性动态随机一般均衡模型，综合分析汇率波动对不同行业企业投资、创新等行为的影响，以及对生产率和宏观经济的冲击效应；进而利用抽样调查的结果，将调查和实证分析相结合来充分揭示汇率升值对不同行业的影响。

三　研究方法

第一，坚持历史唯物主义和辩证唯物主义，采用逻辑和历史相结合的办法。对发达国家和发展中国家在汇率变化过程中本国企业的技术变化进行典型分析，以探求一般规律。

第二，坚持理论与实际相结合。坚持理论分析为先导，借鉴国际经济学、发展经济学中的国际贸易理论、产业结构理论、汇率传导机制等，并和中国的实践相结合来开展研究。这些在分析汇率变化对企业生产率的效应时是重要的基础。

第三，采用定性分析和定量分析、总体分析和分类分析相结合的办法：在定性分析的基础上，运用基于随机前沿的 DEA 方法对生产率变化进行分解，运用混合截面行业数据进行回归分析，以考察汇率变化对行业生产率的影响，分析行业的价格加成、风险暴露和融资能力在此过程中的作用；并进一步构建创新异质性 DSGE 模型分析汇率波动通过企业生产率对宏观经济的冲击效应。

本章小结

从现有相关研究文献来看，研究的对象主要包括加拿大、欧盟、中国台湾和挪威等，研究的范围逐渐从行业层面逐步转向企业层面，研究方法逐步从比较静态分析转向对企业的动态调整分析。研究的角度主要是从企业资本密集度、规模经济以及企业的进入和退出三个方面，来考察汇率变化对企业生产率的影响，最新的研究则进一步分析了金融市场发展在此过程中的作用。尽管现有研究已取得了丰硕的成果，但现有文献中针对发展中国家的研究文献寥寥可数，在研究方法和研究结论方面也需要进一步丰富和完善。特别是从我国实际情况来看，由于出口依存度高，企业受汇率升值影响可能更显著，加工贸易占比高，汇率升值在一定程度上有利于刺激企业的进口，因此汇率对企业出口收入和成本影响可能具有和国外不一样的效果。同时，外商直接投资规模较大，汇率升值后外资的规模和投向结构是否发生了改变？从规模上来看，我国沿海地区进出口企业数量多、规模小，汇率升值的压力是否导致企业资源重组和生产率提高？国内目前对此研究尚比较欠缺，本书沿着三条路径，即汇率变化对资本劳动比的影响、对企业规模的影响和对外商投资的影响，来分析汇率变化对行业生产率的影响，并综合三条路径判断汇率波动通过影响生产率对宏观经济变量的冲击效应。从研究的角度来看，微观的数据更能揭示汇率变化对企业的规模变化和进入退出的影响，国外的大量文献也是采用企业数据来进行分析，由于缺乏微观的企业数据，本书只能利用行业数据来进行分析。我们认为，行业变化应该能够反映行业内企业的总体变化趋势，因此不会影响研究结论。

第二章 汇率变动与企业生产率：
来自中国的调查证据

第一节 汇率变动情况

一 汇率的分类

汇率分为名义汇率和实际汇率。名义汇率就是两种不同货币之间的折算比价，也就是用一种货币表示的另一种货币的相对价格。实际汇率是相对于名义汇率而言的，反映了该国的国际竞争力水平，对国际收支状况和宏观经济活动产生重要影响。实际汇率的变动对一国宏观经济政策具有重要的指导意义。

（一）价格指数调整的实际汇率

该指数也称为外部实际汇率，这个方法是基于购买力平价理论的一种方法。相对购买力平价理论认为，汇率的变化要与同一时期内价格水平的相对变动成正比。因此实际汇率可以表示为：

$$RER = NER \times \frac{P^*}{P} \qquad\qquad (2-1)$$

其中，RER 表示实际汇率，NER 表示名义汇率，P^* 和 P 分别表示外国和本国的价格指数。价格指数一般用消费价格指数或 GDP 平减指数、生产者价格指数（PPI）、零售批发价格指数（WPI）表示。在价格指数的选择方面常用的主要是消费价格指数。这种方法测算的实际汇率反映的是以同种货币表示的外国商品与本国商品之间的相对价格。RER 值下降，则外国商品相对于本国商品变得便宜，一单位本国商品能够换取的外国商品数量增加，本币实际汇率升值；RER 值上升，则本国商品价格相对于外国商品价格下降，一单位本国商品能够换取的外国商品数量减少，本币实际汇率贬值。

（二）以贸易品和非贸易品价格调整的实际汇率

该指数也称为内部实际汇率，具体公式为：

$$RER = NER \times \frac{P_T}{P_N} \tag{2-2}$$

其中，P_T 表示贸易品的价格，P_N 表示非贸易品的价格。贸易品价格相对于非贸易品价格上升（下降），则表示本国购买力的下降（上升），本国汇率贬值（升值）。但是实际中，并没有按照贸易品价格和非贸易品价格分类的统计数据资料，因此一般用国外的价格指数代替贸易品的价格指数，用本国的价格指数代替非贸易品的价格指数。在对我国的实际汇率进行测算时，由于数据的原因，用全国零售价格指数或消费价格指数代替非贸易品价格。即：

$$RER = NER \times \frac{P_T^*}{P_{NT}} \tag{2-3}$$

其中，P_T^* 表示外国的批发价格指数，作为贸易品的国外价格的替代变量，乘以 NER 就得到贸易品的国内价格的替代变量。P_{NT} 表示本国的消费价格指数，作为非贸易品的国内价格的替代变量。这种方法测算得到的实际汇率反映了资源在贸易品部门和非贸易品部门之间进行配置的激励机制。实际汇率上升使贸易品的生产相对有利，资源向贸易部门转移；实际汇率下降使非贸易品的生产相对有利，资源向非贸易部门转移。同时，它也反映了一国贸易品的国际竞争力变化。实际汇率下降，即实际汇率升值，说明贸易品的国内生产成本上升，该国的国际竞争力恶化；实际汇率上升，即实际汇率贬值，说明贸易品的国内生产成本下降，该国的国际竞争力改善。

（三）名义有效汇率

上述两种方法测算的都是双边实际汇率，双边实际汇率的特点是其随着钉住汇率的变动而变动。例如，当人民币相对于美元升值，而美元相对于其他货币贬值时，测算人民币对美元的双边实际汇率是升值的，但是人民币实际上可能并没有升值，甚至会出现贬值。因此，随着国际经济的日趋多元化，人们已经很难依据双边汇率来准确描述一个国家的汇率。从 20 世纪 70 年代开始，名义有效汇率开始被用来观察某种货币的总体波动程度。名义有效汇率是一种指数，它是对所研究国和其贸易伙伴国及竞争国的双边汇率指数的一种加权平均。加权分为两种：

1. 算术加权平均方法

公式如下：

$$NEER = \sum_{i=1}^{n} w_i NER_i \tag{2-4}$$

其中，w_i 表示 i 国的竞争力权重，一般用本国与 i 国的贸易量占本国总贸易量的比例来替代，n 表示 n 个贸易伙伴国及竞争国。NER_i 表示本国与 i 国之间报告期的双边名义汇率，需要注意的是，这里的双边名义汇率是用间接标价法表示的汇率，即一单位的本国货币可以兑换多少单位的 i 国货币（也就是说，$NER_i = NER_{usa}/NER_{i,usa}$，$NER_{usa}$ 和 $NER_{i,usa}$ 分别表示在报告期本国和第 i 国间接法表示的对美元的双边名义汇率，即单位本国货币和第 i 国货币分别可以兑换多少单位的美元）。这样做的优点是：有效汇率上升，汇率升值；有效汇率下降，汇率贬值。这种方向的一致性便于研究分析。

2. 几何加权平均方法

采用双边贸易在本国贸易所占比例为权重，进行几何加权。具体公式为：

$$NEER = \prod_{i=1}^{n} (NER_i)^{w_i} \tag{2-5}$$

其中，w_i 表示 i 国的竞争力权重，一般用本国与 i 国的贸易量占本国总贸易量的比例来替代，n 表示 n 个贸易伙伴国及竞争国。NER_i 表示本国与 i 国报告期的双边名义汇率。同样，这里的双边名义汇率也是由间接标价法表示的名义汇率。名义有效汇率的缺点是没有考虑国内外价格水平的变动，因此不能够准确地反映一国相对于其贸易伙伴国和竞争国的竞争力。

（四）实际有效汇率

实际有效汇率是剔除了国内外价格水平变动对购买力的影响后得到的实际汇率指数，它反映一国相对于其贸易伙伴国和竞争国的竞争力。实际有效汇率已经成为研究实际汇率的主流方法。实际有效汇率也分为算术加权平均和几何加权平均，具体公式为：

1. 算术加权平均方法

$$REER = \sum_{i=1}^{n} w_i NER_i \times \frac{P}{P_i} \tag{2-6}$$

其中，$REER$ 表示实际有效汇率，P 和 P_i 分别表示本国和第 i 国报告期的消费价格指数，NER_i 表示本国与 i 国报告期的双边名义汇率，w_i 表示 i 国的竞争力权重，采用双边贸易在本国贸易所占比例。

2. 几何加权平均方法

实际有效汇率就是在名义有效汇率的基础上进行价格的调整，国际货币基金组织（IMF）采取几何加权平均法计算各国实际有效汇率，权数的选择也是采用双边贸易在本国贸易中所占比例，计算公式为：

$$REER = \prod_{i=1}^{n} \left(NER_i \times \frac{P}{P_i} \right)^{w_i} \tag{2-7}$$

其中，P 和 P_i 分别表示本国和第 i 国报告期的消费价格指数。(2-7)式经过推导可得：

$$REER = NEER \times P \times \prod_{i=1}^{n} (P_i)^{w_i} \tag{2-8}$$

（2-7）式和（2-8）式得到的结果完全相同。直接在名义有效汇率的基础上进行价格调整即可得到实际有效汇率。

理论界普遍认为，名义汇率对资本项目具有较大的调节作用，但对贸易收支和商品进出口的调节作用并不明显，真正决定贸易收支均衡状况和商品进出口情况的是实际有效汇率。由于实际有效汇率的变动会直接影响人民币的实际购买力，进而影响商品的进出口价格及其在国际市场上的竞争力。因此本章重点对人民币实际有效汇率指数的变动情况进行分析。IMF（国际货币基金组织）测定并公布了我国自

1980 年以来的几何加权平均的实际有效汇率，IFS（国际金融统计）公布了 20 多个工业化国家用制造业的单位劳动力成本（ULC）为调整基础的实际有效汇率，这比以消费价格指数为调整基础的实际有效汇率更能够反映一国的国际竞争力。BIS（国际清算银行）有两种实际汇率指数，一是狭义的汇率指数，二是广义的汇率指数。狭义的汇率指数包括 27 个经济体，该指标主要用来衡量发达国家或地区的出口竞争力；随着世界经济的快速发展和新兴经济体贸易占比提高，BIS 开始公布 52 个经济体的实际汇率，包括中国大陆、中国台湾和中国香港，这些经济体的世界贸易占比为 93%，汇率数据从 1994 年开始公布，该指标能够更好地衡量新兴经济体面对外部冲击时的进出口竞争力变化。

二 汇率体制调整及汇率变动

（一）新中国成立以来，在"统收统支"的计划经济体制下，我国一直实行单一汇率体制

新中国成立以来，我国通过"以收定支、以出定进"的指令性计划和行政办法维持外汇收支平衡。此时的汇率呈以下特点：币值高估，有价无市，计划配给。1979 年，我国外贸体制实行改革，由过去大一统的国家专营转为由外贸、工贸、大中型企业及三资企业共同经营。由于当时人民币官方汇率有一定程度的高估，出口换汇成本与官方汇率之间出现了"倒挂现象"，出口企业面临亏损。1979 年 8 月，为适应外贸体制改革需要，鼓励出口，国务院决定改革汇率制度，除继续公布人民币汇率官方牌价外，还决定制订贸易内部结算价，用于进出口贸易及从属费用的结算。自 1981 年 1 月 1 日起，国家按照当时全国平均出口换汇成本 1 美元兑 2.53 元人民币加上 10% 的利润计算，将贸易内部结算价定为 1 美元兑 2.80 元人民币；同时，国家公布的人民币汇率牌价为 1 美元兑 1.53 元人民币，主要用于非贸易外汇兑换和结算。这样，官方汇率实际存在两种标价尺度，双重汇率体制正式形成。但贸易内部结算价的实际执行效果并不理想，受当时价格改革和出口经营权扩大等因素影响，出口换汇成本连年上升，而贸易内部结算价则未及时进行调整。与此同时，随着美元不断升值，人

民币官方汇率逐渐贬值，至 1984 年 12 月已下调为 1 美元兑 2.79 元人民币，基本与内部结算价持平。因此，从 1985 年 1 月 1 日起，我国正式取消贸易内部结算价，重新恢复实行单一汇率体制。

（二）官方汇价和外汇调剂价格（市场汇率）并存的双重汇率体制（1985—1993 年）

改革开放之初，为了进一步调动企业出口创汇积极性，我国实行了外汇留成制度，即在外汇由国家集中管理、统一平衡的同时，适当留给创汇企业一定比例的外汇，以解决发展生产所需的物资进口。企业留成的外汇称为外汇额度，即外汇使用权指标。同时还规定，如果企业留成的外汇有多余，可通过外汇调剂市场卖给需要用汇的企业。这样，市场机制开始被引入外汇分配领域。1980 年 10 月，我国在沿海开放城市试办了外汇调剂业务，允许国营及集体企事业单位留成的外汇参与调剂。1981 年 8 月，外汇调剂市场的雏形基本形成。当时，正是我国实行贸易内部结算价时期，按照 2.80 元的贸易内部结算价上浮 10% 的幅度，外汇调剂价格定为 1 美元兑 3.08 元人民币，额度价则为 1 美元兑 0.28 元人民币。1985 年 11 月，随着外汇留成比例和三资企业出口规模的扩大，外汇调剂市场的交易量越来越大，在全国外汇供求总量中起到举足轻重的作用。当时，我国全部进出口收付汇的 80% 以上是以外汇调剂市场价格结算的。自 1985 年 10 月，外汇调剂市场成交量快速增加，调剂价格也开始出现一定程度的变化。因此，严格意义上讲，1985 以后的外汇调剂价格才可称作是另一种真正的"汇率"，官方汇率与调剂外汇价格并存的双重汇率制正式形成。这一阶段，人民币官方汇率进行了几次大幅度下调，每次调整幅度都在 10%—20%。后来考虑到汇率的一次性大幅调整对国民经济的冲击过大，自 1991 年 4 月起，人民币汇率采取了经常性小幅调整的方式，至 1993 年底，逐步下调至 1 美元兑 5.7 元人民币。

（三）1994 年汇率并轨

1994 年 1 月 1 日起，人民币官方汇率与调剂汇率并轨，实行以市场供求为基础的、单一的、有管理的浮动汇率制。并轨后的人民币汇率根据 1993 年 12 月 31 日 18 家外汇公开市场的加权平均价确定，即

1 美元兑换 8.7 元人民币。同年 4 月，全国统一的银行间外汇交易市场正式运行。此次人民币官方汇率从 1 美元兑换 5.7 元人民币调至 1 美元兑 8.7 元人民币，表面上看似乎是人民币一次性贬值 33%。但如果按照当时的市场实际交易情况（80% 的进出口用汇以外汇调剂市场汇率结算）测算，1993 年全年的人民币对美元加权平均汇率为 8.35 元人民币/美元，因此，人民币对美元加权平均汇率的贬值幅度仅为 4% 左右。1994 年汇率改革至 1996 年，人民币对美元名义汇率累计升值 5%，较好地体现了以市场供求为基础的管理浮动汇率制特征。1994—1997 年，人民币对美元升值 4.8%。1997 年亚洲金融危机爆发，为避免各国货币竞相贬值，人民币对美元汇率保持稳定，这段时期，人民币对美元汇率浮动区间显著收窄，基本维持在 8.28 元人民币/美元左右，并持续到 2005 年。这一阶段，人民币有效汇率走势与美元基本一致。1994 年 1 月至 2002 年 2 月，随着美元持续升值，人民币名义和实际有效汇率指数分别累计升值 40.9% 和 58.0%。2002 年 3 月至 2005 年 6 月，随着美元的持续下跌，人民币名义和实际有效汇率指数分别累计贬值 14.7% 和 18.0%。

（四）2005 年汇率形成机制进一步改革

2005 年 7 月 21 日，我国开始实行以市场供求为基础、参考一篮子货币进行调节、有管理的浮动汇率制度。人民币汇率不再钉住单一美元，汇率形成机制更加灵活。美元兑人民币交易价从原来的 1 美元兑 8.28 元人民币调整为 1 美元兑 8.11 元人民币。同时，每日银行间外汇市场美元兑人民币的交易价仍沿用 1994 年以来在中间价上下 3‰ 的浮动幅度。2007 年 5 月 21 日，银行间即期外汇市场人民币兑美元交易价浮动幅度由 3‰ 扩大至 5‰。随着我国外汇市场发育趋于成熟，交易主体自主定价和风险管理能力日渐增强，为顺应市场发展的要求，增强人民币汇率双向浮动弹性，完善以市场供求为基础、参考一篮子货币进行调节、有管理的浮动汇率制度建设，2012 年 4 月 16 日起，银行间即期外汇市场人民币兑美元交易价浮动幅度由 5‰ 扩大至 1%，即每日银行间即期外汇市场人民币兑美元的交易价可在中国外汇交易中心对外公布的当日人民币兑美元中间价上下 1% 的幅度内浮动。

2005 年汇率制度改革的一个重要内容是人民币将参考（而不是钉住）一篮子货币。由于中国人民银行并没有公布一篮子货币的内容和权重，因此人们也无从直接判断人民币形成机制的改革程度。不过，也有经济学家根据人民币汇率波动与国际主要货币汇率波动的关系，间接地对汇率改革以来的一篮子货币的权重进行推断。Frankel（2009）研究结果显示，从汇率改革启动到 2006 年 6 月，美元在篮子里的权重一直保持在 93%—100%。2006 年 7—9 月美元的权重一度降为 90% 左右，但是从 2006 年 10 月至 2007 年 6 月美元权重又回到93%—100%。从 2007 年 7 月到 2008 年 2 月，人民币汇率形成机制改革加快，美元的权重一度降到 80% 以下，但基本上在 80%—90%波动，这与该时期人民币汇率升值幅度加快是对应的。2008 年 3 月以后，篮子中美元的权重又重新回到 95% 以上的水平。Guo Jin（2009）也探讨了货币篮子中人民币的权重，认为汇率改革后欧元和日元虽然进入了货币篮子，但是美元仍然占据着主导地位，美元波动解释了93.5% 的人民币汇率波动，而欧元和日元对人民币汇率波动的解释还不到 1.2%。

2008 年的国际金融危机给全球和中国经济带来了较大的困难，紧钉美元再次成为人民币汇率的指导思路，人民币汇率波动幅度适度收窄。金融危机期间，人民币对美元汇率基本保持在 6.83—6.84 区间。由于美国是金融危机的发源地，美元的持续贬值，还是推高了对其采取紧钉措施的人民币实际有效汇率，从 2008 年 9 月 15 日雷曼兄弟破产全球金融危机爆发，到 2009 年 10 月世界经济出现复苏信号，人民币对美元的实际有效汇率还是出现了 3% 左右的涨幅，2010 年 6 月 19日，根据国内外经济金融形势和我国国际收支状况，央行决定进一步推进人民币汇率形成机制改革，增强人民币汇率弹性。进一步推进人民币汇率形成机制改革，重在坚持以市场供求为基础，参考一篮子货币进行调节。继续按照已公布的外汇市场汇率浮动区间，对人民币汇率浮动进行动态管理和调节。此后，人民币兑美元中间价屡创新高，2013年 8 月 21 日人民币对美元汇率达到了 1 美元兑 6.1675 元人民币（见图2-1），八年多来人民币对美元累计升值达 31.4%。

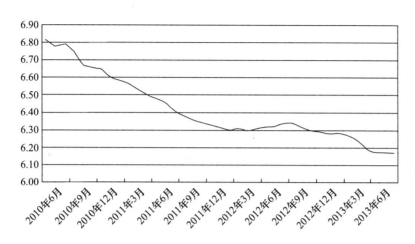

图 2 - 1　2010—2013 年人民币汇率（人民币/美元）走势

资料来源：Wind 数据库。

　　为增强人民币兑美元中间价的市场化程度和基准性，中国人民银行完善人民币兑美元中间价报价，自 2015 年 8 月 11 日起，做市商在每日银行间外汇市场开盘前，参考上一日银行间外汇市场收盘汇率，综合考虑外汇供求情况以及国际主要货币汇率变化向中国外汇交易中心提供中间价报价。此次汇率定价机制的改革，其背景是：2005 年汇率形成机制改革以来，人民币汇率中间价作为基准汇率，对于引导市场预期、稳定市场汇率发挥了重要作用。但 2015 年以来，人民币汇率中间价偏离市场汇率幅度较大，持续时间较长，影响了中间价的市场基准地位和权威性，而优化做市商报价有利于提高中间价形成的市场化程度，扩大市场汇率的实际运行空间，更好地发挥汇率对外汇供求的调节作用。自 2015 年 8 月 11 日人民币汇率形成机制改革后，人民币对美元名义即期汇率步入震荡贬值周期，迄今已历经三轮贬值行情：2015 年 8 月 11 日至 2016 年 1 月 7 日人民币对美元汇率贬值 4.28%，2016 年 5 月 3 日至 9 月 13 日贬值 3.18%，2016 年 9 月 27 日至 2017 年 1 月 3 日贬值 4.31%。其中，2017 年 1 月 3 日美元兑人民币汇率达到近年高点 1 美元兑 6.9557 元人民币。2017 年 1 月下旬以来，随着特朗普效应有所消退，美国经济形势明显不及预期，美元指数上行态势有所回调，人民币贬值压力有所缓解，2月10日人民币对美元汇率较年内高点回落1.1%。总体上看，自2015年8月10日（汇率改革前一天）到2017年2月15日的一年半时间内，人民币对美元即期汇率贬值约10.8%。

三　人民币实际有效汇率变化

在分析汇率变动对我国经济的影响时，相对于人民币对美元的名义汇率和实际汇率，人民币实际有效汇率是相对更好的选择指标。这是因为，自1994年以来，人民币在多数时间为事实上钉住美元，但在此期间美元对其他国家货币汇率在不断波动。此外，我国经济外向型程度不断增大，对外贸易格局也越来越呈现多元化发展趋势，因此采用人民币对各主要国家货币加权的实际有效汇率更能综合反映人民币币值的变动。从图2-2人民币实际有效汇率变化趋势可以看出，1994年以来，人民币实际有效汇率走势大体可分为三个阶段：①1994年1月至1998年1月，这一时期人民币实际有效汇率指数逐月攀升。其原因是，我国在20世纪90年代前期发生了改革以来最为严重的通货膨胀，年通货膨胀率高达21.7%。与此同时，1997年第三季度亚洲金融危机爆发，东南亚各国货币大幅贬值，而我国政府宣布人民币不贬值，使得人民币实际汇率升值速度加快，1998年1月人民币实际有效汇率指数为118.04，比1994年1月上升了52.2%。②1998年2月至2005年1月，人民币实际有效汇率震荡下行，期间又可分为三个小的阶段，即下行（1998—1999年）、上行（2000—2002年）、下行（2002—2005年），总体上，这一时期人民币实际有效汇率指数呈下行走势，2005年1月人民币实际有效汇率指数为81.54，比1998年2月下降了18.6%。③2005年2月至2010年6月，人民币实际有效汇率指数波动上行，其中2007年5月至2008年11月出现快速上行。该时期人民币实际有效汇率指数的走势受到汇率形成机制改革、人民币升值预期、资本流入不断加快、美元指数2009年12月触底反弹以及国内通胀压力显现等因素影响，2010年6月，人民币实际有效汇率指数达到119.59，比2005年2月上升22.8%。总体上看，2005年以来，人民币实际有效汇率呈现震荡上行之势。

1994 年 1 月至 2010 年 6 月，人民币实际有效汇率指数上升了 54.2%。④2010 年之后，人民币又进入快速升值通道，2011 年人民币对美元累计升值 5.11%。图 2 – 2 是国际清算银行计算的人民币加权实际汇率变化趋势，以 2010 年为基期，1998 年人民币实际汇率为 96.6，2005 年则为 84.2，2011 年则为 102.7。可见，1998—2005 年，人民币实际汇率整体是贬值趋势，贬值幅度大约为 12.8%；2005—2011 年总体为升值趋势，升值幅度约为 22.02%。

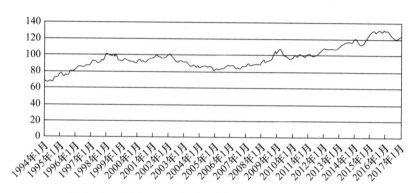

图 2 – 2　1994—2017 年人民币实际有效汇率变化趋势

资料来源：国际清算银行。

第二节　行业实际有效汇率的意义及测算

一　行业实际有效汇率意义

实际有效汇率指数一般是以一国与其主要贸易伙伴之间的进出口总额来计算权重，但不同行业往往具有其独特的性质（比如资本密集度、技术密集度在行业间存在差异）和重要性不同的贸易伙伴国（Goldberg，2004）。对于中国来说，出口国地区广阔，从发达国家进口中间产品然后出口到包括发达国家在内的很多国家，这就导致不同行业的出口国别存在很大的差异性。对一个农产品出口商来说，他更关注的是日本、美国等国货币的汇率变化；对造纸、木材行业来说，更关注的是印度尼西亚、俄罗斯货币的汇率变化；对金属冶炼企业来说，更关注的是印度、澳大利亚货币的汇率变化。尽管这些结算可能很多是使用美元，但人民币相对这些国家货币实际汇率的变化仍然对产品的竞争力产生了重要影响。有的贸易伙伴国在某些行业对中国非常重要，双方在该行业有着较大的贸易额，但是该国与中国的总体贸易额却较小，因此以进出口贸易总额为权重计算的实际有效汇率指数，往往不如以行业进出口贸易额为权重计算的行业实际有效汇率指数对不同行业对外贸易变化的解释力强。行业实际有效汇率指数更能有效反映由特定双边名义汇率变动所导致的行业出口竞争力的变化。从表 2-1 可以看出，2011 年不同国家在不同行业里占比存在较大差异。如在对美国出口产品中，塑料制品和纺织业的出口占比相差 10.4 个百分点；在对日本出口产品中，塑料制品和纺织业的出口占比相差 9 个百分点；对韩国贸易中食品加工和制造与化学原料及化学制品制造出口占比相差 7.1 个百分点。因此，这些国家在不同行业中的出口比例存在较大差距，只有通过测算行业实际有效汇率才能较为准确地分析贸易伙伴汇率变化对其进出口的影响。由于贸易伙伴在某行业中的贸易额占比不同，因此不同行业的实际有效汇率也存在较大不同。如 Sato Kiyotaka 等（2012）利用 2005 年 1 月至 2012 年 3 月的 22 个行业的进出口数据和价格指数，构建了日本行业实际有效汇率指数，发现不同行业的汇率变动存在较大的差异，Goldberg（2004）利用美国 1973—2002 年数据计算了 14 个行业的实际有效汇率指数，发现行业实际有效汇率对于行业利润变化较总体的实际汇率更具解释力。

二　计算方法及结果

通过借鉴 Goldberg（2004）构造行业实际有效汇率的方法，本章利用中国与主要贸易伙伴国之间的双边名义汇率、价格指数、进出口额等时间序列数据来构建行业实际有效汇率指数以反映各行业的特征，在每个行业中选择 1998—2011 年贸易占比超过 70% 的贸易伙伴，且不同行业贸易伙伴数不同。以 i 表示中国第 i 个贸易伙伴国，j 表示中国第 j 个行业。考虑到不同行业贸易伙伴的不同，这里计算了贸易加权的实际有效汇率，名义汇率和 CPI 数据来源于世界银行数据库，然后将名义汇率转化为一单位人民币可兑换的 i 国货币数量，即 $NER_{i/RMB} = NER_{i/USD}/NER_{RMB/USD}$。人民币对 i 国名义汇率通过两国 CPI （以 2005 年为基期）调整为实际汇率：$RER_{it} = NER_{i/RMB} \times \dfrac{P_{RMB,t}}{P_{i,t}}$。然后，实际汇率以 1998 年为基期进行调整，从而得到相对汇率 $RRER_{it} = \dfrac{RER_{it}}{RER_{i98}} \times 100$。

本章借鉴盛斌（2002）按照 SITC3.0 划分中国工业行业的方法，从联合国 COMTRADE 数据库得到中国 34 个工业行业的进口、出口贸易数据。同时，删除了石油加工、煤炭开采等外贸依存度相对较低的行业，并将农副食品加工业和食品加工业合并，最后得到 27 个行业的数据。我们计算的行业贸易比例加权的三个实际有效汇率指数为：

（1）出口实际汇率：

$$XRER_{jt} = \sum_i \left(RRER_{it} \times \frac{x_{jit}}{\sum_i x_{jit}} \right)$$

其中，$\dfrac{x_{jit}}{\sum_i x_{jit}}$ 为行业的出口权重，中国对不同国家部分行业出口占比如表 2-1 所示。

表 2-1　　　　　　中国对不同国家部分行业出口占比　　　　　　单位：%

行业	美国	日本	韩国	中国香港
07 食品加工和制造（00-09, 29, 41, 42, 43）	13.0	11.0	3.8	4.1
19 化学原料及化学制品制造（21, 22, 23, 51, 52, 53, 55, 56, 57, 59）	13.5	10.3	10.9	1.1
23 塑料制品（58, 893）	19.3	16.5	5.8	4.1
10 纺织业（65）	8.9	7.5	4.7	7.1
28 普通机械制造（71, 73, 74）	13.4	16.3	5.7	2.4

（2）进口实际汇率：

$$MRER_{jt} = \sum_i \left(RRER_{it} \times \frac{m_{jit}}{\sum_i m_{jit}} \right)$$

其中，$\dfrac{m_{jit}}{\sum_i m_{jit}}$ 为进口权重。

（3）进出口实际汇率：

$$TWRER_{jt} = \sum_i (TW_{jit} \times RRER_{jt})$$

其中，进出口和的权重 $TW_{jit} = \dfrac{(x+m)_{jit}}{\sum_i (x+m)_{jit}}$，$x+m$ 为行业进出口额。

本章计算的 1999 年和 2011 年各行业实际有效汇率如表 2 - 2 所示。计算得到的出口实际汇率与国际货币基金组织计算的出口实际汇率的相关系数为 0. 78，进口实际汇率与国际货币基金组织计算的进口实际汇率的相关系数为 - 0. 13，进出口实际汇率与国际货币基金组织计算的进出口实际汇率的相关系数为 0. 82。

表 2 - 2   1999 年和 2011 年 27 个行业实际有效汇率

行业	1999 年			2011 年		
	出口实际汇率	进口实际汇率	进出口实际汇率	出口实际汇率	进口实际汇率	进出口实际汇率
非金属矿采选业	24. 60	6. 18	18. 53	22. 01	1. 43	7. 98
食品加工业	43. 23	86. 20	56. 60	95. 07	153. 40	120. 15
饮料制造业	2. 98	0. 10	2. 36	1. 36	0. 17	0. 54
烟草加工业	248. 40	1. 56	197. 41	240. 94	0. 14	120. 67
纺织业	13. 96	53. 37	32. 06	137. 32	25. 55	118. 67
服装及其他纤维制品制造业	7. 61	15. 40	7. 89	2. 39	98. 35	4. 83
皮革毛皮羽绒及其制品业	3. 73	55. 34	11. 93	1. 16	144. 23	15. 25
木材加工及竹藤棕草制品业	11. 33	458. 53	202. 26	8. 59	91. 19	13. 57
家具制造业	2. 01	0. 79	1. 97	1. 24	15. 97	1. 91
造纸及纸制品业	4. 25	208. 48	179. 77	6. 88	67. 09	46. 15
印刷业记录媒介的复制业	1. 52	20. 33	11. 85	3. 32	22. 44	6. 81
文教体育用品制造业	1. 16	19. 75	2. 82	1. 27	17. 31	3. 85
化学原料及制品制造业	44. 96	63. 96	58. 98	22. 54	43. 27	36. 69
医药制造业	6. 77	1. 20	4. 94	6. 31	0. 12	3. 28
化学纤维制造业	116. 05	30. 90	59. 48	64. 82	1. 01	13. 32

续表

行业	1999 年			2011 年		
	出口实际汇率	进口实际汇率	进出口实际汇率	出口实际汇率	进口实际汇率	进出口实际汇率
橡胶制品业	33.80	25.20	30.85	3.57	3.61	3.59
塑料制品业	1.34	25.22	10.08	1.45	33.87	12.56
非金属矿物制品业	6.31	15.98	9.23	10.09	2.62	7.87
黑色金属冶炼及压延加工业	29.13	35.78	34.04	87.94	36.46	71.01
有色金属冶炼及压延加工业	23.91	29.00	27.12	19.75	13.70	15.48
金属制品业	1.26	22.44	5.87	8.18	24.40	11.05
普通机械制造业	2.11	3.39	2.97	38.81	18.69	29.68
专用设备制造业	3.76	3.71	3.71	42.45	21.40	29.37
交通运输设备制造业	8.55	4.80	6.72	6.66	13.51	9.64
电气机械及器材制造业	8.63	21.85	15.92	9.29	29.67	20.57
电子及通信设备制造业	6.17	11.27	8.09	8.58	18.69	10.40
仪器仪表文化办公用机械制造业	2.18	3.92	3.00	8.68	41.67	25.51

　　图 2-3 表示 2005 年 27 个不同行业的出口实际汇率、进口实际汇率和进出口实际汇率，图 2-4 至图 2-6 表示 1998—2011 年 27 个行业的出口实际汇率、进口实际汇率和进出口实际汇率（具体数据见附录 2）。从图 2-3 来看，同一行业出口实际汇率、进口实际汇率和进出口实际汇率存在较大差别，在同一年份，不同行业的汇率也明显不同，以 2011 年为例，家具制造业进出口实际汇率为 1.91，而食品加工业进出口实际汇率为 120.15。

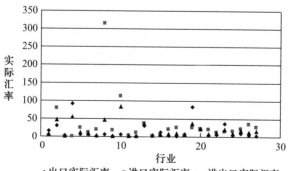

图 2-3　2005 年 27 个不同行业的出口、进口和进出口实际汇率

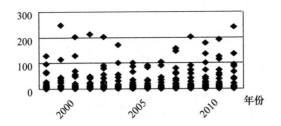

图2-4　1998—2011年27个行业出口实际汇率变化趋势

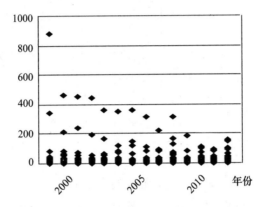

图2-5　1998—2011年27个行业进口实际汇率变化趋势

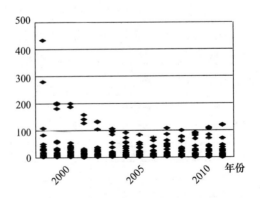

图2-6　1998—2011年27行业进出口实际汇率变化趋势

从不同行业实际汇率变化趋势来看，行业的出口实际汇率、进口实际汇率和进出口实际汇率均存在较大的差异，一部分行业存在明显的升值趋势，而另外一些行业存在明显的贬值趋势。食品加工业、纺织业、皮革毛皮羽绒及其制品业、金属制品业、普通机械制造业、专用设备制造业、交通运输设备制造业、电气机械及器材制造业、电子及通信设备制造业、仪器仪表文化办公用机械制造业均表现为实际汇率的升值，其中纺织业、食品加工业的进出口实际汇率升值268% 和114%，这也反映随着人民币升值，这些行业承受的压力很大，实际调查也发现，纺织行业受到的汇率负面冲击最大。木材加工及竹藤棕草制品业、造纸及纸制品业、化学原料及制品制造业、化学纤维制造业、橡胶制品业的实际汇率呈贬值趋势，反映随着人民币升值，这些行业的实际汇率并没有升值，也就是说，汇率升值并没有对这些行业的价格竞争力产生不利影响。特别是木材加工及竹藤棕草制品业、造纸及纸制品业，由于 2005 年之前我国主要从印度尼西亚进口木材，而当时的印度尼西亚盾在 1998 年金融危机后贬值幅度较大，所以人民币相对印度尼西亚盾出现快速升值，而后来我国大量从俄罗斯进口木材，1999 年该行业进出口实际汇率为 202.26，到 2011 年则为 13.57，贬值幅度达 93.29%，反映这些行业的进出口实际汇率呈贬值趋势。图 2 - 2 至图 2 - 6 可以直观地体现各时期各行业面临的国际竞争压力。可见，本国货币的升值会导致国际竞争的加剧，国内企业将面临更大的压力。

第三节　样本企业对汇率升值的反应

为定性了解人民币升值对企业的影响及企业采取的应对策略，我们对浙江、江苏、广东、湖南、四川、大连和深圳部分涉外企业进行了抽样调查。

一　不同行业对汇率升值反应不同

（一）对劳动密集型产业影响较大

从调查来看，劳动密集型的纺织、服装等轻工产品同质性强，竞争较为激烈，利润率微薄，对汇率波动承受力较差。2005 年前，浙江省的出口产品中，纺织、服装、鞋类等轻纺产品占一半以上，汇率改革后上述产品出口增幅回落，占比也呈下降趋势。2010 年，纺织、服装、鞋类出口占比分别比汇率改革前下降 1.0 个、4.9 个和 0.7 个百分点。从江苏来看，在人民币不断升值和出口退税政策调整的背景下，部分纺织、服装、鞋帽企业出口时不得不压价销售，利润下降很快。2011 年 1—11 月，常州市纺织服装出口同比增长仅 4.68%，比上年同期下降了 15 个百分点，同时，该行业出口占比也逐年下降，已从 2010 年的 27.80% 下降至 2011 年的 23.23%。

（二）对技术密集型企业影响较小

调查显示，机电产品技术含量高，对汇率改革的适应能力较好，如浙江机电产品的出口主导地位日趋凸显。2005 年，机电产品出口占比首次超过纺织服装产品，产品出口上升势头不减。汽车零部件上半年出口增长 38.4%，占机电产品出口的第二位。此外，医药出口近年来也增长较快，2008 年上半年医药出口同比增长 86.3%，占比达 1.2%，比汇率改革前提高 0.3 个百分点。在对江苏 20 家电子类企业的调查中，共有 12 家企业表示人民币升值对企业的进出口贸易没有较大影响，6 家企业表示有一定影响，2 家企业表示没有影响，其中表示没有影响的企业包括西门子电器等使用欧元等强势货币进行进出口结算的企业；6 家受一定影响的企业包括明基电通等，主要是企业内购比例超过 15%，采购成本需要用人民币支付，同时使用美元作为主要的进出口结算币种，因此对人民币的升值反应明显。湖南的三一重工、中联重科、南车时代等企业在国际市场上有比较强的定价权，企业生产成本弹性较大，因此，人民币汇率在较小的幅度内升值，不会对企业的生产经营和产品出口产生太大的影响。

（三）对资本密集型行业影响

对于化工行业来说，由于大量从境外采购原料，汇率升值能够降低企业生产成本。如大连索普集团拟加大进口材料采购比例，降低出口生产成本，并将出口市场转向欧洲和亚洲，规避美元的相对贬值。此外，化工行业的特点决定了企业可以转移汇率变动所带来的损失。一是化工行业的进入壁垒较高，阻止了潜在竞争者的进入；二是化工产品需求的特定性，许多国家出于环保的需要，禁止在本国生产部分化工产品，国内的化工企业具有一定程度的单方面定价权。因此，企业的注意力完全集中在原材料价格和同业竞争上。人民币加速升值对造船业造成巨大汇兑损失。长期以来，国际造船市场一直遵循美元定价原则，船厂收取美元后，根据采购原材料和设备的需要及支付劳务成本等，可将美元兑换成其他外币或本币用于支付，并在其经营中的财务周期期末按本币与美元的时价结汇。船舶工业的这一特点使汇率问题异常重要，在人民币加速升值背景下船厂蒙受了巨额的汇兑损失。2011 年 1—11 月，江苏新世纪造船有限公司和江苏新时代造船有限公司出口收汇 6.36 亿美元，期间受人民币快速升值的影响，两公司汇兑损失达人民币 2659 万元。赛尔电池公司作为外销收入几乎占总销售收入一半的制造企业，2005 年、2008 年、2011 年汇率影响造成的汇兑损失分别为 1 万元、16.2 万元、59.7 万元，2011 年汇兑损失占外销收入的比例为 1.33%，较 2008 年的 0.45% 上升了 0.88 个百分点。安邦电化公司 2005 年、2008 年、2011 年受汇率影响，汇兑损失分别为 40 万元、431 万元、515 万元，其中 2008 年相对于 2005 年汇兑损失增加了近 10 倍。

但自 2015 年人民币贬值以来，石油、航空、房地产等行业企业蒙受了巨大的汇兑损失。2015 年四大航空企业汇兑损失共计人民币 176.28 亿元，几乎与 181.64 亿元的总利润持平。中国石油 2015 年净汇兑损失 38.62 亿元人民币，2014 年同期仅为 1.79 亿元，人民币汇率变化导致的汇兑净损失同比增加了 37 亿元。江西铜业 2015 年外汇损失净额 5.51 亿元人民币，而在 2014 年公司汇兑收益为 7208 万元，主要是受国际市场人民币币值波动影响，汇兑损失上升明显。因此，同为资本密集型行业，对于进口型企业来说，人民币汇率升值有利于降低成本，但贬值则增加成本。

二　不同类型企业影响不同

（一）对流通型企业影响大，对生产型企业影响较小

流通型贸易出口公司的产品以直接购进或初加工为主，产品出口多少决定企业利润大小，人民币升值对出口量影响较大。如湖南丝绸

集团是一家流通型贸易企业，其原料收购和产品销售都是国外客户，属于"两头在外"的企业，公司进出口受汇率波动影响存在较大不确定性。生产型企业一般拥有自主品牌和高附加值产品，市场需求旺盛，汇率升值虽然会直接造成一些短期汇兑损失，但由于产品议价能力较强，企业可以通过提高出口商品的价格或调整内外销比例等来减少人民币升值造成的损失。由于生产型企业在原材料进口方面可以享受人民币升值带来的成本下降优势，同时可以通过产品结构升级、质量调整等方法应对汇率变动的压力，其竞争优势及对汇率变动的承受力明显强于外贸企业。调查显示：生产型企业出口盈利能力优于纯贸易型企业，2005—2010 年，生产型企业平均出口销售利润率高于贸易型企业 2.07 个百分点。

（二）外资企业对汇率变动的承受力相对较强

外资企业由于在技术、管理和市场控制等多方面具有优势，加上外资企业跨国集团式的经营模式，其在应对汇率变动方面具有丰富的经验和灵活的应对方式，因此外资企业对汇率变动的承受能力相对较强。从样本企业 2005—2010 年的平均产品销售利润率水平来看，外资企业较内资企业高出 1.17 个百分点，平均换汇成本则低于内资企业 0.06 元/美元。

（三）汇率升值的承受力随着企业规模的扩大和技术水平的提升呈递增趋势

从企业规模来看，汇率升值对中小型企业影响大，对大型企业影响相对较小。中小型出口企业本身生产规模较小，利润空间有限，人民币升值挤压企业相对微薄的利润，对企业生产经营造成明显的影响；中小型出口企业以劳动密集型产品、低附加值出口产品为主，是弹性较大、可替代性较强的商品，汇率波动对企业出口利润的影响程度较大；中小型出口企业的产品议价能力和汇率风险防范能力较小，应对汇率变化的主要措施是对商品的出口价格做相应调整，但在与有限的国外客户谈判中，很难取得价格调整的主动权。大型出口企业能够比较从容地应对汇率变动，除了相对中小型出口企业具有较高的产品竞争力、规模效益和专业的财务管理团队，还在于大型出口企业同时具有数额较大的进出口业务，在人民币升值背景下，企业可以加大原材料和高档设备的进口，推动产品升级换代，提高产量和产品竞争力，还可加大海外扩张的步伐，通过收购兼并等手段实施全球化战略，克服汇率变动的影响。大中型企业由于具有规模和资金优势，通过加强研发、加快产品结构转型等应对汇率升值的能力较强。调查发现，2005—2010 年，大、中、小型企业的出口平均销售利润率呈现依次递减的格局，企业对汇率升值的承受力随着规模的扩大总体呈递增趋势（见表 2 - 3）。

表 2 - 3　　　　　　不同类型企业出口产品销售利润率情况　　　　单位：%

	类别	2010 年第一季度	2010 年第二季度	2010 年第三季度	2010 年第四季度	2011 年第一季度
企业属性	国有企业	2.52	6.28	0.31	3.64	1.99
	外资企业	5.28	4.79	5.34	4.14	3.59
	其他（民营）	-3.14	2.31	0.66	0.97	1.59
经营类型	外贸型企业	0.50	1.69	1.67	2.58	1.25
	生产型企业	5.29	5.77	4.62	4.25	3.68
贸易方式	一般贸易	2.02	3.48	2.20	3.73	1.97
	加工贸易	5.19	5.9	4.86	4.12	4.00
行业属性	纺织业	0.24	2.15	2.13	2.82	1.44
	纺织服装、鞋、帽制造业	0.14	1.72	1.58	1.56	1.14
	化学原料及化学制品制造业	0.05	-0.02	-4.06	-0.01	0.20
	黑色金属冶炼及压延加工业	9.68	7.09	2.85	4.79	2.20
	金属制品业	0.81	2.59	6.10	7.34	2.11
	通用设备制造业	4.51	4.09	2.35	3.19	4.84
	船舶制造业	18.14	20.04	13.85	18.04	13.29
	电气机械及器材制造业	6.53	5.76	6.63	10.68	5.37
	通信设备、计算机及其他电子设备制造业	1.37	2.03	2.17	0.76	1.55

三 汇率变动的进出口价格传递效应

汇率变动对进出口价格的传递受出口企业市场地位、规模、企业属性、贸易方式等因素的影响。企业规模越大，在短期内应对汇率风险的能力就越强，汇率的影响就越不明显，对进出口价格的传递就越不明显。对于外资企业来说，其贸易对象一般是国外关联公司，企业出于总体利益的考虑，其交易价格往往并不能充分反映市场需求和汇率等因素的变化，因此汇率变化对其进出口价格的影响并不显著。

（一）出口企业市场"势力"弱，人民币汇率传递不完全

按照传统理论，本币升值将使进口品的国内价格下降，出口品的国外价格上升。这种相对价格的变化，在需求弹性比较高的情况下，进口增加而出口减少，进而可以促进贸易收支趋于平衡。但是 2005 年汇率改革以来，人民币汇率弹性不断增加，但进出口商品价格并没有像传统理论模型所认为的那样随汇率波动而大幅度变动，即人民币汇率传递存在着不完全性。调查发现，汇率对价格的传递具有不完全性：从 2011 年调查来看，人民币单月升值（贬值）1%，76.4%企业预计单位产品中进口人民币成本下降（上升）在 0.75%以下，仅有 7.1%预计人民币成本下降（上升）0.75%—1%（见表 2-4）；73.3%企业预计单位产品销售给外方外币价格涨价（降价）在 0.75%以下，仅有 5.9%企业预计销售给外方外币价格涨价（降价）0.75%—1%（见表 2-5）。

表 2-4　　　　人民币升值（贬值）1%，企业预计单位产品
进口人民币成本变化占比情况

变化幅度	占比（%）
下降（上升）0%—0.25%	44.7
下降（上升）0.25%—0.5%	17.6
下降（上升）0.5%—0.75%	14.1
下降（上升）0.75%—1%	7.1
下降（上升）1%以上	16.5

表 2 - 5 　　　　人民币升值（贬值）1%，企业预计单位产品
销售给外方外币价格变化占比情况

变化幅度	占比（%）
涨价（降价）0%—0.25%	47.1
涨价（降价）0.25%—0.5%	18.8
涨价（降价）0.5%—0.75%	7.1
涨价（降价）0.75%—1%	5.9
涨价（降价）1%以上	21.1

（二）企业规模对汇率传递的影响

企业规模越大，在短期内应对汇率风险的能力就越强，因此规模
较大的企业对进出口价格的传递程度可能就越不明显。从表 2 - 6 可
以看出，人民币升值（贬值）1%，大型企业单位产品进口人民币成
本下降（上升）0%—0.5% 的占比高达 74.47%，高于中小型企业
12.4 个百分点；大型企业单位产品进口人民币成本下降（上升）
0.5%—1% 的占比为 19.15%，低于中小型企业 11.88 个百分点，以
上数据表明，规模大的企业对汇率变化的传递系数较小，小规模企业
对汇率的变化更为敏感，汇率的传递程度较大。

表 2 - 6 　　　人民币升值（贬值）1%，不同规模的企业单位产品
进口人民币成本变化占比情况　　　　　单位:%

变化幅度	大型企业	中小型企业
下降（上升）0%—0.25%	51.06	48.28
下降（上升）0.25%—0.5%	23.41	13.79
下降（上升）0.5%—0.75%	14.89	17.24
下降（上升）0.75%—1%	4.26	13.79
下降（上升）1%以上	6.38	6.90

人民币升值（贬值）1%，大型企业单位产品销售给外方外币价

格涨价（降价）0%—0.25%的占比为59.57%，低于中小型企业
19.57个百分点；大型企业单位产品销售给外方外币价格涨价（降
价）0.5%—1%的占比为10.64%，低于中小型企业9.36个百分点
（见表2－7）。在人民币升值（贬值）的时候，中小型企业出口产品
价格受汇率变化的影响更大，而大型企业消化汇率波动的能力较强，
将汇率变化传递给交易对方的幅度较小。

表2－7　　　　人民币升值（贬值）1%，不同规模的企业单位产品
销售给外方外币价格变化占比情况　　　　　　单位：%

变化幅度	大型企业	中小型企业
涨价（降价）0%—0.25%	59.57	40.00
涨价（降价）0.25%—0.5%	19.15	23.33
涨价（降价）0.5%—0.75%	6.38	10.00
涨价（降价）0.75%—1%	4.26	10.00
涨价（降价）1%以上	10.64	16.67

（三）中外资因素对汇率传递的影响

外资企业在进行对外贸易定价时并不会完全参照市场行情和汇率
的变化，而是经常采用关联公司内部交易价格进行交易，由此可能导
致其汇率传递程度可能与中资企业有所不同。另外，中资进出口企业
实力差距较为悬殊，有的企业市场定价能力较强，有的企业因位于产
品链的末端基本没有定价权，因此中资企业实力的不同也可能导致汇
率传递程度不同。从表2－8可以看出，人民币升值（贬值）1%，中
资企业单位产品进口人民币成本下降（上升）0%—0.25%的占比高
达60%，明显高于外资企业46.43%的占比；中资企业单位产品进口
人民币成本下降（上升）0.75%—1%的占比为10%，高于外资企业
7.14%的占比，以上数据表明，绝大部分中资企业基本没有定价权，
在人民币升值的时候，进口人民币成本仅有小幅下降，仅有小部分中
资企业能获取人民币升值带来的收益。

表2-8　　人民币升值（贬值）1%，中、外资企业单位产品
进口人民币成本变化占比情况　　　　　　单位:%

变化幅度	外资企业	中资企业
下降（上升）0%—0.25%	46.43	60.00
下降（上升）0.25%—0.5%	21.43	15.00
下降（上升）0.5%—0.75%	16.07	15.00
下降（上升）0.75%—1%	7.14	10.00
下降（上升）1%以上	8.93	0.00

人民币升值（贬值）1%，中资企业单位产品销售给外方外币价格涨价（降价）0%—0.25%的占比为47.83%，低于外资企业5.87个百分点；中资企业单位产品销售给外方外币价格涨价（降价）0.5%—1%的占比为17.4%，高于外资企业4.43个百分点（见表2-9）。外资企业的出口价格对汇率的弹性系数平均来说较中资企业小0.4左右。在人民币升值（贬值）的时候，中资企业更有动力将人民币汇率的变化传递给交易对方，而外资企业将汇率变化传递给交易对方的幅度较小。

表2-9　　人民币升值（贬值）1%，中、外资企业单位产品
销售给外方外币价格变化占比情况　　　　单位:%

变化幅度	外资企业	中资企业
涨价（降价）0%—0.25%	53.70	47.83
涨价（降价）0.25%—0.5%	20.37	21.74
涨价（降价）0.5%—0.75%	7.41	8.70
涨价（降价）0.75%—1%	5.56	8.70
涨价（降价）1%以上	12.96	13.04

（四）贸易方式对汇率传递的影响

对于很多加工贸易企业来说，其进出口的目的仅仅是为了赚取加

工费，因此汇率波动对其进出口价格的影响可能并不明显。从表 2 - 10 可以看出，人民币升值（贬值）1%，加工贸易型企业单位产品进口人民币成本下降（上升）0%—0.25%的占比为 61.54%，高于一般贸易型企业 19.23 个百分点；加工贸易型企业单位产品进口人民币成本下降（上升）0.75%—1%的占比为 2.56%，低于一般贸易型企业 8.98 个百分点。以上数据表明，加工贸易型企业对汇率变化的传递系数较小，一般贸易型企业对汇率的变化更为敏感，汇率的传递程度较大。

表 2 - 10　　人民币升值（贬值）1%，不同贸易方式下企业单位产品进口人民币成本变化占比情况　　　　单位:%

变化幅度	加工贸易企业	一般贸易企业
下降（上升）0%—0.25%	61.54	42.31
下降（上升）0.25%—0.5%	12.82	26.92
下降（上升）0.5%—0.75%	17.95	7.69
下降（上升）0.75%—1%	2.56	11.54
下降（上升）1%以上	5.13	11.54

从表 2 - 11 可以看出，人民币升值（贬值）1%，加工贸易型企业单位产品销售给外方外币价格涨价（降价）0%—0.25%的占比为 65.79%，高于一般贸易型企业 23.85 个百分点；加工贸易型企业单位产品销售给外方外币价格涨价（降价）0.5%—1%的占比为 2.63%，低于一般贸易型企业 23.18 个百分点；加工贸易型企业的出口价格对汇率的弹性系数平均来说较一般贸易型企业小 0.5 左右。在人民币升值（贬值）的时候，一般贸易型企业出口产品价格受汇率变化的影响更大，而加工贸易型企业主要是赚取加工费，出口价格受汇率变化的影响较小。

表 2–11　　　人民币升值（贬值）1%，不同贸易方式下企业

单位产品销售给外方外币价格变化占比情况　　　单位：%

变化幅度	加工贸易企业	一般贸易企业
涨价（降价）0%—0.25%	65.79	41.94
涨价（降价）0.25%—0.5%	18.42	19.35
涨价（降价）0.5%—0.75%	2.63	9.68
涨价（降价）0.75%—1%	0.00	16.13
涨价（降价）1%以上	13.16	12.90

（五）出口企业定价策略对汇率传递的影响

企业的定价策略是微观层面影响汇率传递的一个重要因素。不同的定价策略是由出口企业竞争优势、出口市场的重要性、企业经营目标的差异性决定的。从表 2–12 可以看出，人民币升值（贬值）1%，成本加成定价法企业单位产品销售给外方外币价格涨价（降价）0%—0.25% 的占比高达 57.78%，高于销售地市场定价法企业 24.45 个百分点；成本加成定价法企业单位产品销售给外方外币价格涨价（降价）0.5%—1% 的占比为 13.34%，低于销售地市场定价法企业 0.94 个百分点；成本加成定价法企业的出口价格对汇率的弹性系数平均来说较销售地市场定价法企业小 0.1 左右。在人民币升值（贬值）的时候，成本加成定价法企业对汇率的传递程度小于销售地市场定价法企业。

表 2–12　　　人民币升值（贬值）1%，不同定价策略下企业单位

产品销售给外方外币价格变化占比情况　　　单位：%

变化幅度	成本加成定价法	销售地市场价格定价法	跨国公司总部定价法
涨价（降价）0%—0.25%	57.78	33.33	100.00
涨价（降价）0.25%—0.5%	15.56	38.10	0.00
涨价（降价）0.5%—0.75%	6.67	9.52	0.00
涨价（降价）0.75%—1%	6.67	4.76	0.00
涨价（降价）1%以上	13.33	14.29	0.00

（六）企业应对暂时性及持续性人民币汇率变动的价格策略

企业对汇率波动期限的预期不同，对调整出口价格的方式也有所不同。在人民币汇率暂时性（1周至1个月内）升值或贬值时，绝大部分企业基于维护客户关系或不具有定价权等方面的原因不会调整出口价格，只有小部分企业选择适当调整出口价格。另外有企业反映，由于出口价格调整的主动权不在国内，因此在调整出口价格的时候具有不对称性，即如果人民币贬值，客户会主动要求降价，如果人民币升值，国内企业也会提出涨价，但是客户能够接受的涨幅非常有限。在人民币汇率持续性（1周至1个月内）升值或贬值时，绝大部分企业会调整出口产品价格，但仍有部分企业由于合同期限较长或不具有定价权等原因不会选择调整出口产品价格。

四　企业应对汇率升值的手段分析

调查显示，从2005年汇率改革以来，企业主要依赖提高生产率、降低生产成本、提高产品档次和技术含量或打造自主品牌等经营策略来应对汇率升值。2010年第三季度，38%的样本企业为应对汇率升值采取提高产品档次、技术含量及附加值等措施，17%的样本企业采取提高品牌影响力或开发自主品牌等措施；2011年第三季度，采取上述经营策略的样本企业数量分别达到58%和28%，反映出企业开始注重自主品牌研发和产品升级改造等。这些变化所反映的是经济主体自我调整的能力以及调整的灵活性，如果经济主体有升值预期，就会相应地调整行为，从而降低升值对实际经济的冲击。

（一）通过投资和技术创新，提高产品档次

在汇率升值趋势下，只有高附加值的产品才能掌握议价权，为此，企业纷纷加大技术投入，提高产品技术含量。调查显示，在样本企业中，汇率改革后以提高产品档次作为应对汇率风险主要手段的占53.31%，高新技术、民营、一般贸易、生产型企业更倾向运用该手段。分类型来看，选择该方式的纺织服装鞋类、机电、高新技术企业分别占50.99%、53.26%、60.87%，一般贸易、加工贸易企业分别占56.38%、41.43%，专业外贸公司、生产型企业分别占39.44%、58.33%。如浙江龙柏纺织品进出口有限公司在印染工艺、使用染料和包装上对产品均加以改进，产品的利润从原来的 1.3% 左右提升至 5.5% 左右；浙江纺织企业恒力集团 2008 年就开始进行转型升级，先后投资新建了恒力化纤年产 20 万吨涤纶工业丝、德力化纤年产 20 万吨差别化纤维等项目。与此同时，还率先采用织机替代了平机，压缩了常规产品的产量，扩大了高档服饰和家纺面料的产量，装备水平已经达到了国内领先，特别是纺丝设备水平已达到国际最高水平。江苏天工工具股份有限公司大力发展高附加值的磨制钻头替代轧制钻头和钛合金产品。江苏中金玛泰医药包装有限公司，原来只从事 PTP 铝箔生产，企业 2000 年起成立技术中心，先后研发了电子产品包装膜、耐蒸煮、耐冷冻袋等 SP 复合膜。连云港飞雁毛毯有限责任公司 2010 年起更新制造工艺，逐渐淘汰落后设备纬编机，使用新设备经编机，企业产能得以释放，生产效率大幅提高。四川太极实业股份有限公司研发的高模量低收缩工业丝的毛利率是普通工业丝的 5—8 倍。浙江亿丽斯织造有限公司投资 6000 万元人民币新建年产 6 万吨差别化纤项目，大胆地从织造向化纤跨越；再如浙江龙盛为了向上游延伸产业链，先后收购了上游的浙江捷盛化学工业有限公司与浙江龙化控股集团有限公司，从而大幅降低公司染料生产成本。

（二）扩大境外采购、降低生产成本、降低原材料

汇率改革后以降低原材料生产成本作为应对汇率风险主要手段的企业有 316 家，占 55.05%。分类型来看，选择该方式的纺织服装鞋类、机电、高新技术企业分别占 54.39%、47.51%、60.87%，一般贸易、加工贸易企业分别占 53.19%、62.86%，专业外贸公司、生产型企业分别占 36.62%、62.01%。高新技术企业、民营企业、加工贸易企业、生产型企业更会选择降低原材料、生产成本应对汇率风险。调查显示，样本企业生产成本中，境外采购比例平均高达 41%，境内采购比例为 25%，较境外采购低了 16 个百分点，其中如东芝电视等进料对口企业境外采购比例高达 83%，境内采购仅占 10%。人民币升值能有效降低企业的采购成本。

（三）创建自主品牌

如浙江步森集团 70% 的出口产品都是自主品牌，因而掌握了一定

的定价权，公司不断缩小生产成本，研发高附加值产品，提高议价能力，2011 年出口产品价格平均报价提高了 10%—15%。辽宁大杨集团有限公司在纺织行业面临巨大压力的情况下，积极开拓高端业务领域，在美国成立分公司，开展单量单裁业务，创出了自己的品牌。广州珠江钢琴集团有限公司创立自主品牌"恺撒堡"之后，在国际市场上拥有相当的定价主导权，能够消化汇率升值的不利影响，经营效益快速提升。调查显示，该公司在 2005 年、2008 年和 2011 年的资本收益率分别为 0.62%、8.21% 和 16.57%，呈现快速提高的态势。

（四）提高内销比例

随着金融危机的爆发和深化，国际需求急剧萎缩，汇率升值加大了企业的价格竞争压力，样本企业通过拓宽国内市场来获得新的增长点。调查显示，样本企业平均的外销比例在 2005 年汇率改革后逐渐提高，在 2008 年达到 67.8% 的高值，其后回落至 2011 年的 65.8%，如上市公司海亮集团 2005 年、2008 年和 2011 年外销比例分别为 48.1%、70.9%、34.3%。原来主营出口业务的辽宁迈克集团看到国内环保行业的商机，投资成立了专门的工程公司，通过引进污水处理专利技术，抢占国内污水处理市场。

（五）改变产品定价能力

在样本企业中，汇率改革后以重新谈判产品价格作为应对汇率风险主要手段的占 51.05%。分类型来看，选择该方式的中资、中外合资、外商独资企业分别占 57.82%、50.79%、35.11%，一般贸易、加工贸易企业分别占 54.47%、35.71%，专业外贸公司、生产型企业分别占 66.20%、46.32%，中资企业、一般贸易企业、专业外贸公司更会选择重新谈判产品价格应对汇率风险。但值得注意的是，在样本企业中，汇率改革后将出口产品价格提高 1%—3% 的占 20.73%，基本不变的占 47.74%，降价的占 9.41%。虽然重新谈判产品价格是企业应对汇率风险的主要手段之一，但近五成企业的出口产品价格并没有因此而改变，可见目前企业产品出口价格谈判能力仍相对较弱。调查显示，企业出口定价模式主要以成本加成定价法和销售地市场定价法为主，样本企业采取成本加成定价法进行定价的占 62.1%，采取销售地市场价格定价法的占16.7%，采取跨国公司总部定价法的占9.09%，另有13%左右的企业采用其他定价方式（包括前述三种定价方法两两组合定价、进口商定价、交易中心市场定价及交易利润定价）。成本加成定价法主要考虑的是企业成本的变化，对汇率波动敏感性不强，汇率变动对出口企业的传递系数较低。特别是当企业预期人民币汇率暂时性波动时，企业往往采取观望态度。问卷调查显示，96.2%的企业表示在汇率暂时性升值的情况下不会考虑调整价格。可见出口价格具有一定的黏性，对于人民币暂时性升值的情况，企业基本不会对出口价格进行调整，而更倾向于采用银行远期结汇规避风险，通过加强企业自身管理缩减成本，或者损失自身暂时性的利润的方式，维持市场份额。因此，人民币汇率变动对出口企业的短期传递系数接近于0。这种定价方法使汇率通过引起成本变动对出口价格产生影响，因此，企业的边际成本，即生产效率的高低，直接影响汇率对出口价格的作用程度。而销售地市场定价法使汇率对出口价格的影响通过进口市场的需求弹性产生作用，当产品在进口方市场的需求弹性较低时，汇率对价格的影响程度则较小。

总体上看，人民币升值短期对企业的负面影响较大，如国外市场价格竞争力下降，出口增长速度下降，企业经济效益下滑等。但同时也会促进其加强产品研发，提高产业结构，转变经营机制，有利于提高国际竞争力。调查发现，大部分企业已经逐步改变了过去对汇率稳定的依赖，而各种汇率避险产品的推出和人民币跨境结算业务的推广，使企业能够有效地规避货币波动的风险。长期来看，汇率升值有利于促进优胜劣汰，出口结构调整升级和生产率提高的企业能够继续生存并发展，而调整应对不力和持续亏损的行业和企业将逐步退出市场，从而带动整体出口企业和产品结构的调整。调查也发现，企业虽然总体上在提高产品附加值，实现转型升级，但是研发、投入、转型升级都需要时间，不可能一蹴而就，因此效果显现还尚需时日，特别是需要多种政策的综合支持，如外部融资环境的改善、企业自主的进入或退出以及劳动价格的调整。因此，在汇率趋向均衡水平的升值过程中，需要协调各种政策，为企业顺利完成结构升级和技术进步创造良好的支持条件。

本章小结

　　本章主要是对人民币汇率的基本类型进行阐述,并对人民币汇率的改革历程和从固定汇率制到浮动汇率制的转变进行描述,然后对行业实际有效汇率进行计算并对各行业实际有效汇率的不同变化趋势进行阐述。计算结果表明,行业实际有效汇率呈现不同的趋势,多数行业实际有效汇率呈现升值趋势,但少数行业实际有效汇率反而呈现贬值趋势。本章结合调查,对不同行业对汇率升值的反应进行描述,结果表明,劳动密集型行业受到的影响较技术密集型行业更大,规模较大的企业较规模较小的企业受到的影响更小。从价格传递能力来看,总体上各行业价格传递能力较差,人民币汇率传递存在着不完全性,规模较大的企业价格传递反而较小,一般贸易较加工贸易的价格传递能力强,采用成本加成定价法的企业对汇率的传递程度小于采用销售地市场定价法的企业。从样本企业应对汇率升值的手段来看,企业主要依赖提高生产率、降低生产成本、提高产品档次和技术含量或打造自主品牌等经营策略来应对升值压力。

第三章　制造业各行业生产率的变化趋势

第一节　测算生产率的不同方法

生产率是衡量一个经济体效率的重要因素，研究人员通常通过两种方式即劳动生产率和全要素生产率来衡量生产率。目前国内外对生产率的研究从以下几方面展开。

大多数文献强调对全要素生产率（TFP）的研究。早期对 TFP 的研究主要集中于对行业层面的分析，如 Levinsohn（1993）、Harrison（1994），以及 Head 和 Ries（1999）。最近的一些研究则集中于对企业层面的分析，如 Amiti 和 Konings（2007）、Miaojie Yu（2010）采用2000—2006 年中国企业数据，利用 Olley 和 Pakes（1996）的方法对中国企业的生产率进行了研究，发现中国企业的全要素生产率在2000—2006 年有显著提高。张小蒂、孙景蔚（2006）采用全员劳动生产率表示产业的生产技术水平，并认为垂直专业化分工程度的提高引起全员劳动生产率的提高，垂直专业化指数（垂直专业化贸易额与总出口额的比值）每提高 1 个百分点，将导致全员劳动生产率提高0.1 个百分点。

Kichun Kang（2008）认为，企业的生产率进步通常体现在劳动力分工的细化，劳动力分工越精细，生产效率越高，从而贸易品之间的替代性就越小，说明贸易品技术进步越显著。在衡量贸易品多样性方面，文章采用了 Rauch（1999）的分类标准，并运用 Broda 和 Weinstein（2004）的模型分析了中国、日本、韩国三国产品替代性的不

同。文章认为，1984—2000 年中国的出口产品替代弹性从 13.13 下降
为 4.11，表明中国的出口产品多样化程度加深，企业生产率和技术进
步显著。Feenstra（1994）探讨了美国进口产品中新产品种类的需求
收入弹性，Feenstra 和 Kee（2010）专门研究了 34 个国家出口到美国
的产品种类问题，结果发现，出口产品种类越丰富的国家，生产率也
越高。Funke（2001，2002）发现，一国出口产品种类与该国出口产
品技术水平有着密切联系，出口产品中新产品种类越多，该国出口产
品技术含量一般也越高。Mary Amiti 和 Caroline Freund（2007）利用
Feenstra 指数来反映中国净新产品的出口；同时将出口增长分解为新
产品、消失的产品和已经存在的产品的进一步扩大来反映一国出口产
品的创新和旧产品的消失。文章认为，1992—2005 年中国的出口产品
技术有明显的进步，1992 年最缺乏技术的行业中 20% 的企业生产的
产品占中国出口的 55%。但在 2005 年，这些企业生产的产品占中国
出口的比例已经下降到 32%。文章认为，当撇开加工贸易时，中国出
口产品的技术并没有明显的进步。中国出口主要表现在既有产品的生
产、专业化分工水平进一步提高方面，但新产品的增加并不显著。这
些文献大都表明，出口产品种类与出口产品技术水平存在紧密的联
系，从而可以通过分析一国出口产品种类变化间接获得该国出口产品
技术水平的演变情况。例如，中国 2004 年和 2008 年机电产品出口增
速分别是 42.3% 和 17.3%，表面上看 2008 年相对于 2004 年的增速
小很多，但是，如果 2008 年出口增加主要来自新产品，而 2004 年出
口增加主要源自旧产品，那么 2008 年机电产品出口质量显然比 2004
年要好。

关志雄（2002）提出用出口产品的技术附加值测度产品的技术含
量；樊纲、关志雄、姚枝仲（2006）提出显示技术附加值（Revealed
Technological Value – Added）进一步完善了这种方法。通过比较 2003
年与 1995 年中国各技术等级产品上的出口份额，发现 2003 年中国出
口贸易的技术水平度得到了提高，其中中等偏上技术和高技术产品的
出口份额大幅增加，而低技术产品的出口份额大幅下降。Lall、John
和 Zhang（2006）（以下简称 LJZ）提出了"复杂性指数"的概念来

测度不同产品的复杂程度。LJZ 对中国出口贸易篮子的复杂性指数的计算结果显示，2000 年中国出口贸易篮子的复杂性指数低于 1990 年的水平，LJZ 还比较了 2000 年与 1990 年中国出口各技术等级产品的世界份额，并认为中国中等技术产品出口的世界份额增长最快，最高端产品和最低端产品出口的世界份额也有大幅增长，而中等偏上技术产品出口的世界份额减少。

Hausmann、Hwang 和 Rodrik（2007）提出用"产品对应的收入水平"（记为 PRODY）测度产品的劳动生产率水平。Rodrik（2006）对该指数的具体计算显示，自 1992 年到 2003 年，中国出口产品的精密化程度在不断增加，并逐渐缩小了与韩国之间的差距。杜修立和王维国（2007）在樊纲等人基础上提出改进方法，并测算了中国出口贸易的技术结构，认为改革开放以来，中国出口贸易的整体技术水平得到较大提高，但仍然相对较低，一直低于发展中国家和东盟的平均水平，仅仅表现出微弱的向世界水平收敛的趋势。姚洋和章林峰（2008）利用产品技术复杂度指数对 2000—2005 年中国本土企业出口技术变化进行研究后认为，在经济全球化加剧、大量外商直接投资涌入中国的背景下，中国本土企业的出口技术含量和外资企业相比差距逐渐缩小。

一些学者运用数据包络分析法，从生产率的组成部分来分析企业生产率进步和技术进步，生产率的增长可以分解为技术效率变化（Technical Efficiency Change）和技术进步（Technological Progress）。技术效率主要是制度改革等引起的效率提高（逼近生产可能性边界）的结果，反映在一定资源条件下多大程度上可以得到最大可能产出；技术进步是创新或引进先进技术的结果，引起生产可能性边界的外移。正如 Nishimizu 和 Page（1982）所认为的那样，这两者具有相当不同的政策含义。这种分解从量上区别了经济改革对长期增长所产生的水平效应和增长效应（Lucas，1988）。一方面，经济改革的水平效应导致了实际产出的增长（即向生产边界移动）。另一方面，增长效应意味着经济改革不仅提高了短期的产出水平，而且促进了技术进步，因而带来了经济增长的可持续性。这两者的根本差别是，水平效应会随着时间的流逝而消失，而增长效应不但不会消失，而且会维持或增大（李善同等，2002；Wu，2003）。李丹和胡小娟（2008）采用数据包络分析方法对制造业各个行业中内资企业、外资企业1999—2005年的全要素生产率及其构成情况进行了实证研究，结果显示，内资企业中相对效率较高的行业集中在劳动密集型行业及垄断程度较高的一些行业，外资企业中相对效率较高的行业集中在资本及技术密集型行业，且两类企业在各个行业中的全要素生产率都呈现出上升趋势。Ping Hua（2003）则将生产率的增长分为技术进步和技术效率变化，发现1993—2001年中国的生产率增长源于技术的进步，而同期技术效率则不断下降。

估算全要素生产率的方法大致可以分为三类：一是增长核算法，增长核算法应用最广，其中经典方法为索洛残差法，又称生产函数法。索洛残差法的基本思路是估计出总量生产函数后，采用产出增长率扣除各要素增长率后用残差来度量TFP增长，即TFP＝经济增长率－劳动力贡献度×劳动力增长率－资本贡献度×资本增长率。这一方法的关键之处在于准确地估算出劳动和资本各自对产出增长贡献的系数。如果仅仅采用TFP作为测量企业生产率的变量，可能会存在以下的局限性：TFP只是反映企业剔除资本、劳动要素后的技术进步因素对生产率的影响部分，事实上，生产率的提升很大程度上是与凝结在生产装备设备中的资本因素相关，因此，必须充分考虑资本要素对企业生产率的影响效应。二是时间参数法，时间参数法是直接估算TFP，方法简单，各类统计软件均可操作，简便易行。三是前沿生产函数法，生产前沿法则对应更大数据库和更精细的计量模型，过程相对复杂，结论较为可信（见表3－1）。

前沿生产函数方法包括确定性前沿分析（Deterministic Frontier Analysis，DFA）、随机前沿分析（Stochastic Frontier Analysis，SFA）和数据包络分析（Date Envelopment Analysis，DEA）等。前沿生产函数的方法论意义在于，其能排除服从正态分布的误差项，仅保留偏态分布的残差值作为生产效率的近似代表值。如果数据规模较为庞大，其中可能存在的随机误差也会相应较多，采用确定性前沿（DFA）模型进行分析对于数据的精度要求较高，而随机前沿分析（SFA）可以有效解决这些随机误差问题，不至于受到某些误差值或异常值的影响。

表 3 – 1　　　　　　　　　　TFP 研究方法小结

方法		技术要点	软件	优点
增长核算法		估算弹性后计算 TFP	一般统计软件	简便易行
时间参数法		直接估算 TFP	一般统计软件	简便易行
前沿生产 函数法	参数法	确定性前沿	FRONIIES 等	数据更大，能将 TFP 分解为技术效率变化和技术进步
	参数法	非确定性前沿	FRONIIES 等	
	非参数法	DEA	DEAP 等	

第二节　DEA 方法与截面数据下的全要素生产率

一　DEA 模型建立

DEA 是用非参数数学规划模型估算生产前沿的方法，其假设有若干家生产决策单元（DMU）使用若干种投入生产某种产品。DEA 的目的是构造一个非参数的包络前沿使得所有的观察点（即投入和产出的组合）都位于这个前沿面上或之下。当观察点落在前沿面上时，在技术上就是有效的。技术效率（Technical Efficiencies，TE）度量了前沿面下的观察点到前沿面的距离。一是从截面数据所测算的技术效率，反映了该企业同前沿面生产单位的全要素生产率之差，此时的技术效率等价于全要素生产率。二是可变规模报酬（Variable Returns to Scale，VRS）假定下，可将固定规模报酬（Constant Returns to Scale，CRS）的技术效率分解为纯技术效率（Pure Technical Efficiencies，PTE）和规模经济（Scale Efficiencies，SE），并且有 TE（CRS）= PTE（VRS）× SE（VRS）。固定规模报酬模型假定所有生产决策单位都在最佳规模上生产，但现实中因竞争不充分、融资约束等原因，这一假定通常无法满足，也就是存在规模不经济的情况。DEA 测算规模经济的方法是，同时计算固定规模报酬和可变规模报酬下的技术效率，比较两者，其中的差异即为规模经济。

利用 Malmquist 指数研究 TFP 有如下优点。一是尽可能弱化数据质量对估计结果的影响。Malmquist 指数相当于做了一阶差分，各行业同方向的变化都将被消除。二是避免模型的误设。Malmquist 指数属于非参数的方法，不需要对生产函数做出任何限制，这就避免了研究者的主观判断对实证结果的影响。三是 Malmquist 指数能够实现有关 TFP 的所有分解，结果更加丰富。把每一个行业看作一个生产决策单位，运用由 Fare 等（1994）改造的 DEA 方法来构造每一个时期中国生产最佳实践前沿面，把每一个行业的生产同最佳实践前沿面进行比较，从而对效率变化和技术进步进行测度。根据 Fare 等（1994），一个参考技术或者最佳实践前沿面可以由三种等价的方式表述：投入要求集（An Input Requirement Set）、产出可能性集（An Output Possibility Set）和曲线图。在本章，我们主要从投入的角度来研究全要素生产率变化，所以假设在每一个时期 t，第 k 个行业使用 n 种投入 $x_{k,n}^t$，得到第 m 种产出 $y_{k,m}^t$。在 DEA 条件下，每一期在固定规模报酬（Constant Returns to Scale，C）和投入要素强可处置（Strong Disposability of Inputs，S）条件下的参考技术被定义为：

$$L^t(y^t \mid C,\ S) = \{(x_1^t,\ \cdots,\ x_N^t)\}$$

约束条件为：

$$y_{k,m}^t \leqslant \sum_{k=1}^K z_k^t y_{k,m}^t \qquad m=1,\ \cdots,\ M$$

$$\sum_{k=1}^K z_k^t x_{k,n}^t \leqslant x_{k,n}^t \qquad n=1,\ \cdots,\ N$$

$$z_k^t \geqslant 0 \qquad k=1,\ \cdots,\ K \qquad (3-1)$$

$$y^t = \sum_{m=1}^M \sum_{k=1}^K z_k^t y_{t,m}^t$$

z_k^t 表示每一个横截面观察值的权重，y^t 表示 K 个行业 M 种产出的和。计算每一个行业基于投入的 Farrell 技术效率的非参数规划模型为：

$$F_i^t(y^t, x^t | C, S) = \min\theta^k$$

约束条件为：

$$y_{k,m}^t \leqslant \sum_{k=1}^K z_k^t y_{k,m}^t \qquad\qquad m = 1, \cdots, M$$

$$\sum_{k=1}^K z_k^t x_{k,n}^t \leqslant \theta^k x_{k,n}^t \qquad\qquad n = 1, \cdots, N$$

$$z_k^t \geqslant 0 \qquad\qquad k = 1, \cdots, K \qquad\qquad (3-2)$$

$$y^t = \sum_{m=1}^M \sum_{k=1}^K z_k^t y_{t,m}^t$$

为了得到生产率随时间变化的 Malmquist 生产率指数，这里引入距离函数（Distance Function）。根据 Fare 等（1994），距离函数是 Farrell 技术效率的倒数，从而可以定义参考技术 L^t（$y^t | C, S$)下的投入距离函数：

$$D_i^t(y^t, x^t) = 1/F_i^t(y^t, x^t | C, S) \qquad\qquad (3-3)$$

投入距离函数可以看作是某一生产点(x^t, y^t)向理想的最小投入点压缩的比例。当且仅当 $D_i^t(x^t, y^t) = 1$，(x^t, y^t) 在生产前沿面上，生产在技术上是有效率的。如果 $D_i^t(x^t, y^t) > 1$，在时期 t，(x^t, y^t) 在生产前沿面的外部，生产在技术上是无效的。在时期 $t+1$，可以把式子中的 t 替代为 $t+1$，便可得到此时的距离函数 $D_i^{t+1}(x^{t+1}, y^{t+1})$。根据 Caves 等(1982)，基于投入的全要素生产率指数可以用 Malmquist 生产率指数来表示：

$$M_i^t = D_i^t(x^t, y^t)/D_i^t(x^{t+1}, y^{t+1}) \qquad\qquad (3-4)$$

这个指数测度了在时期 t 的技术条件下，从时期 t 到 $t+1$ 的技术效率的变化。同样地，我们可以定义在时期 $t+1$ 的技术条件下，测度从时期 t 到 $t+1$ 的技术效率变化的 Malmquist 生产率指数。

$$M_i^{t+1} = D_i^{t+1}(x^t, y^t)/D_i^{t+1}(x^{t+1}, y^{t+1}) \qquad\qquad (3-5)$$

Malmquist 生产率变化指数可以被分解为相对技术效率的变化和技术进步的变化（Fare et al.，1994）。在实证研究中，有两种分解 Malmquist 指数的思路（Ray and Desli，1997；Fare, Grosskopf and Norris，1997）。为了得到以时期 t 为基期 $t+1$ 期的全要素生产率，利用

Fare、Grosskopf 和 Norris（1997）的思路，按照 Fisher（1922）的思想，用两个 Malmquist 生产率指数的几何平均值来计算生产率的变化。

$$M_i(x^{t+1}, y^{t+1}; x^t, y^t) = \left\{ \left[\frac{D_i^t(x^t, y^t)}{D_i^t(x^{t+1}, y^{t+1})} \right] \left[\frac{D_i^{t+1}(x^t, y^t)}{D_i^{t+1}(x^{t+1}, y^{t+1})} \right] \right\}^{1/2}$$

$$= \frac{D_i^t(x^t, y^t)}{D_i^{t+1}(x^{t+1}, y^{t+1})} \left[\frac{D_i^{t+1}(x^{t+1}, y^{t+1})}{D_i^t(x^{t+1}, y^{t+1})} \times \frac{D_i^{t+1}(x^t, y^t)}{D_i^t(x^t, y^t)} \right]^{1/2}$$

$$= E(x^{t+1}, y^{t+1}; x^t, y^t) TP(x^{t+1}, y^{t+1}; x^t, y^t) \quad (3-6)$$

在（3-6）式中，E（·）是规模报酬不变且要素自由处置的条件下的相对效率变化指数，这个指数测度从时期 t 到 $t+1$ 每个观察对象到最佳实践边界的追赶程度。根据 Fare 等（1994），效率的变化指数可以相应地分解为规模效率变化指数 SC（x^{t+1}, y^{t+1}; x^t, y^t）、要素可处置度变化指数 CNC（x^{t+1}, y^{t+1}; x^t, y^t）和纯技术效率变化指数 PC（x^{t+1}, y^{t+1}; x^t, y^t）。TP（·）是技术进步指数，这个指数测度技术边界在时期 t 到 $t+1$ 之间的移动。所以，Malmquist 生产率指数可以分解为：

$$M_i(x^{t+1}, y^{t+1}; x^t, y^t) = PC(x^{t+1}, y^{t+1}; x^t, y^t) \cdot SC(x^{t+1}, y^{t+1}; x^t, y^t) \cdot CNC(x^{t+1}, y^{t+1}; x^t, y^t) \cdot TP(x^{t+1}, y^{t+1}; x^t, y^t)$$

基于 Malmquist 生产率指数的全要素生产率测算涉及三个变量，分别是 1 个产出变量，2 个投入变量，其中产出变量使用各行业实际工业增加值，投入变量使用劳动和资本要素。测算的软件使用数据包络分析软件 DEAP2.1（Colelli，1998），方法为产出导向法。这里先计算资本投入，利用永续存盘法计算行业资本存量。

二 资本存量的计算

1997 年前工业数据按隶属关系口径报告，而 1998 年后按工业企业规模大小来披露，这些口径不同的原始数据不能拿来直接进行分析，因此本章从 1998 年开始进行分析，这里借鉴张军、陈诗一（2009）的方法。具体而言，本章使用 27 个两位数工业行业的投入产出面板数据，采用 Battese 和 Coelli（1992）、Kumbhakar（2000）提出的随机前沿生产函数方法来估计中国工业分行业全要素生产率（TFP），在多投入要素情形下，TFP 是比劳动生产率更可靠的生产率度量方法。本章遵循永续盘存法估算中国工业分行业的资本存量，具体步骤如下。

（一）折旧率 δ

工业分行业固定资产折旧率数据主要利用累计折旧、当年折旧、固定资产原值和净值之间的内在关系来近似求得。

$$cd_t = ovfa_t - nvfa_{t-1}；PD_t = cd_t - cd_{t-1}；\pi_t = PD_t/ovfa_{t-1} \qquad (3-7)$$

其中，cd 代表累计折旧，$ovfa$ 代表固定资产原值，$nvfa$ 代表固定资产净值，PD 代表当年折旧，π 代表当年折旧率，下标 t 和 $t-1$ 分别代表当期和前一期，从而建立随行业和时期不同而变化的可变折旧率。

（二）新增投资

$$inv_t = ovfa_t - ovfa_{t-1}；I_t = inv_t/pk_t \qquad (3-8)$$

其中，inv 代表当年价新增投资，I 代表平减后的 2005 年价格水平的可比价新增投资。工业行业分类固定资产投资价格指数 pk 由《中国统计年鉴》提供。

（三）确定 1998 年初始资本存量

本章把 1998 年固定资产净值通过工业出厂价格指数换算为 2005 年可比价固定资产净值，将其作为起始资本存量。

（四）按照永续盘存法估算资本存量

$$K_t = I_t + (1 - \pi_t) \times K_{t-1} \qquad (3-9)$$

其中，K 代表资本存量，I 为可比价新增投资，π 为折旧率。利用该方法，我们计算了各行业资本存量。在此基础上计算各行业劳动生产率和资本劳动比，劳动生产率用不变价工业增加值与行业全部从业人数的比值，资本劳动比用资本存量和行业全部从业人数之比。计算发现，利用永续盘存法计算的分行业资本存量和用价格平减后的固定资产净值余额具有很高的相似度，这从另一个侧面反映了计算结果具有可靠性，年平均固定资产净值余额序列进行价格平减后的数据可以作为工业分行业资本存量的另一种近似估算。不少研究也是这样处理的，如李胜文和李大胜（2008）、李小平等（2008）、涂正革（2008）。基于企业数据的研究也通常直接使用固定资产净值余额作为资本存量的代理变量，如涂正革和肖耿（2005）、李玉红等（2008）、

Jefferson（2008）。同陈诗一（2011）的测算一样，2004 年工业分行业的工业增加值序列缺失，按 2003 年和 2005 年的数据进行均值插值得到，2008 年、2009 年、2010 年、2011 年工业增加值数据也缺失，同样采用插值处理，从而计算出各行业年资本存量。

三 行业生产率变化趋势

表 3 - 2 显示了 1998—2011 年工业行业总体的 Malmquist 生产率指数（*tfpch*），该全要素生产率的变化率还可以分解为纯技术效率变化指数（*pech*）、规模效率变化指数（*sech*）、技术效率变化指数（*effch*）和技术进步变化指数（*tech*），而技术效率变化指数等于纯技术效率变化指数和规模效率变化指数的乘积，即 $effch = pech \times sech$；*Malmquist* 生产率指数等于技术效率变化指数与技术进步变化指数的乘积，即 $tfpch = effch \times tech$。

表 3 - 2　　　　　　1998—2011 年行业生产率指数变化趋势

年度	技术效率变化指数	技术进步变化指数	纯技术效率变化指数	规模效率变化指数	Malmquist 生产率指数
1998—1999	0.677	0.306	0.802	0.844	0.207
1999—2000	0.767	1.026	1.277	0.600	0.787
2000—2001	0.986	1.083	0.997	0.988	1.068
2001—2002	0.994	1.105	0.995	0.999	1.098
2002—2003	0.976	1.153	1.001	0.975	1.125
2003—2004	1.024	1.072	0.994	1.029	1.098
2004—2005	1.058	1.038	1.053	1.005	1.098
2005—2006	1.050	1.041	1.041	1.008	1.093
2006—2007	1.046	1.056	1.027	1.018	1.105
2007—2008	0.953	1.521	1.104	0.863	1.450
2008—2009	1.002	0.891	0.957	1.047	0.893
2009—2010	1.077	1.145	1.028	1.048	1.233
2010—2011	1.109	0.923	1.089	1.018	1.024
平均值	1.019	1.078	1.016	1.003	1.098

表 3-2 给出了我国工业行业 1998—2011 年的 Malmquist 生产率指数及其分解指标，其中纯技术效率变化对应的要素重置效率变化正是结构调整的结果，本章用这一指标来度量结构调整的生产率效应，简称结构效应。结构调整指在经济增长过程中生产要素在各行业之间的重新配置以及各行业产值比例的变化。

从分析结果可以看出，1998—2011 年整个工业行业的生产率指数都大于 1，平均增长了 9.8%。这一持续稳定的增长，在 2004 年以前主要是靠技术进步变化带动的，在这一期间技术进步变化指数年均增长 11.5%，但纯技术效率却一直在下降，这在某种程度上削弱了技术进步对于生产率提高的促进作用。然而，在 2004 年之后规模效率迅速提高，加之纯技术效率的改善，共同促进了技术效率的提高，2004 年之后技术进步和技术效率的共同提高促进了生产率的持续增长，这一期间技术效率增长对于生产率增长的贡献平均达到了 44.5%。总体来说，近十年我国制造业行业全要素生产率增长较为平稳，各行业都呈现稳步增长趋势。在生产率增长中，技术进步的贡献大于技术效率，为生产率各组成部分中增长最快的因素，而技术效率的增长滞后于全要素生产率。

表 3-3　　1998—2011 年各行业生产率平均增长及其分解指标

行业	技术效率变化指数	技术进步变化指数	纯技术效率变化指数	规模效率变化指数	Malmquist 生产率指数
非金属矿采选业	0.964	0.911	0.964	0.999	0.878
食品加工业	1.142	0.901	1.138	1.004	1.030
饮料制造业	1.132	0.996	1.124	1.008	1.128
烟草加工业	1.133	1.000	1.114	1.017	1.133
纺织业	1.130	0.979	1.098	1.029	1.106
服装及其他纤维制品制造业	1.121	0.969	1.077	1.041	1.087
皮革毛皮羽绒及其制品业	1.104	0.969	1.060	1.042	1.069
木材加工及竹藤棕草制品业	1.072	0.947	1.000	1.072	1.015
家具制造业	1.047	0.945	0.996	1.051	0.989
造纸及纸制品业	1.024	0.930	0.992	1.033	0.953
印刷业记录媒介的复制业	1.028	0.981	1.028	1.000	1.009

续表

行业	技术效率 变化指数	技术进步 变化指数	纯技术效率 变化指数	规模效率 变化指数	Malmquist 生产率指数
文教体育用品制造业	1.012	0.993	1.021	0.991	1.006
化学原料及制品制造业	1.010	1.013	1.015	0.996	1.023
医药制造业	0.926	1.017	0.989	0.936	0.941
化学纤维制造业	1.080	0.994	1.128	0.958	1.074
橡胶制品业	1.042	0.999	1.091	0.955	1.041
塑料制品业	1.035	1.046	1.083	0.955	1.082
非金属矿物制品业	1.029	1.057	1.070	0.962	1.088
黑色金属冶炼及压延加工业	1.040	1.062	1.054	0.987	1.104
有色金属冶炼及压延加工业	1.037	1.082	1.046	0.991	1.122
金属制品业	1.023	1.089	1.025	0.998	1.114
普通机械制造业	1.021	1.104	1.016	1.004	1.127
专用设备制造业	1.014	1.110	1.010	1.004	1.126
交通运输设备制造业	1.001	1.085	0.997	1.004	1.085
电气机械及器材制造业	1.005	1.094	0.998	1.008	1.099
电子及通信设备制造业	0.999	1.114	0.993	1.006	1.112
仪器仪表文化办公用机械制 造业	1.006	1.122	1.000	1.006	1.129

资料来源：数据来自 DEAP2.1 软件输出结果。测量数据大于 1 表示相对上一年生产率上升，相反则表示生产率下降。

从表 3-3 来看，1999—2011 年，全要素生产率提高相对较快的行业是饮料制造业、烟草加工业、普通机械制造业、专用设备制造业、电子及通信设备制造业、仪器仪表文化办公用机械制造业；家具制造业、造纸业及纸制品业和医药制造的全要素生产率呈下降趋势。从全要素生产率的分解因素来看，技术进步最快的是电子及通信设备制造业和仪器仪表文化办公用机械制造业，总体上看技术密集型的产业表现为明显的技术进步，而劳动密集型的产业表现为技术下降，这与我国当前的实际是相符的，技术密集型产业的产品技术含量相对较高，具有更高的产品附加值，在引进和利用外资技术方面进步也更大，而劳动密集型产业主要依赖价格低廉的劳动力，产品附加值低，行业的技术进步也相对较慢。这和鲁晓东、连玉（2012）的计算结果是一致的，他们使用 Olley – Pakes 方法计算的行业全要素生产率同样发现，电子及通信设备制造业、仪器仪表等高新技术产业生产率提高最为快速集中，行业的平均生产率增长较慢的大都属于一些传统行业如食品、饮料、烟草、服装、纺织业等，这说明传统行业的技术革新具有一定难度。另外，由于这些行业大都具有劳动密集的特点，劳动力投入发挥了更为重要的作用，同时也具有较低的劳动生产率，尽管该类产业的技术水平发展较慢，但是由于吸纳了大量低技术劳动力就业，因此对工业经济的整体稳定发展具有重要意义。

从技术效率变化来看，劳动密集型产业的技术效率进步较大，食品加工业、饮料制造业、纺织业、服装及其他纤维制品制造业的技术效率变化指数分别为 1.142、1.132、1.130 和 1.121。这说明，我国加入 WTO、金融市场改革和汇率制度改革等促进劳动密集型行业管理改善，引起的效率提高对劳动密集型行业生产率提高具有重要作用。而技术密集型行业在技术效率方面虽然有所提高，但不如劳动密集型行业快，原因可能是这类产业外商投资占比较大，管理流程相对比较完善，外部制度和环境的变化对其促进作用并不如前者明显。

从规模效率来看，资源密集型的黑色金属冶炼及压延加工业、有色金属冶炼及压延加工业、非金属矿采选业仍然表现为规模效率的不足，反映这些行业规模仍有待进一步提高；劳动密集型的纺织业、服装及其他纤维制品制造业在规模效率进步方面略高于技术密集型的普通机械制造业、电子及通信设备制造业等，反映这些行业在外部生产成本压力和汇率升值导致的利润下滑压力下，企业之间的兼并重组、企业的进入和退出加快，资源优化重组提高了这些行业的规模效率。

本章小结

本章主要是对生产率计算的有关方法进行综述，并以数据包络分析法对我国 27 个工业行业的生产率进行测算，用永续盘存法估算中国工业分行业的资本存量。对 Malmquist 生产率指数及其分解指标的测算表明，各行业整体生产率呈上升趋势，技术密集型产业的产品技术含量相对较高，具有更高的产品附加值，在引进和利用外资技术方面进步也更大，而劳动密集型产业主要依赖价格低廉的劳动力，产品附加值低，行业的技术进步也相对较慢。

第四章　汇率影响企业生产率的主要机制分析

第一节　理论分析

汇率不仅是一种比价，也是杠杆。在现实世界中，汇率作为货币的价格并非仅仅由购买力决定，它既与利率有关系，又与货币供应量有关系，因此不是微观意义上的价格，而是宏观意义上的价格。汇率一旦确定下来，就会影响经济结构调整和生产率变化。

低估的汇率在短期内对经济增长具有促进作用，但却可能妨碍长期内经济增长的可持续性；当汇率相对较低，此时进口价格高而出口价格低，本国产品可以通过价格优势参与国际市场的竞争，因此缺乏提高技术进步和管理水平的动力，不利于生产率的改善。汇率的低估具有两种效应：其一，贬值导致一国生产结构的低端化，这种产业结构低端化的发展趋势将会长期影响着一国的国际分工地位。因为在贬值的过程中，发展起来的工业往往是技术水平很低的生产部门。贬值非但不能扩大进口替代部门的生产规模，反而会使资源从这些部门中流出以支持低端产业的发展。其二，从要素利用角度看，货币贬值鼓励了技术含量较低的低端产业部门发展，特别是劳动和资源密集型产业的发展，增加了经济增长对生产要素投入，特别是劳动力和自然资源投入的依赖度，从整个宏观经济的增长方式来看，货币贬值通过实际收入效应所发挥的产业结构调整作用使得经济增长更加依赖于劳动力、资源等生产要素投入的增长，但是随着这种增长方式的持续，一国在资源、环境上的成本也逐渐加大。再依靠汇率低估维持经济增长就缺少了可持续性，这时就需要对汇率政策进行调整，发挥汇率促进技术和知识使用的作用，即要选择技术促进型均衡汇率。

汇率升值在短期内对经济增长有抑制作用，但在长期内却可能有利于改善经济增长的质量。当汇率升值时，由于出口价格较高，本国企业的价格优势受到限制，必须依靠技术进步和管理水平的改善等提高产品附加值或降低成本以保持产品的竞争力，因此对改善经济结构、促进技术进步和生产率提高有激励作用。货币升值会给一国经济带来两种相应的效应：一是产业结构升级效应。一国货币的升值将会导致该国生产资源的重新配置，生产要素会从需求收入弹性较低的部门流向需求收入弹性较高的部门，不同商品需求收入弹性的大小与其技术含量间存在着内在关系，一国货币的升值将会扩大技术含量较高的高端产业部门生产规模，同时缩小技术含量较低的低端产业部门生产规模。升值会限制劳动力和资源密集型部门的生产规模，致使资源从这些部门中流出以支持高端产业的发展，从而对本国产业结构优化、劳动生产率提高有着正面影响。二是要素就业效应。美国经济学家 Leibenstein（1957）提出的"X—效率"，认为给予劳动者适当的激励如提高劳动者的工资可以有效地提高劳动者的生产积极性，进而达到提高劳动效率的结果。从要素利用角度看，货币升值提高了劳动力的相对成本，变相抑制了以劳动和资源密集型为代表的低端产业的发展，降低了经济增长对生产要素投入的依赖度。从整个宏观经济的增长方式来看，货币升值通过产业升级效应和要素就业效应使经济增长更依赖于技术进步和劳动生产率的提高。

为深入分析汇率变化影响生产率的机制，本章主要从三个方面（见表 4-1）来研究：一是实际汇率变化导致资本劳动比变化。根据经典的索洛模型，企业的资本深化将有助于企业生产率的提高。在一个开放的经济体系中，汇率通过价格传递效应影响企业的出口产品价格和进口成本，进而影响企业投资，企业资本设备投资增加将提高资本劳动比例，从而提高企业的生产率。朱钟棣和李小平（2005）发现，资本形成正是 1998 年后中国工业全要素生产率增长的重要原因。二是影响行业外商直接投资。从国际资本供给角度来看，实际有效汇率水平的变化，将影响外商直接投资（FDI）的结构和流向，导致东道国资本相对存量增加和生产要素更广泛的结合，进而通过资本要素供给优势转化效应、外贸竞争力提升效应、FDI 溢出效应（竞争溢出效应、技术创新溢出效应）及产业关联效应，对不同行业的生产率产生影响。三是规模经济效应。研究表明，汇率价格信号引导资源优化配置，在汇率升值导致出口份额可能下降的同时，低效率企业的退出使得生存下来的企业市场规模可能扩大，规模经济效应有助于企业降低生产成本和提高资本使用效率，进而促进企业生产率提高。汇率升值下的竞争压力将导致企业兼并重组，劣势企业被淘汰，其留下的市场包括出口市场和国内市场将被生存下来的企业和新进入企业所占有，这些企业的生产规模可能扩大，规模经济效应有助于企业生产率提高。值得注意的是，汇率变化对生产率的影响与金融市场的发展密切相关，金融市场越发达，汇率变化对企业的影响越小。

表 4 - 1　　　　　　　　　汇率变化影响生产率的机制

	对中间变量的影响	中间变量对生产率的影响	实际汇率对生产率的影响
实际汇率的间接影响	通过外商直接投资的外溢效应	劳动生产率（＋）	劳动生产率（＋）
		技术效率（＋）	技术效率（＋）
		技术进步（＋）	技术进步（＋）
		全要素生产率（＋）	全要素生产率（＋）
	市场规模变化的规模经济效应	劳动生产率（＋）	劳动生产率（＋）
		技术效率（＋）	技术效率（＋）
		技术进步（＋）	技术进步（＋）
		全要素生产率（＋）	全要素生产率（＋）
实际汇率的直接影响	改变生产函数的资本劳动比	劳动生产率（＋）	劳动生产率（＋）
		技术效率（－）	技术效率（－）
		技术进步（＋）	技术进步（＋）
		全要素生产率（＋）	全要素生产率（＋）
实际汇率的总体影响			劳动生产率（＋）
			技术效率（＋）
			技术进步（＋）
			全要素生产率（＋）

在上述三个渠道中,汇率对投资的影响将对行业生产率产生直接的影响,因为投资的变化将直接改变生产函数中的资本劳动比,而外资和市场规模将对生产率产生间接影响。只有通过对这三个方面的分析,才能较好地研究汇率变化对于生产率的影响。正如张军在分析贸易增长对中国经济增长的贡献时所指出的,消费、投资、进口和出口之间都存在着相互的关联性。而且,对中国这样一个以制造业为主的经济体而言,进口和出口对经济其他部门的贡献往往可能更大一些。从理论上说,如果在没能确认出口对构成 GDP 的其他支出项目的影响力度之前,就简单地从 GDP 恒等式来直接计算净出口对经济增长的贡献,自然就等于忽略了出口对其他支出项目的间接贡献的大小。因此,利用 GDP 恒等式来直接计算净出口对 GDP 的贡献是有严重低估贸易对中国经济增长的重要性的嫌疑的。正确的估计方法之一是,要首先估计出口对消费、投资和进口的影响,然后再去估计出口对 GDP 的贡献大小。我们这里借鉴此分析思路。

第二节 汇率波动、资本劳动比与生产率

一 汇率影响资本劳动比的理论

在实际汇率升值时,假定外国对出口产品的需求不变,虽然出口企业以本币计量的收入(pQ)不变,但以外币计量的收入(pQ/e)会上升,本国企业出口同样数量的产品,能够从国际市场上购买到更多物资,相当于企业获得了"额外"的收入,或者说本币升值为企业提供了一个专门用于购买外国商品的价格优惠,企业更有动力用外币购买技术和设备以提高生产技术水平。资本形成对生产率变动影响的思想最初体现在 Solow 的增长核算理论中,根据标准化增长核算公式,人均产出的增长率可以分解为资本产出比的增长率和 TFP 增长率之和,因此在人均产出的增长率保持不变时,资本产出比的增长率和 TFP 增长率之间存在此消彼长的相关关系,或者在 TFP 增长率不变甚至下降时,只要资本形成的速度超过 TFP 下降的速度,依然可以维持

一定的产出增长率。汇率的变动趋势会影响一国国内生产要素之间的相对价格。一国货币升值可以提高不能在国际自由流动的生产要素相对于可自由流动生产要素的价格。假设一国在生产中只投入劳动和资本两种生产要素：资本可以在国家间自由流动，而劳动力则不能。由于劳动力在国家间不能自由流动，而且劳动力工资价格呈刚性，该国货币升值后，用本币衡量的劳动力工资价格就会提高。然而由于资本在国际可以自由流动，本币汇率的变化对国家间资本的相对价格的长期趋势没有影响。所以从长期来看，本币汇率的升值提高了国内工资利率比，使得劳动相对于资本的价格上升。由于劳动密集型产业生产投入中劳动所占的比例要远远大于资本密集型产业，本币升值会导致劳动密集型产业的生产成本相对于资本密集型产业上升，进而导致劳动密集型产业的出口价格竞争力相对于资本密集型产业下降。在短期内，厂商通常可以采用减少利润的方式以抵消本币升值引起的出口价格竞争力下降。此时，汇率变动仅仅引起了短期内各类商品间不同的利润率调整要求，并不一定会引发资源配置的变化。但是，如果汇率变动是持续性的，那么汇率变动对成本竞争力的影响就将持续下去，此时仅仅调整利润率无法抵消成本竞争力永久变化的影响。

因此，在长期中，通过利润率的差异调整以保持各种贸易产业或贸易商品的出口价格竞争力均衡是不可持续的。利润率的变化差异指明了资源配置的调整方向。资源将由利润水平下降较大的行业转移到利润水平下降较小的行业。由于本国货币升值提高了国内工资利率比，劳动密集型产业的生产成本相对于资本密集型产业上升，因而劳动密集型产业要承受比资本密集型产业更大的利润率下降压力。因此，国内资源将向资本密集型产业集聚，从而推动该产业发展和生产率上升。面对本币长期升值趋势所带来的劳动力成本上涨压力，劳动密集型产业中的厂商会增加生产要素投入中资本要素的占比。比如，这些厂商通过购置更先进的生产设备来提高生产的机械化程度，以提高每个工人单位劳动时间的生产效率，从而可以在维持既定产量不变的情况下减少劳动力的投入量。在长期中，本币升值会提高劳动密集型产业的人均资本量，进而提高企业生产率。

二 汇率影响资本劳动比的模型

在汇率影响投资的理论中，绝大部分是基于利润最大化和边际投资成本与投资的边际利润相等假设，研究汇率通过影响企业成本和出口收入对企业利润产生的影响。不同的是，部分研究考察了资本和劳动力的调整成本，Tomlin（2010）建立了资本劳动比的动态调整模型并引入汇率预期，进而考察汇率对企业投资影响。部分研究假定汇率变化是永久的，而部分研究则将汇率变动分解为永久性变动和暂时性变动。部分学者如 Campa 和 Goldberg 则充分考虑了行业特征如市场风险暴露和价格加成比例的影响。本章借鉴其模型，根据托宾的 q 投资理论，认为企业的固定资产投资需求依赖于当前和未来一段时间利润的现值。假定 $\pi(K_t, e_t)$ 为一个代表性公司的利润函数，K_t 为公司在 t 时的资本存量，e_t 为以间接表示法计算的实际汇率，公司在 t 时间选择最优的投资水平，有如下假设：

（1）资本的调整过程是有成本的，调整函数 $C(I_t)$ 为投资 I_t 的递增的凸函数（Hayashi，1982）。

（2）假定国内市场和国外市场都是不完全竞争的。

（3）假定在模型中影响投资变化的唯一因素是汇率的变化，并且假定汇率的变化是永久的，未来的汇率变化与当前的变化一致，即 $E_t(e_{t+1+j} - e_t) = 0$，$\forall_j \geqslant 0$。

公司价值为预期现金流的最大折现值，公式如下：

$$V_t(K_{t-1}) = \max\left\{ \left[\pi(K_t, e_t) - I_t - C(I_t) \right] + \beta_{t+1}^t E_t\left[V_{t+1}(K_t) \right] \right\}$$

$$(4-1)$$

公司每期的现金流是公司利润减去投资与调整成本之差，β_{t+1}^t 为公司在时间 t 和 $t+1$ 期间的折现率。E_t 为公司 t 时间在完全信息条件下对未来收益的预期值。资本存量 K_t 的计算方法为 $K_t = K_{t-1} + I_t$，这里没有考虑资本折旧的情况，利用包络定理，投资最优路径的欧拉运动方程为：

$$q_t = \left[\frac{\partial \pi(K_t, e_t)}{\partial K_t} \right] + \beta_{t+1}^t E_t(q_{t+1})$$

$$(4-2)$$

其中，q_t 为资本投资的边际产品价值 $\dfrac{\partial V_t}{\partial K_{t-1}}$，利用差分方程对方程（4-2）进行求解，可得：

$$q_t = E_t \sum_{j=0}^{\infty} \beta_{t+j}^t \left[\frac{\partial \pi(K_{t+j}, e_{t+j})}{\partial K_{t+j}} \right] \qquad (4-3)$$

式中，q_t 表示未来资本的边际产品价值的折现值，j 期的折现率 $\beta_{t+j}^t = \prod_{i=1}^{j} (1 + r_{t+i-1})^{-1}$，其中 r 为公司在 t 到 $t+1$ 期间的名义回报率。方程（4-1）求极值的一阶等式为：

$$1 + \left[\frac{\partial C(I)}{\partial I_t} \right] = q_t \qquad (4-4)$$

根据假设，投资调整的成本方程是递增的凸函数，该等式左边是投资的边际成本，为投资 I_t 的递增方程。这样，投资可以表示为 q_t 的递增函数：

$$I_t = \phi \left\{ E_t \sum_{j=0}^{\infty} \beta_{t+j}^t \left[\frac{\partial \pi(K_{t+j}, e_{t+j})}{\partial K_{t+j}} \right] \right\} \qquad (4-5)$$

其中，$\phi(\cdot)$ 为增函数。为了研究汇率变化对投资的影响，借鉴 Campa 和 Goldberg（1999）的方法，假定国内市场和国外市场都是不完全竞争的，公司在每期给定的资本存量下最大化公司利润。

$$\pi(K_t, e_t) = \max \left[x(p_t) p(e_t) + e_t x^*(p_t^*) p^*(e_t) - w_t L_t - e_t w_t^* L_t^* \right] \qquad (4-6)$$

s. t. $x_t + x_t^* = F(K_t, L_t, L_t^*)$

这里 $x(p_t)$ 和 $x^*(p_t^*)$ 分别表示公司在国外和国内的需求函数。p_t 和 p_t^* 分别表示国内和国外市场的价格，$w_t L_t$ 和 $e_t w_t^* L_t^*$ 分别表示国内生产和进口投入品的成本。$F(\cdot)$ 为一阶同质函数。根据 Campa 和 Goldberg（1999），计算一阶导数可以得到资本的边际利润函数如下：

$$\frac{\partial \pi(\cdot)}{\partial K_t} = \frac{1}{K_t} \left[p_t x_t \frac{1}{\mu_t} + e_t p_t^* x_t^* \frac{1}{\mu_t^*} - w_t L_t - e_t w_t^* L_t^* \right] \qquad (4-7)$$

其中，μ_t 和 μ_t^* 可以分别用需求的价格弹性表示，$\mu_t = (1 + 1/\theta_{t,x})^{-1}$，$\mu_t^* = (1 + 1/\theta_{t,x^*})^{-1}$。

对方程（4-5）中汇率 e_t 求导数，并利用方程（4-7），可以得到汇率对投资的影响方程：

$$\frac{\partial I_t}{\partial e_t} = \phi_q(\ \cdot\ )\frac{1}{1-\beta}\left[\frac{\partial K_T^{-1}(p_t x_t \mu_t^{-1} + e_t p_t^* x_t^* \mu_t^{*-1})}{\partial e_t}\right]$$

$$- \phi_q(\ \cdot\ )\frac{1}{1-\beta}\left[\frac{\partial K_T^{-1}(w_t L_t + e_t w_t^* L_t^*)}{\partial e_t}\right] \qquad (4-8)$$

其中，$\phi_q(\ \cdot\ )$ 是非负函数，公司的折现率假定始终不变，$\beta_{t+1}^t = \beta$，该方程表示汇率对投资的影响不仅通过当前的边际利润，而且也会通过影响未来的边际利润影响当前的投资水平。对方程（4-8）进一步分解可以得到下述方程：

$$\frac{\partial I_t}{\partial e_t} = \phi_q(\ \cdot\ )\frac{1}{1-\beta}\frac{TR}{Ke}\left\{\begin{array}{l}\dfrac{1}{1+\mu^*}x\left[\eta_{p^*e}(1+\theta_{x^*}) + 1 - \varepsilon_{\mu^*,e}\right] \\[2mm] + \dfrac{1}{1+\mu}(1-x)\left[\eta_{pe}(1+\theta_x) - \varepsilon_{\mu,e}\right]\dfrac{1}{\bar{\mu}}(1+\eta_{w^*,e})a\end{array}\right\}$$

$$(4-9)$$

其中，TR 表示公司收入，x 为出口收入占总收入的比例，η_{pe} 和 η_{p^*e} 分别表示企业设定的产品在国内市场和国外市场价格的汇率弹性（汇率的传递）。$\varepsilon_{\mu,e}$ 和 $\varepsilon_{\mu^*,e}$ 分别为国内和国际市场成本价格加成比例的汇率弹性，a 为进口投入品占可变投入成本比例。$\eta_{w^*,e}$ 是进口投入品成本的汇率弹性。$\bar{\mu}$ 为公司总体的价格成本比例 $(p-mc)/p$，也称为企业的林内指数（Lerner Index of Market Power）。

该方程通过对影响公司利润的因素的分离，来分析汇率变化对企业投资的影响。在收入方面，x 值越大，公司因汇率贬值而获得的价格竞争优势越强，因此企业利润也会较高。在国外市场需求方面，x 与国外市场的价格传递 η_{p^*e}、价格成本加成的汇率弹性 $\varepsilon_{\mu^*,e}$ 和需求的价格弹性 θ_{x^*} 密切相关。如果需求的价格弹性较大，则公司外向程度效果会因此而放大，即汇率贬值导致需求放大，公司出口收入将明显增长，否则相反。在国内收入方面，汇率对利润的影响同样依赖于 η_{pe}、$\varepsilon_{\mu,e}$ 和 θ_x。如果国内市场需求弹性 $|\theta_x| > 1$，汇率贬值导致国内价格上涨和销售数量下降，公司国内收入下跌，否则相反。汇率贬值对于公司出口收入的积极作用在一定程度上因贬值导致的成本上升而被抵消，汇率贬值对成本的影响依赖于进口投入品占成本的比例 a，进

口品价格的汇率弹性 $\eta_{w^*,e}$，后者和国外出口商制定的价格策略有关。根据上述模型，可以看出，影响汇率对投资作用的两个重要因素是市场定价能力和汇率风险暴露，这是反映行业特征的两个变量。

（1）市场定价能力：方程（4-9）表示公司的市场垄断能力能够影响汇率对公司利润的作用，从而对公司投资产生影响。Campa 和 Goldberg（1995，1999）认为，公司的高价格成本加成比例有利于通过价格变化吸收汇率波动的不利冲击，因此投资对汇率并不敏感。

Dornbusch（1987）研究发现，国内价格的汇率传递弹性是公司垄断能力的减函数，市场能力越弱，国内价格的汇率弹性 η_{pe} 越大，$1+\theta_x$ 也越大，因此汇率变化对公司收入影响越大。这种影响抵消了汇率贬值对公司国外市场销售的积极作用，但这种影响依赖于国外市场和国内市场的销售比例 $1-x$ 和 x，而且，公司在国内市场面临的竞争力越强，公司国内市场的加成比例 $\varepsilon_{\mu,e}$ 也越高，因此汇率对公司国内市场销售收入影响因为公司的低市场能力而进一步放大。

国外市场的需求弹性越高，汇率变动对行业产品销售的影响就越大。国外市场的产品需求弹性较大，说明在产品价格上升时国外市场对产品的需求被大幅度地削弱，从而大幅降低产品在国外市场的销量。国内市场的需求弹性越高，汇率变动对行业销售的影响越大。国内市场的价格汇率弹性较大，意味着汇率变动的幅度较大时国内市场上的产品价格也会有大幅变动，因此当汇率上升时，国内市场的产品价格下降较快，国内需求增加，有利于企业扩大销售。某一商品在国外市场的价格汇率弹性越高，汇率变动对该行业销售的影响就越大。在国外市场上，某一商品价格的汇率弹性较大，说明当汇率的波动一定时，该商品的国外市场价格变化幅度就更为明显，即当本国货币出现升值时，该厂商在国外市场上的产品价格会随汇率的变动产生较一般产品价格更为明显的增长，导致该产品在国外市场的销售量骤降，也抑制了该产品在国外市场的需求水平。所以这种在国外市场上较高的价格汇率弹性，不仅增加了本国企业的出口风险，也增加了其参与国际市场竞争的不确定性。

（2）汇率风险暴露：汇率风险暴露表示出口销售收入占比和进口

中间品占比两者之差。国外销售收入在总收入水平中占比的增加，会提高汇率变动对产品销量的影响。这一指标衡量了一个行业对国际市场的依赖程度，当本币升值时，以外币表示的在国外销售的产品价格相对较高，而国内价格则相对较低，因此本币升值有助于企业扩大国内市场，但不利于企业开拓国外市场。所以，当这一指标值较高时，该行业的生存则更多地依赖于国外市场，汇率变化对其影响也较大。某一行业中国外资本品在生产过程中的投入水平越高，则该行业销售的汇率弹性就越小。国外资本品的投入水平表示的是行业中国外资本的投入比例，同时也代表了本国产业的国际化程度以及对国外资本的依赖程度，该投入水平越高，说明在汇率升值时，企业的生产成本会随着国外资本投入水平的升高而降低，从而降低了汇率波动对其生产成本的影响，为企业参与国际市场创造了条件。因此，产业中的国外资本投入水平越高，产业内产品销量受汇率波动的影响就越小；反之则影响越大。

随着时间的变化，行业的汇率风险暴露也在发生变化。企业汇率风险暴露的程度和企业的净外币收入及行业竞争结构有关。在最简单情况下，公司的成本用本币支出，产品在国外销售且不存在竞争，则公司的利润将只受到外币汇率的影响，公司利润对汇率波动的敏感性是产品需求弹性的函数。如果出口销售收入很高且产品在国外市场需求弹性较小，公司的汇率风险暴露将较小。在外币贬值时，公司可能会提高出口产品价格从而减少汇率波动对公司利润的影响。当企业在国外市场面临的竞争增加时，公司利润对汇率变化的敏感度增加，当地市场竞争的加剧将使得企业通过提高价格来降低外币汇率贬值的影响难以实现，对于出口商来说，降低利润对汇率敏感度的办法是将成本支出以当地货币表示。在这种情况下，当外币贬值时，以本币计算的成本也将降低，从而公司出口收入的降低将被成本支出下降所抵消，公司利润对外币贬值的敏感度下降。

由以上分析，我们得到：汇率升值对投资的影响与行业结构有关，市场加成比例高的行业投资受影响较小，风险暴露高的行业投资受影响较大。

第三节　汇率波动、外商直接投资与生产率

一　汇率影响直接投资的理论

从理论上讲，影响外商直接投资（FDI）的因素包括东道国的市场需求、投资收益率、GDP 及其增长率、汇率与利用外资政策、人力资源状况、工资率水平及劳动生产率等因素。跨国公司投资理论认为，追求利润最大化的投资者选择在一国进行直接投资，一是为了在减少交易成本的基础上开发本地市场（市场导向型），二是为了利用该国低廉的要素资源进行产品加工后返销投资来源国或其他国家（出口导向型）。市场导向型外商直接投资注重的是投资所在地未来的市场，因而影响其投资决策的主要是当地的市场前景。相比之下，出口导向型外商直接投资追求的是在这一生产环节上的成本最小化。作为连接东道国与投资母国价格的汇率，无疑也是外商直接投资考虑的重要因素。研究表明，汇率变动将会通过以下四个效应对外商直接投资产生影响（Froot and Stein，1991；Dixit and Pindyck，1994；Rosengren，1994）：其一，汇率变动的财富效应。汇率变动改变了跨国公司对东道国资产的购买力，从而对跨国公司的所有权优势形成影响。其二，汇率变动的需求效应。汇率变动改变以投资母国货币衡量的东道国的市场规模，从而对产品市场需求的国际分布以及东道国的区位优势产生影响。其三，汇率变动的成本效应。汇率变动改变了以投资母国货币衡量的东道国的要素成本，从而对东道国的区位优势产生影响。其四，汇率变动的风险效应。汇率波动增加了以投资母国货币衡量的收益的不确定性，从而增加了直接投资收益的风险。具体而言，汇率变动涉及两个层面，一是汇率水平的变化（贬值或升值），二是汇率的波动（及剧烈程度）。就汇率变动对外商直接投资的影响，理论上多数认为东道国货币汇率变动对外商直接投资的影响比较小，因为外商直接投资更注重投资环境的好坏，汇率变动造成的风险只是诸多环境因素之一，不会起决定性作用。在汇率波动方面，汇率波动影

响 FDI 的途径主要有生产灵活性和风险规避。在生产者对真实的生产成本和市场需求了解之前，需要对投资规模进行评估。正如 Aizenmen（1992）指出的，汇率波动对 FDI 的影响取决于投资的沉淀成本（即投资的不可逆性）、行业的竞争结构以及利润价格关系。根据该理论，生产者通过对可变要素的调整来调整生产，从而汇率变化对企业投资产生影响。汇率波动将导致更多的前期 FDI 流入，在观察到汇率波动实际情况之后，企业将对生产进行调整。但从风险规避角度来看，直接投资者认为汇率波动将加剧企业风险，降低企业投资的实际回报。正如 Cushman（1985，1988）认为的，汇率的高波动将降低企业的投资利润，直接投资水平将下降。Linda S. Goldberg 认为，在考虑汇率波动对直接投资的影响时，应该分清短期汇率波动和长期汇率错位。短期而言，风险规避对 FDI 的影响更大，但从长期来看，生产的灵活性对 FDI 的影响作用更大。

二　汇率影响直接投资的模型

假定产品的国际市场价格为 p^*，直接投资成本为 I^*，Q、L、K 分别代表产量、使用的劳动和利用的资本数量，w、r 分别代表劳动力和资本的单位成本，A 代表技术水平，e 代表汇率水平，汇率用间接标价法表示，外商用直接投资 I^* 购买劳动力 L 和资本 K，将生产的产品 Q 在国际市场以价格 p^* 销售，其利润最大化的投资决策问题如下：

$$\max(p^* Q - I^*) \tag{4-10}$$

$$\text{s. t.} \left\{ Q = \max(AL^a K^b), \text{ s. t. } \frac{I^*}{e} = wL + rK, \ (a+b) < 1 \right\} \tag{4-11}$$

假设生产函数为 C—D 生产函数形式。参照 Rajesh Chakrabarti 和 Barry Scholnic 的模型及实际情况，假定规模报酬递减，外商直接投资决策分为两次优化，首先在投资量 I^* 时最大化产能 $Q(I^*)$，构造拉格朗日乘子：

$$I = AL^a K^b + \lambda \left(\frac{I^*}{e} - wL - rK \right)$$

由该式求解得：

$$L = \frac{a}{a+b} \times \frac{1}{w} \times \frac{I^*}{e}$$

$$K = \frac{a}{a+b} \times \frac{1}{r} \times \frac{I^*}{e}$$

所以：

$$Q(I^*) = A\Phi \left(\frac{1}{w}\right)^a \left(\frac{1}{r}\right)^b \left(\frac{I^*}{e}\right)^{a+b} \qquad (4-12)$$

其中，$\Phi = \left(\dfrac{a}{a+b}\right)^a \left(\dfrac{b}{a+b}\right)^b$。

从 $(4-10)$ 式至 $(4-12)$ 式来看，外商投资的决策问题就是：

$$\max(p^* Q - I^*) = p^* A\Phi \left(\frac{1}{w}\right)^a \left(\frac{1}{r}\right)^b \left(\frac{I^*}{e}\right)^{a+b} - I^*$$

由一阶条件得到最优投资量：

$$I^* = [p^* \Phi(a+b)]^{\frac{1}{1-a-b}} A^{\frac{1}{1-a-b}} e^{\frac{-a-b}{1-a-b}} w^{\frac{-a}{1-a-b}} r^{\frac{-b}{1-a-b}} \qquad (4-13)$$

最优投资与各因素关系分析：

$$\frac{\partial I^*}{\partial e} = \frac{-a-b}{1-a-b} e^{\frac{-1}{1-a-b}} \quad \Phi_1 < 0$$

$$\frac{\partial I^*}{\partial w} = \frac{-a}{1-a-b} w^{\frac{b-1}{1-a-b}} \quad \Phi_2 < 0$$

$$\frac{\partial I^*}{\partial r} = \frac{-b}{1-a-b} e^{\frac{a-1}{1-a-b}} \quad \Phi_3 < 0$$

$$\frac{\partial I^*}{\partial A} = \frac{1}{1-a-b} A^{\frac{a+b}{1-a-b}} \quad \Phi_4 > 0$$

由 $(4-13)$ 式可见，外商最优直接投资额与汇率负相关，与劳动力成本和资本成本负相关，与企业技术能力正相关。因而，以成本为导向的直接投资，即在东道国建立生产基地、产品出口海外的外商直接投资企业，会受到人民币升值的抑制，随着人民币升值和中国劳动力、资源等成本的逐步提高，这部分投资会逐步减少，但技术进步能够抵消成本上升的劣势，促进直接投资流入。

由此我们得到结论：汇率升值将导致成本导向的外商直接投资流入下降，而市场导向的外商直接投资将增加。从我国吸收的外商直接投资来看，进入中国的劳动密集型行的 FDI 主要是为了利用低劳动力成本优势以在国际市场中降低生产成本并提高竞争力。因此，中国劳动力密集型行业的 FDI 主要都是以出口为导向的，相比之下，进入资本密集型和技术密集型行业的 FDI 则主要关注的是中国的国内市场，同时这些行业的产品出口有逐渐增加的趋势（例如通用机械、电子产品、机电设备等）。因此，中国的资本密集型和技术密集型行业的 FDI 主要是以市场为导向的。1998—2011 年，流入中国制造业的 FDI 逐步从以出口为导向的劳动密集型行业转向更多地进入那些主要以国内市场为导向的资本密集型和技术密集型行业。

三　直接投资对生产率的影响

外资企业的"技术外溢"和本国企业的"干中学"推动了行业技术的不断进步。根据江小涓（2004）的研究，跨国公司在华企业使用的技术普遍高于中国同类企业的水平。外商直接投资对我国产业结构调整的影响，除了外商投资企业引进母公司的先进技术，还包括引进的技术产生了明显的外溢效应。技术外溢效应是指跨国公司所具有的产品技术、管理技术和研发能力从外商投资企业内部向东道国企业扩散的效应。FDI 的技术外溢效应主要包括示范效应、竞争效应、培训效应和产业关联效应。示范效应主要指东道国企业通过学习、模仿外商投资企业管理理念、技术水平，从而提高自身的技术和生产率水平，最终推动东道国产业的技术水平升级和产业结构的提升。竞争效应是指外商投资企业的进入，在东道国内加大竞争，迫使东道国企业通过各种方法提高资源的利用水平，采用更加有效的生产和管理手段。培训效应是指外商投资企业的资金与技术进入无法脱离东道国的人力资源，外商投资企业的竞争优势获得与人力资源开发联系在一起。通过培训当地工人和管理者的人员流动，提高了当地企业的人力资本积累。产业关联效应主要指外商投资企业的上下游企业因为产业关联而提升了技术水平。产业关联效应包括前向关联效应和后向关联效应。前向关联效应指下游企业因为使用外商投资企业生产的质量较好或者成本较低的产品进行加工而获得的生产效率提高或者成本的降低。后向关联效应主要指上游企业为了满足外商投资企业对高质量中间产品的需求，主动学习先进技术，或者外商投资企业直接向上游企业提供技术和生产方面的培训而带来的生产效率的提高。

汇率升值有助于改善我国 FDI 结构，促使 FDI 加大对技术密集型产业的投资，减少对劳动密集型产业的投资。人民币汇率升值将使进口资本品的价格降低，而国内资本品价格和劳动力成本相对上涨，对主要以国内市场为主要目标市场的来华投资企业而言，代表着利润空间的增加，对以国际市场为主要目标市场的外资企业而言，其进口资本品价格降低的优势将因出口价格上升而抵消。国内原材料的价格相对上涨将会影响大量利用国内资源进行生产的国际企业的来华投资。人民币汇率的上升造成我国劳动力成本的国际价格上涨，将影响跨国公司在我国建立劳动密集型企业的决策，从而削弱我国劳动力成本低廉的优势，降低我国作为世界工厂吸引国际劳动密集型产业转移的国际竞争力。总体上看，利用外资促使低生产率、低技术含量、劳动密集型产业向高生产率、高技术含量和资本、技术密集型产业转化，对结构调整和生产率提高都起到积极作用。

第四节　汇率波动、企业销售规模与生产率

一　汇率影响销售规模的理论分析

货币升值使得国外竞争者存在成本优势，这就使得企业在国内市场和国外市场面临更为激烈的竞争。货币升值将使得部分企业退出市场，对于留下来的公司而言，汇率升值对其市场规模有两种作用，尽管国内企业面临的成本劣势使得企业销售量可能减少，但部分企业的退出使得留下来的企业市场空间扩大，因此，汇率升值对企业销售规模的影响取决于这两个相反因素作用的大小。如果企业退出市场比例较低或者退出市场的企业规模相对留下来的企业小得多，那么货币升值将导致留下来的企业国内和国外销售规模下降，企业总体销售规模将减小。货币贬值的效果正好与此相反。国内公司的成本优势将使得公司销售具有更大的竞争力，因此企业销售规模可能扩大，但成本优势也可能吸引新进入者，从而降低现有企业占有的市场规模。本国汇率贬值时，生产率较低的企业能够获得的额外利润而免于退出市场，同时总体生产率的低下导致进入门槛过低，使得更多低生产率企业进

入市场。而实际汇率升值会像关税减免一样给予外国企业在本国市场的成本优势，因此在开放程度较高的情况下，升值导致的进口竞争加剧使得国内市场竞争更加激烈，这就降低了企业生存的概率。那些小规模、低生产率的企业，可能无法应对这种竞争压力而选择退出市场，而由于进入门槛的限制，新进入企业的生产率会高于退出的低生产率企业，这样就提高了行业的总生产率。因此，汇率升值促使低生产率企业退出，即出现选择效应。当然，汇率升值导致的市场竞争环境的恶化，将会使得外国企业得到比本国企业更大的成本优势并占据一部分市场份额，而存活下来的本国企业由于受到升值带来的成本优势下降的影响，生产规模也可能会减小。

二 汇率影响销售规模的模型

借鉴 Loretta Fung（2004），建立以下模型分析汇率变化对销售规模的影响，假定消费者的支出效用函数为：

$$\ln E(p, u) = \ln u + \sum_{i=1}^{N} a_i \ln p_i + \frac{1}{2} \sum_i \sum_j \gamma_{ij} \ln p_i \ln p_j \qquad (4-14)$$

其中，$\gamma_{ij} = \gamma_{ji}$。

该方程中 N 是国内产品数量 N_d 和进口产品数量 N_i 之和，p 为产品价格，γ 为国内消费者偏好参数。消费需求数量 $c_i = s_i E / p_i$。其中 E 是总支出，s_i 是花费在商品 i 上的支出比例，$s_i = p_i c_i / E = \dfrac{\partial \ln E(p, u)}{\partial \ln p_i} = a_i + \sum_j \gamma_{ij} \ln p_j$。

假定消费者的支出函数是一阶同质函数，存在下面的约束：

$$\sum_i a_i = 1, \sum_i \gamma_{ij} = \sum_j \gamma_{ij} = 0$$

这样，需求的价格弹性可以表示为：$\varepsilon_i = 1 - \dfrac{\partial \ln s_i}{\partial \ln p_i} = 1 - \dfrac{\gamma_{ij}}{s_i}$。

假定国内产品和进口产品对称地进入支出函数中，即：

$$a_i = \frac{1}{N}, \gamma_{ii} = -\frac{\gamma}{N}, \gamma_{ij} = \frac{\gamma}{N(N-1)}, 如果 j \neq i。$$

这样，特定消费者在国内产品和进口产品上的支出比例 s_d、s_f 和需求弹性 ε_d、ε_f 分别为：

$$s_d = \frac{1}{N}\Big[1 - \frac{N_f\gamma}{(N-1)}\ln p_d + \frac{N_f\gamma}{(N-1)}\ln p_f \Big]$$

$$s_f = \frac{1}{N}\Big[1 - \frac{N\gamma}{(N-1)}\ln p_f + \frac{N\gamma}{(N-1)}\ln p_d \Big]$$

$$\varepsilon_d = 1 + \frac{\gamma/N}{s_d} = 1 + \gamma\Big[1 - \frac{N_f\gamma}{(N-1)}\ln p_d + \frac{N_f\gamma}{(N-1)}\ln p_f \Big]^{-1}$$

$$\varepsilon_f = 1 + \frac{\gamma/N}{s_f} = 1 + \gamma\Big[1 - \frac{N\gamma}{(N-1)}\ln p_f + \frac{N\gamma}{(N-1)}\ln p_d \Big]^{-1}$$

在生产者方面，N 个厂商在垄断竞争状态下生产并在国内和国外市场销售产品，销量分别为 x_d 和 x_f，我们假设劳动是公司的生产成本 $\alpha + \alpha_x + \beta(x_d + x_f)$，其中 α 是固定成本，β 是生产的边际成本，国外销售的额外成本为 α_x。代表性厂商的出口利润函数为：

$$\pi_i(x_d,\ x_f) = p_d x_d + e p_f x_f - w\big[\alpha + \alpha_x + \beta(x_d + x_f) \big]$$

利润最大化的条件可以表示为：

$$\ln p_d = \ln\Big(\frac{\varepsilon_d}{\varepsilon_d - 1} \Big) + \ln(\beta w) = \ln\Big(1 + \frac{1}{\varepsilon_d - 1} \Big) + \ln(\beta w)$$

$$\simeq \frac{1}{\varepsilon_d - 1} + \ln(\beta w) \qquad\qquad (4-15)$$

$$\ln e p_d^* = \ln\Big(\frac{\varepsilon_d^*}{\varepsilon_d^* - 1} \Big) + \ln(\beta w) = \ln\Big(1 + \frac{1}{\varepsilon_d^* - 1} \Big) + \ln(\beta w)$$

$$\simeq \frac{1}{\varepsilon_d^* - 1} + \ln(\beta w) \qquad\qquad (4-16)$$

均衡时的国内和国外销售数量分别为：

$$x_d = c_d = s_d \frac{w_d L_d}{p_d} = \frac{s_d(\varepsilon_d - 1)L_d}{\varepsilon_d \beta} = \frac{\gamma L_d}{N\varepsilon_d \beta}$$

$$x_d^* = c_d^* = s_d^* \frac{w_f L_f}{p_d^*} = \frac{s_d^* w_f(\varepsilon_d^* - 1)L_f e}{\varepsilon_d^* \beta w} = \frac{\gamma^* w_f L_f e}{N\varepsilon_d^* \beta w} \qquad (4-17)$$

企业的销售规模总体为 $x_d + x_d^*$，可以看出，当汇率 e 升值时，国内物品相对国外价格上涨，因此国内厂商面临的国内需求弹性 ε_d 和国际市场需求弹性 ε_d^* 上升。国内市场需求弹性上升使得企业面临的市场规模缩小，但部分公司的退出将导致留下来的公司可能扩大市场规模，因此，汇率变化对企业规模的影响方向不确定，当公司退出的影响大于市场需求弹性增加的影响时，汇率升值将导致企业规模扩大。

三　销售规模变化对生产率的影响

企业销售规模的变化通过规模经济效应对企业生产率产生影响。Loretta Fung（2010）通过对中国台湾企业 1986 年、1991 年、1996 年生产率的分析表明，实际汇率升值提高了企业的淘汰率，扩大了生存下来的企业规模，这两个因素有力地促进了台湾企业生产率的提高。规模经济分外部规模经济和内部规模经济。外部规模经济是指单个厂商从同行业内其他厂商的扩大中获得的生产率的提高和成本的下降，内部规模经济源自企业内部具体生产要素的不可分性和分工的优势。特别是资本密集型和技术密集型的产业，带有明显的规模经济的特征。亚当·斯密在《国民财富的性质和原因的研究》中指出："劳动生产上最大的增进，以及运用劳动时所表现的更大的熟练、技巧和判断力，似乎都是分工的结果。"斯密以制针工厂为例，从劳动分工和专业化的角度揭示了制针工序细化之所以能提高生产率的原因：分工提高了每个工人的劳动技巧和熟练程度，节约了由变换工作而浪费的时间，并且有利于机器的发明和应用。由于劳动分工的基础是一定规模的批量生产，因此，斯密的理论可以说是规模经济的一种古典解释。真正意义的规模经济理论起源于美国，它揭示的是大批量生产的经济性规模。典型代表人物有阿尔弗雷德·马歇尔（Alfred Marshall1）、张伯伦（E. H. Chamberin）、罗宾逊（Joan Robinson）和贝恩（J. S. Bain）等。马歇尔提出："大规模生产的利益在工业上表现得最为清楚。大工厂的利益在于：专门机构的使用与改革、采购与销售、专门技术和经营管理工作的进一步划分。"马歇尔还论述了规模经济形成的两种途径，即依赖于个别企业对资源的充分有效利用、组织和经营效率的提高而形成的内部规模经济，以及依赖于多个企业之间因合理的分工与联合、合理的地区布局等所形成的外部规模经济。从我国企业实践来看，凭借低端要素禀赋切入全球价值链，通过从国外进口原材料、生产设备和半成品进行加工和深加工转而再出口，这种代工模式是近 30 年来中国出口的重要特征。这种全球价值链在国家层面的垂直分解，在引致中国贸易量激增的同时也对中国工业企业生产率产生巨大的影响。这种生产非一体化使得中国企业面临的市场容量扩大，规模经济效应的实现成为可能。Antweiler 和 Trefler（2002）的研究提供了关于规模经济的证据，其结论显示：在重点出口行业如科研设备、电力机械、非电力机械等行业普遍存在规模经济效应，而在木制品、鞋类、皮革和纺织品等行业则未表现出规模经济效应。出口企业因参与到大容量出口市场和更精细化分工的全球化生产，通过规模经济效应和专业化分工而获得了较高的生产率。生产规模扩大以后，企业能够利用更先进的技术和机器设备等生产要素。随着人力、技术和机器使用的增加，企业内部的生产分工能够更合理和专业化，企业可以开展技术培训和采用先进的生产经营管理方式。从我国来看，行业的外部规模经济同样起到了重要作用，销售收入高的行业，通常形成产业聚集区，特别是我国的电子通信设备、纺织业同样形成了庞大的产业聚集区，外部规模经济的产生对于促进行业生产率提高起到了推动作用。朱钟棣、李小平（2008）运用 DEA 方法将中国 1998—2003 年 32 个工业行业的全要素生产率的增长分解为技术效率变化和技术进步的增长，研究表明，企业规模和资本强度显著地促进 Malmquist 生产率和技术效率的增长。

第五节　汇率波动对企业生产率的影响与企业融资能力密切相关

汇率变化对一国的生产率有显著的影响，但该影响与该国的金融发展水平有关。内生经济增长理论认为，金融发展能够促进技术进步进而推动经济长期增长，金融市场通过促进资本积累、增加资源流动性、减少交易成本、提高金融资源的配置效率进而提高企业的生产率；通过甄别信息配置资金促进企业的创新活动。如果金融市场的效率低下，企业的技术模仿和技术创新将会受到影响。金融发展水平在降低汇率波动对生产效率冲击方面具有重要作用，金融发展水平越高的国家，汇率灵活程度越高，企业的长期生产效率越高。生产效率的增长源于企业的创新和投资，而汇率的波动可能导致企业利润降低。这时，如果企业的外部融资成本高于内源性融资成本，企业的创新和投资就会受到约束，从而导致企业技术进步和生产率增长缓慢。在现实中，市场信息本身是不完全的，外部融资成本通常会高于内部融资成本，当公司的信息严重不对称时，公司发现从外部进行融资将变得非常困难，这种情况下，公司的投资能力对内部融资能力高度敏感。反映公司融资能力的通常有公司规模、持有现金比例、公司杠杆比例和分红。就公司持有现金比例来看，由于在非对称的资本市场进行外部融资通常成本较高（Myers and Majluf，1984），为应对公司的突然支出，最小化公司的外部融资成本的办法是持有更多的现金，这样能够避免公司以高的成本从外部融资。因此，金融约束程度较高的公司倾向于持有更多的现金，从而对其技术投资和创新产生了不利影响。另外，公司的杠杆比例（资产负债比）也影响公司投资对汇率的敏感程度。公司的负债比例越高，外部融资成本越高，同时利用内部资产变现筹资的能力也越弱。负债比例越高的公司，在汇率升值时受到的冲击也越高。另外一个影响公司投资汇率敏感度的是公司规模。较大规模的公司通常对资本市场信息了解程度更高，在外部市场更容易以低成本融资，在经济不景气的时候破产的概率较低，而且大公司在利用金融衍生产品规避汇率风险方面具有更多的优势，因此，大公司在汇率变化时投资受到的影响相对较小。

Philippe Aghion 和 Kenneth Rogoff（2009）认为，一国汇率的波动对一国企业生产率的影响与该国的金融发展水平密切相关，文章利用1960—2000 年 83 个国家数据建立 GMM 模型，分析汇率波动性和产出增长之间的非线性关系。他们建立了一个货币增长模型，表明当存在信贷约束的时候，汇率波动性对国内厂商的投资是不利的，但是在一个有更完善金融市场的国家，汇率波动的正向作用则是持续的，更有利于促进经济的增长。Mustafa Caglayan 和 Firat Demir（2011）对土耳其 1993—2005 年的 1000 家企业数据进行研究后发现，汇率的不确定性对企业生产率具有明显的负面影响，但具有进入国内外证券市场或是外部借债能力强的企业，则能降低这种负面影响。娄伶俐

（2008）通过分析人民币升值过程中企业面临的"技术替代能力约束"和"技术承载能力约束"，得出汇率升值对企业技术进步存在有效区间和失效区间。刘泌清（2007）也认为，人民币升值过程中应充分考虑企业的流动性短缺问题。企业提高生产率需要进行技术投资，而汇率上升的阶段正是企业面临资金压力的阶段。在外部金融市场不发达或外部融资成本过高的情形下，如果升值幅度过高，企业可能因为流动性欠缺而停止经营。

假定企业的生产函数为 $Q = F(K, L)$，以纵轴代表资本要素 K，横轴代表劳动力要素 L，Q_1 是等产量线，k_0 是企业的资本约束线，I 和 I' 是企业的等成本线，a 代表资本密集型的生产技术，b 代表劳动密集型的生产技术，企业技术变化和金融约束的关系如图 4 - 1 所示。企业可以采取两种方式生产产量 Q，企业选择在 a 点还是 b 点生产取决于劳动和资本的价格比。当劳动力相对便宜时，选择在 b 点生产，利用较多的劳动和较少的资本；当资本较为便宜而劳动相对贵时，企业选择较多的资本和较少的劳动。人民币升值促进企业生产率提高是要使企业从 b 点上升到 a 点，从而达到一个更高的技术水平。但如果一国金融市场不发达，企业受到资本的约束，由于存在资本要素供给的稀缺性，企业在由劳动密集型向资本密集型转型过程中存在技术承载能力约束，超过资本承载能力的先进技术和工艺设备都无法采用，使得企业呈现"低技术锁定"。

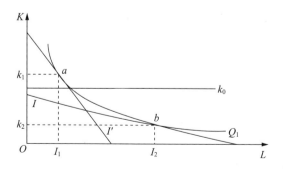

图 4 - 1　企业技术变化和金融约束

根据以上分析，我们可以得到结论：融资能力强的行业，在面对汇率升值时，资本劳动比和生产率提高更快。

本章小结

本章主要是对汇率变化影响生产率的机制进行分析，从理论上阐明汇率通过三个途径影响生产率：汇率通过行业资本劳动比、行业外商直接投资和行业销售规模对行业生产率产生影响。其中，资本劳动比通过影响生产函数的投入要素比例直接对生产率产生影响，而市场定价能力和汇率风险暴露对这种影响具有促进或抑制作用。外商直接投资和销售规模则对生产率产生间接影响，汇率变动将会通过财富效应、需求效应、成本效应和风险效应对直接投资产生影响。汇率升值将导致成本导向的外商直接投资下降，而市场导向的外商直接投资将增加。汇率升值将使得部分企业退出市场，对于留下来的公司而言，汇率升值对其市场规模有两种作用，尽管国内企业面临的成本上升从而使得企业销售可能减少，但部分企业的退出使得留下来的企业市场空间扩大，因此，汇率升值对企业销售规模的影响取决于这两个相反因素作用的大小。汇率变化对一国的生产率有显著的影响，但该影响与该国的金融发展水平有关。当存在信贷约束的时候，汇率波动性对国内厂商的投资是不利的，但是在一个有更完善金融市场的国家，汇率波动的正向作用则是持续的，更有利于促进经济的增长。

第五章　汇率波动、技术投资与技术创新

本章主要研究人民币汇率变动通过趋势性对本国实体经济技术投资及创新的影响。汇率趋势通过产品成本和国际竞争两种机制影响企业的资产收益、技术创新投资行为和产业资本结构。由于行业具有进出口的异质性和技术创新属性的异质性，本章将企业区别对待，分别检验。

第一节　汇率波动与技术创新投资

汇率贬值使得国外企业在国内市场竞争力变弱，同时本国企业在国际市场竞争力增强，这使低效率的企业维持生存并降低行业效率。Lafrance 和 Schembri（2000）提出的"汇率掩体假说"认为，低估的汇率如同提高本国关税，使本国企业在面对国外企业竞争时受到较小的竞争压力，低效率的企业将利用"汇率掩体"继续生存并占有稀缺的资源，而这些稀缺资源本来可以重新配置给更有效率的生产企业，资源的低效配置使得行业的整体生产率下降。Richard G. Harris（2001）认为，企业之间的竞争以及由此导致的企业进入和退出所产生的创造性破坏活动是企业生产率增长的重要源泉。Ben Tomlin（2010）对 1973—1997 年加拿大农业机械设备制造行业的研究表明，汇率升值导致低效率企业的退出和新企业的进入（Plant Turnover），这些新进入的企业具有更强的竞争力，从而有利于提高行业整体生产率。余永定（2010）认为，在低估的汇率下出口商品具有显著的价格优势，导致企业没有动机去提高生产率，人民币升值使得出口商品相

对价格上升，价格优势的削弱有助于优势企业兼并劣势企业，迫使低效率企业退出，使资源向高效率企业集中，从而有助于企业生产率提高。Christian 等（2016）研究了在小国开放经济模型中商品动态实际价格与大国实际利率和实际汇率波动之间的数量关系。

本章在现有研究文献的基础上，基于中国各行业的进出口净值情况，将企业分为净出口行业企业和净进口行业企业，实证分析汇率变动的长期趋势对企业技术投资的影响。

第二节　汇率波动对企业创新投资的回归分析

一　净进口行业和净出口行业

根据出口减去进口的差额，可将行业分为净进口行业（进口大于出口的进口为主型行业）和净出口行业（出口大于进口的出口为主型行业），企业相应分为净进口企业和净出口企业。以 2015 年《中国统计年鉴》数据为例，净进口行业主要包括汽车制造业、医药业、农业、建筑材料业等，净出口行业主要是通信设备业、纺织业等，详见图 5 - 1①。结合 2000—2015 年各行业技术投入率数据（见表 5 - 1），技术投入率比较高的行业是纺织业、通信设备业、汽车制造业、医药业，较低的行业是农业、建筑材料业。这与经济运行的实际情况较为相符，技术创新投资较高的行业，技术水平较为前沿、技术更新速度较快；技术创新投资较低的行业，技术发展比较稳定、技术创新空间较低。

二　结果分析

利用 2000 年第一季度至 2015 年第四季度的相关数据进行回归分析，被解释变量为各行业技术投入率，解释变量为 x_{t-1}、x_{t-2}、e_t、e_{t-1}、

---

①　由于统计口径不一，行业细分不同，图 5 - 1 与上述内容的行业分类不太一样，但进出口量较大的行业可以初步分为净进口行业和净出口行业。

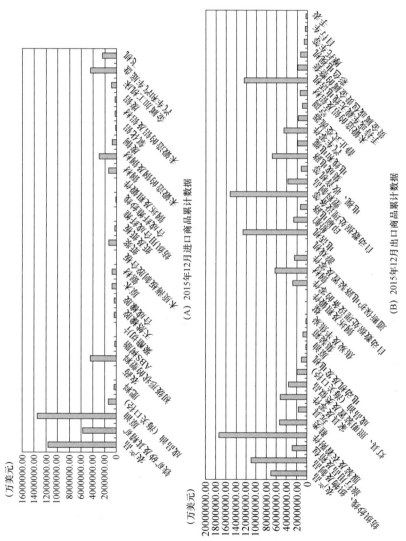

图 5－1　中国 2015 年 12 月行业进出口数据

表 5 – 1   6 个行业技术投入率的描述统计

行业技术投入率	均值	中位数	最大值	最小值	标准差	偏度	峰态	J – B 检验	P 值	样本数
pdy_spin_t	1.0438	0.6650	6.1100	– 0.2200	0.9778	2.2290	9.9075	540.6974	0.0000	192
pdy_build_t	0.4501	0.8900	1.9200	– 14.1300	2.4222	– 4.0200	20.0565	2844.52	0.0000	192
pdy_agri_t	– 0.1439	0.5400	1.9200	– 18.0100	2.8725	– 4.3662	22.3700	3611.61	0.0000	192
pdy_car_t	1.8878	2.0050	3.0200	– 6.6800	1.4440	– 3.7942	18.8699	2475.48	0.0000	192
pdy_comm_t	3.6125	1.9000	27.8200	– 1.3200	4.0740	3.4444	17.5034	2062.44	0.0000	192
pdy_medi_t	1.8437	1.6000	3.7000	– 0.1500	1.0904	0.3916	1.7586	17.2368	0.0002	192

注：兼顾对技术创新程度的描述和行业细分程度对数据处理复杂性的影响，本章采用 Wind 数据库 24 个二级行业的划分标准。由于 24 个行业的数据时限长度不一，为了统一数据时段、提高数据的可比性，选择纺织业（pdy_spin_t）、建筑材料业（pdy_build_t）、农业（pdy_agri_t）、汽车制造业（pdy_car_t）、通信设备业（pdy_comm_t）、医药业（pdy_medi_t）6 个行业。

和 cr_t 的不同组合。其中，x_{t-1} 和 x_{t-2} 分别表示滞后 1 期、2 期的技术投入率，e_t 和 e_{t-1} 为人民币汇率波动率的当期值和滞后 1 期值，cr_t 为行业销售利润率。回归结果（见表 5 – 2、表 5 – 3、表 5 – 4）显示：人民币汇率波动与净出口行业（通信设备业、纺织业）的技术投入率具有正向数量关系。原因在于：汇率波动加大→出口产品国际市场竞争力降低→提高产品质量增加技术投入。同时，通信设备业和纺织业销售利润率的系数为负，表明销售利润低的行业为了提高国际竞争力而增加技术投入。

表 5 – 2   人民币汇率波动与行业技术投入率（模型一）

（2000 年第一季度至 2015 年第四季度）

被解释变量 \ 解释变量	pdy_comm_t	pdy_spin_t	pdy_medi_t	pdy_car_t	pdy_build_t	pdy_agri_t
常数项	– 3.8108 * [– 3.0379]	—	—	1.5771 * [3.5875]	3.4918 * [11.2186]	5.4499 [10.0392]
x_{t-1}	1.1660 * [10.4266]	1.4279 * [14.2077]	1.5064 * [13.8200]	1.0807 * [8.8191]	0.8046 * [60.5295]	0.4059 * [4.2495]

续表

被解释变量 解释变量	pdy_comm_t	pdy_spin_t	pdy_medi_t	pdy_car_t	pdy_build_t	pdy_agri_t
x_{t-2}	-0.2851^* $[-2.8984]$	-0.4899^* $[-5.1832]$	-0.5206^* $[-4.7988]$	-0.2392^{**} $[-2.3188]$	—	0.2821^* $[3.6622]$
e_t	0.5758^* $[3.6278]$	0.0525^{**} $[2.2574]$	0.0056 $[1.4593]$	-0.1469^* $[-2.8448]$	-0.3925^* $[-10.0985]$	-0.6321^* $[-9.8131]$
cr_t	-0.0598^* $[-2.5726]$	-0.0480 $[-1.9032]$	—	—	—	—
调整的 R^2	0.9667	0.9628	0.9878	0.9581	0.9893	0.9865
F 统计量	443.99	38.8166①	46.3886②	466.20	2865.26	1492.97
D – W 检验	1.4765	2.0173	2.0969	1.5624	0.9325	0.7901

注：*表示1%的显著水平，**表示5%的显著水平。①表示对数似然值。括号内为 t 值。

表 5 – 3　　　人民币汇率波动与行业技术投入率（模型二）

（2000 年第一季度至 2005 年第四季度）

被解释变量 解释变量	pdy_comm_t	pdy_spin_t	pdy_medi_t	pdy_car_t	pdy_build_t	pdy_agri_t
常数项	-7.6393^* $[-5.8054]$	-1.6399^* $[-5.4601]$	—	3.1764^* $[6.6742]$	4.5090^* $[6.0960]$	5.4987^* $[5.8935]$
x_{t-1}	0.3810^* $[2.3625]$	0.3893^{**} $[2.3514]$	1.6365^* $[15.9166]$	0.3908^{**} $[2.3799]$	0.3817^{**} $[2.3571]$	0.3848^{**} $[2.3394]$
x_{t-2}	0.2980^{**} $[2.2876]$	0.2817^{**} $[2.1178]$	-0.7224^* $[-9.2915]$	0.2901^{**} $[2.1867]$	0.2976^{**} $[2.2742]$	0.2951^{**} $[2.2201]$
e_t	0.9513^* $[5.9972]$	0.2105 $[5.7570]$	0.0090 $[1.5999]$	-0.3050^* $[-5.8499]$	-0.5192^* $[-5.9665]$	-0.6417^* $[-5.8203]$
调整的 R^2	0.9847	0.9802	0.9278	0.9841	0.9846	0.9844
F 统计量	452.86	348.57	45.8234①	434.04	451.19	442.73
D – W 检验	0.8402	0.8291	2.8853	0.8407	0.8443	0.8373

注：*表示1%的显著水平，**表示5%的显著水平。①表示对数似然值。括号内为 t 值。

表 5 - 4　　　　人民币汇率波动与行业技术投入率（模型三）

（2006 年第一季度至 2015 年第四季度）

解释变量　被解释变量	pdy_comm_t	pdy_spin_t	pdy_medi_t	pdy_car_t	pdy_build_t	pdy_agri_t
常数项	—	—	—	-34.0447^* [-2.9983]	—	—
x_{t-1}	1.4653^* [10.1522]	1.4468^* [9.7405]	1.3870^* [9.2018]	1.1656^* [7.9306]	1.4408^* [9.8583]	1.5541^* [12.2537]
x_{t-2}	-0.5013^* [-3.5466]	-0.4826^* [-3.2531]	-0.4364^* [-3.0001]	-0.3588^* [-2.7322]	-0.4884^* [-3.4683]	-0.6356^* [-5.1751]
e_t	—	0.0069 [1.5063]	0.0188^{**} [2.2131]	4.1596^* [3.0247]	0.0099^{**} [2.0639]	0.0069^{**} [2.1456]
e_{t-1}	0.0215^{***} [1.8838]	—	—	—	—	—
调整的 R^2	0.9772	0.9674	0.9725	0.9247	0.9677	0.9409
对数似然值	4.8278	29.3929	22.2302	152.52[①]	48.5338	80.3395
D - W 检验	2.0867	2.0758	2.0514	2.1612	2.0866	2.3157

注：∗表示1%的显著水平，∗∗表示5%的显著水平，∗∗∗表示10%的显著水平。①、②表示对数似然值。括号内为 t 值。

人民币汇率波动对净进口行业企业的技术投入影响不一，总体上汇率与技术投入具有负向数量关系。Kaysia C. 和 D. M. Hunter（2010）运用来自 53 个国家 1781 家企业 1999—2000 年的混合数据研究表明，企业投资对汇率波动敏感，1% 的汇率贬值导致企业投资下降 4.2 个百分点。

通过观察上述事实，可以认为，近年来国际资本结构失衡下人民币汇率波动风险对企业创新投资产生冲击。此时，进一步论证汇率波动风险及研究如何采用兼顾汇率稳定的货币政策显得非常必要。

第三节　汇率周期对企业创新投资的非线性冲击

一　向量自回归的马尔科夫区域转移模型

$$x_t - \mu(S_t) = \sum_{k=1}^{N} \delta_{k,S_t}[x_t - \mu(S_t)] + \mu_t \qquad \mu_t \rightarrow N(0, \delta^2) \quad (5-1)$$

$\mu(S_t)$ 表示时间序列 x_t 在区制 S_t 下的平均变动情况。S_t 为状态变量，$S_t = 1$，2，$\cdots$，N，表示 N 种区制状态。S_t 从 $t-1$ 期的状态 i 转移变化为 t 期的状态 j 的概率为 p_{ij}，$p_{ij} = p$ $(S_t = j | S_{t-1} = i)$ 满足离散取值的一阶马尔科夫过程。根据 p_{ii} 可计算出时间序列变量 x_i 在状态 i 的持续期为 $\dfrac{1}{1 - p_{ii}}$。

利用双区制马尔科夫转移模型对一阶差分序列划分出过度升值和过度贬值两种状态，根据这两种状态的转折点界定汇率和资本流动的峰谷时间点和波谷时间点，进而确定周期长度及频率等特征。利用三区制马尔科夫转移模型将相关金融序列和行业序列划分出低、中、高三种状态，用以描述汇率的过度贬值期、正常适度期和过度升值三种区间状态及其转移概率。Braun 和 Larrain（2005）、Bezemer 和 Zhang（2014）界定周期三种状态的方法是：过热膨胀期——时间序列 x_t 的周期值 $\tilde{x}_t$（H–P 滤波得出）大于其标准差 ε（根据周期值 $\tilde{x}_t$ 算出），$\tilde{x}_t > \varepsilon$ 时，序列处于高峰期；过冷紧缩期——$\tilde{x}_t < \tilde{x}_{t-1}$ 和 $\tilde{x}_t < \tilde{x}_{t+1}$ 同时成立。

二　汇率周期与行业技术创新周期测度

估计结果如表 5–5、图 5–2 所示。分析估计结果可以初步得出：样本行业的波动周期与汇率周期具有异步性，通信设备业、纺织业等技术创新行业的周期短于汇率周期，波动频率高于汇率周期；建筑材料、汽车制造（除农业季度性周期较高外）等技术稳定行业的周期长于汇率周期。这意味着，汇率波动可能加快技术创新行业的波动频率，而延缓技术稳定行业的波动频率。

表 5 - 5　　　　　　汇率周期与行业技术投入率周期的测度

金融变量	双区制转移平滑概率				三区制转移平滑概率					
	p_{11}	收缩期	p_{22}	扩张期	p_{11}	过冷紧缩	p_{22}	正常适度	p_{33}	过热膨胀
e_t	0.7166	3.5281	0.8245	5.6993	0.5987	2.4920	0.8391	6.2166	0.7714	4.3745
pdy_comm_t	0.5038	2.0200	0.5259	2.1100	0.7335	3.7500	0.2665	1.3600	0.9755	40.7500
pdy_spin_t	0.5000	2.0000	0.9944	176.9900	0.9706	34.0000	0.9667	30.0400	0.9790	47.5500
pdy_medi_t	0.9173	12.0900	0.9793	48.2600	0.9692	32.4300	0.1869	1.2300	0.9786	46.7900
pdy_build_t	0.9806	51.5500	0.9646	28.2500	0.9193	12.3900	0.9278	13.8500	0.9420	17.2400
pdy_car_t	0.9904	104.1700	0.9758	41.3200	0.9009	10.0900	0.9817	54.6400	0.9914	116.2800
pdy_agri_t	0.5634	2.2900	0.6372	2.7600	0.9731	37.1700	0.9893	93.4600	0.9836	60.9800

三　汇率波动与资本流动对企业创新投资的冲击

TVP - VAR 方法下，2004 年 12 月汇率波动对样本行业技术投资率的冲击效应如图 5 - 3 所示。结果表明：2004 年 12 月的汇率升值，对通信设备业、纺织业、汽车制造业、建筑材料业等行业技术投入率具有正向冲击作用，推动了这些行业技术投入率的提高；对医药业和农业的技术投入率具有负向冲击作用，抑制了该行业技术投入率的提高。2008 年 12 月的汇率波动，通信设备业、汽车制造业、建筑材料业、农业等行业技术投入率具有正向冲击作用，推动了这些行业技术投入率的提高，对纺织业、医药业的技术投入率具有负向冲击作用。2011 年 12 月的汇率波动，对通信设备业、建筑材料业、农业等行业技术投入率具有正向冲击作用，对汽车制造业、纺织业、医药业等行业技术投入率具有负向冲击作用。其经济含义在于：汇率波动对行业技术投入率具有重要影响；同样的波动对不同行业的技术投入的冲击效应可能截然相反；即便都是在汇率升值期，在面临不同的金融波动时，几次汇率波动对相同行业技术投入的冲击效应也表现不一。

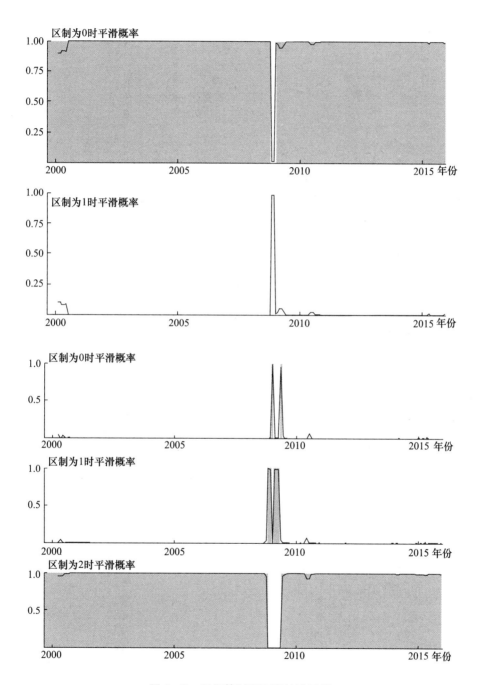

图 5 - 2　区间转制下汇率波动周期

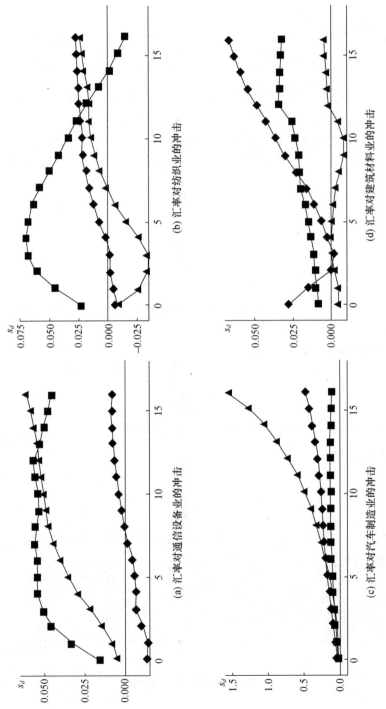

图 5 - 3 TVP - VAR 下汇率波动对样本行业技术投入率的冲击效应

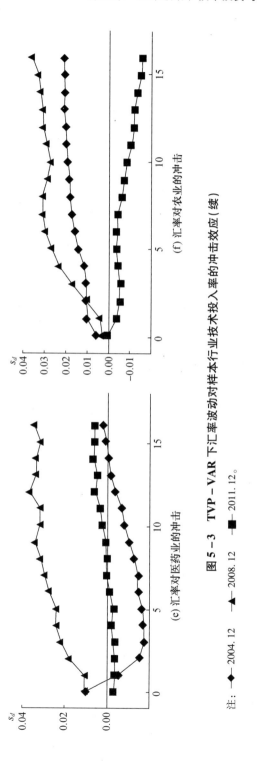

图 5 - 3　TVP - VAR 下汇率波动对样本行业技术投入率的冲击效应（续）

注：◆ 2004.12　▲ 2008.12　■ 2011.12。

本章小结

本章研究发现，汇率趋势通过产品成本和国际竞争两种机制影响企业的资产收益、技术创新投资行为和产业资本结构。其中，人民币汇率贬值（升值）有助于（抑制了）净出口行业企业的技术投入和技术创新；此类行业为了提高国际竞争力、增加技术投入，销售利润率却没有显著提升；人民币汇率升值对净进口行业企业技术投入影响不一，总体上推动了技术投入，此类行业虽然在人民币升值趋势中获取了利润，但利润对技术投入率的推动作用并不显著。同时，不同行业技术投资的波动周期与汇率周期具有异步性，通信设备业、纺织业等技术创新行业的周期短于汇率周期，波动频率高于汇率周期；建筑材料业、汽车制造业（除农业季度性周期较高外）等技术稳定行业的周期长于汇率周期。这意味着，汇率波动可能加快技术创新行业的波动频率，而延缓技术稳定行业的波动频率。汇率波动对不同行业技术投入率的冲击效应可能截然不同；在相同的汇率波动周期阶段，由于其他金融变量的影响，同样的汇率波动对同一行业技术投入率的影响也存在较大差别。

第六章 汇率波动与生产率：模型与实证

第一节 汇率波动与行业生产率

一 模型与变量选择

假设中国制造业各行业符合 C—D 生产函数，其形式为 $Y = AL^{\alpha}K^{\beta}$，其中 $\alpha + \beta = 1$。Y 表示行业的产出，L 表示行业的劳动力指标，K 表示行业的资本，A 表示 i 行业的技术水平。根据前面的论述，我们认为技术水平 A 受到外资流入和销售规模的影响，特别是出口的自我选择和学习效应对于提高技术水平有重要作用，假定 $A = RF^{\theta_1}S^{\theta_2}$。其中 F 代表外资流入，S 代表行业销售收入，R 则代表除去上述三个指标外其他能够影响技术水平的因素，则 $Y = RF^{\theta_1}S^{\theta_2}L^{\alpha}K^{\beta}$。两边同除以劳动力 L，得到：$\dfrac{Y}{L} = RF^{\theta_1}S^{\theta_2}\left(\dfrac{K}{L}\right)^{\beta}$。

令 $y = \dfrac{Y}{L}$，$k = \dfrac{K}{L}$，则 $y = RF^{\theta_1}S^{\theta_2}k^{\beta}$。两边同时取对数，得到：

$$\ln y = \ln R + \theta_1 \ln F + \theta_2 \ln S + \beta \ln k \qquad (6-1)$$

从上式来看，人均产出（劳动生产率）的重要影响因素是外资流入、销售收入和人均资本。与此同时，其他因素对于劳动生产率也会产生影响。新古典经济增长理论、内生经济增长理论及效率工资理论都强调工资上涨在劳动生产率提升中的作用。近年来的效率工资理论进一步提出高工资促进高劳动生产率的论断。一般来说，工资越高，劳动者的技术水平也越高。而低工资对于提高生产率则不利，由于劳动力过于廉价,企业宁愿通过降低自己生产体系中的技术含量来追求效益。研究表明,在制造业中,降低技术投入、依赖廉价劳动力可以带来更大的盈利。这就创造了一个"低技术陷阱",使企业缺乏技术创新的动力。因此,提高工资有助于迫使企业进行技术投入。另外,引入行业进出口额与行业增加值之比作为衡量行业开放度的指标,行业开放度越高,说明行业面临的市场竞争越大,吸收技术的能力也越强。根据前面的论述,行业的融资能力对于行业应对汇率升值冲击和缓解资金压力具有重要作用,因此,这里引入行业的融资能力变量控制各行业融资能力的不同。从我国各行业来看,不同行业的融资能力不同,部分研究用公司规模来衡量公司的外部融资能力,考虑到我国企业的融资主要依靠银行贷款,还有相当部分借助内源融资,因此,这里采用资产负债比作为衡量各行业融资能力的变量。原因是企业的资产负债比很大程度上决定了企业从银行的融资能力,资产抵押作为一种保护机制,能够减弱信贷双方的信息不对称,减少借款者的机会主义,增加公司获得信贷的机会。为了增强指标的稳健性和代表性,行业生产率用两个指标表示:一种是工业增加值计算的劳动生产率;另一种是 Malmquist 生产率指数,同时考虑将其组成部分技术进步变化指数($tech$)和技术效率变化指数($effch$)也作为被解释变量,用来考察汇率变化对 Malmquist 生产率分解指标的影响。$reer$ 表示进出口加权的行业实际汇率,资本劳动比、外资流入(用外资占比表示)和销售收入相当于三个中间变量。计量模型中所用数据均通过价格指数折算为 2005 年不变价。为降低数据波动影响,这里均取对数。根据前面的分析,我们首先控制外资占比($fdi/gdzc$)、资本劳动比($caplabor$)和行业销售收入($sale$),并考虑影响生产率的其他重要变量来分析实际汇率对生产率的影响,基本的回归模型如下:

$$\ln productivity = \alpha + \alpha_1 \times \ln reer + \alpha_2 \times \ln caplabor + \alpha_3 \times \ln(fdi/gdzc) + \alpha_4 \times \ln sale + \alpha_5 \times \ln(reer \times assertdebtratio) + \alpha_6 \times [(export + import)/valueadd] + \alpha_7 \times \ln wage + \mu \tag{6-2}$$

$$\ln tfpch = \alpha + \alpha_1 \times \ln reer + \alpha_2 \times \ln caplabor + \alpha_3 \times \ln(fdi/gdzc) +$$

$$\alpha_4 \times \text{ln} sale + \alpha_5 \times \text{ln}(reer \times assertdebtratio) + \alpha_6 \times \text{ln}[(export + import)/$$
$$valueadd] + \alpha_7 \times \text{ln} wage + \mu \qquad\qquad (6-3)$$

$$\text{ln} tech = \alpha + \alpha_1 \times \text{ln} reer + \alpha_2 \times \text{ln} caplabor + \alpha_3 \times \text{ln}(fdi/gdzc) + \alpha_4 \times$$
$$\text{ln} sale + \alpha_5 \times \text{ln}(reer \times assertdebtratio) + \alpha_6 \times \text{ln}[(export + import)/$$
$$valueadd] + \alpha_7 \times \text{ln} wage + \mu \qquad\qquad (6-4)$$

$$\text{ln} effch = \alpha + \alpha_1 \times \text{ln} reer + \alpha_2 \times \text{ln} caplabor + \alpha_3 \times \text{ln}(fdi/gdzc) + \alpha_4 \times$$
$$\text{ln} sale + \alpha_5 \times \text{ln}(reer \times assertdebtratio) + \alpha_6 \times \text{ln}[(export + import)/$$
$$valueadd] + \alpha_7 \times \text{ln} wage + \mu \qquad\qquad (6-5)$$

表 6 – 1　　　　　　　　　回归方程各变量的说明

模型	变量名称	符号	定义
模型 (6 – 2) 至 (6 – 5)	因变量	prodcutivity	劳动生产率，用工业增加值与劳动人数之比表示（元/人）
		tfpch	全要素生产率
		tech	技术进步变化指数
		effch	技术效率变化指数
	自变量	reer	进出口加权的行业实际汇率
		caplabor	资本劳动比
		fdi/gdzc	外资流入占比，用外商直接投资与固定资产余额之比表示
		sale	行业年销售收入（亿元）
		(export + import)/valueadd	行业开放度
		wage	行业工资(万元)
	控制变量	assertdebtratio	行业资产负债比（负债/资产）
模型 (6 – 10)	因变量	caplabor	资本劳动比
	自变量	reer	进出口加权的行业实际汇率
		wage	行业工资（万元）
		interstcostratio	利息支出占主营业务成本的比例
		sale	行业年销售收入（亿元）
	控制变量	makeup	价格加成比例
		netrisk	净风险暴露
		assertdebtratio	行业资产负债比（负债/资产）

续表

模型	变量名称	符号	定义
模型 (6-12)	因变量	fdi/gdzc	外资流入占比,用外商直接投资与固定资产余额之比表示
	自变量	reer	进出口加权的行业实际汇率
		wage	行业工资（万元）
		fdi/gdzc（-1）	滞后项
		export + import valueadd	行业开放度
		reerflucut	汇率波动率
	控制变量	dummy	汇率改革的虚拟变量
		makeup	价格加成比例
模型 (6-13) 至 (6-14)	因变量	sale	行业年销售收入（亿元）
	自变量	persale	各行业平均年销售收入（亿元）
		reer	进出口加权的行业实际汇率
		gdzc	固定资产余额
		foreincome	主要贸易伙伴人均收入
		chinaperincome	我国人均收入
		wage	行业工资（亿元）
	控制变量	makeup	价格加成比例
		netrisk	净风险暴露
模型 (6-15) 至 (6-18)	因变量	prodcutivity	劳动生产率,用工业增加值与劳动人数之比表示（元/人）
		tfpch	全要素生产率
		tech	技术进步变化指数
		effch	技术效率变化指数
	自变量	reer	进出口加权的行业实际汇率
		caplabu	方程4残差
		fdiu	方程11残差
		saleu	方程15残差
		（export + irnport）/valueadd	行业开放度
		wage	行业工资（亿元）
	控制变量	assertdebtratio	行业资产负债比（负债/资产）

二　面板模型选择

面板模型主要有以下两种：

（一）个体固定效应回归模型

如果一个面板数据模型定义为：

$$y_{it} = \alpha_i + X'_{it}\beta + \varepsilon_{it}, \quad i = 1, 2, \cdots, N; \quad t = 1, 2, \cdots, T \qquad (6-6)$$

其中，α_i 是随机变量，表示个体 i 的截距项，且其变化与 X_{it} 有关系；X_{it} 为 $k \times 1$ 阶解释变量列向量（包括 k 个解释变量），β 为 $k \times 1$ 阶回归系数列向量，对于不同个体回归系数相同，y_{it} 为被解释变量（标量），ε_{it} 为误差项（标量），则称此模型为个体固定效应回归模型。

（二）个体随机效应回归模型

$$y_{it} = \alpha_i + X'_{it}\beta + \varepsilon_{it}, \quad i = 1, 2, \cdots, N; \quad t = 1, 2, \cdots, T \qquad (6-7)$$

如果 α_i 为随机变量，其分布与 X_{it} 无关；X_{it} 为 $k \times 1$ 阶解释变量列向量（包括 k 个解释变量），β 为 $k \times 1$ 阶回归系数列向量，对于不同个体回归系数相同，y_{it} 为被解释变量（标量），ε_{it} 为误差项（标量），这种模型称为个体随机效应回归模型（随机截距模型、随机分量模型）。其假定条件是 $\alpha_i \sim iid(\alpha, \sigma_\alpha^2)$，$\varepsilon_{it} \sim iid(0, \sigma_\varepsilon^2)$，即二者都被假定为独立同分布，但并未限定何种分布。面板数据建模的一项重要任务就是判别模型中是否存在个体固定效应，主要有 F 检验和 Hausman 检验。

1. F 检验

F 统计量定义为：

$$F = \frac{(SSE_r - SSE_u)/m}{SSE_u/(T-k)} \qquad (6-8)$$

其中，SSE_r 表示施加约束条件后估计模型的残差平方和，SSE_u 表示未施加约束条件的估计模型的残差平方和，m 表示约束条件个数，T 表示样本容量，k 表示未加约束的模型中被估参数的个数。在原假设"约束条件真实"条件下，F 统计量渐近服从自由度为（m，$T-k$）的 F 分布。

$$F \sim F_{(m, T-k)}$$

建立假设：H_0：$\alpha_i = \alpha$。模型中不同个体的截距相同（真实模型为混合回归模型）。

H_1: 模型中不同个体的截距项 α_i 不同（真实模型为个体固定效应回归模型）。

F 统计量定义为：

$$F = \frac{(SSE_r - SSE_u)/[(NT-k)-(NT-N-k)]}{SSE_u/(NT-N-k)} = \frac{(SSE_r - SSE_u)/N}{SSE_u/(NT-N-k)}$$

$$(6-9)$$

其中，SSE_r 表示约束模型即混合估计模型的残差平方和，SSE_u 表示非约束模型即个体固定效应回归模型的残差平方和。约束条件为 N 个。k 表示公共参数个数。

2. Hausman 检验

原假设与备择假设是：

H_0: 个体效应与回归变量无关（个体随机效应回归模型）

H_1: 个体效应与回归变量相关（个体固定效应回归模型）

$$H = \frac{(\hat{\beta}_W - \hat{\beta}_{RE})^2}{s(\hat{\beta}_W)^2 - s(\tilde{\beta}_{RE})^2}$$

三　各变量的检验及回归结果

1. 单位根检验

首先对相关变量进行平稳性检验，ADF 单位根检验结果如表 6-2 所示。结果表明，自变量 *assertdebtratio*、*reer*、*caplabor*、*sale*、*fdi/gdzc*、*wage*、*(export + import)/valueadd* 为平稳变量。

表 6-2　　　　　　　单位根检验结果

变量	统计量	P 值
assertdebtratio	-15.199	0.00
reer	-6.292	0.00
caplabor	-4.550	0.03
sale	-5.670	0.02
fdi/gdzc	-3.890	0.04
wage	-2.850	0.03
(export + import)/valueadd	-2.550	0.05

2. Hausman 检验

利用行业截面数据对模型（6－2）至模型（6－5）分别进行
Hausman 检验，结果如表6－3所示。检验结果表明，模型均在1%的
水平上显著，因此均拒绝随机效应假设，可利用固定效应回归模型进
行计量分析。

表6－3　　　　　　　　　　Hausman 检验结果

假设：截面随机效应			
	χ^2 值	自由度	P 值
模型（6－2）	15.818316	5	0.0074
模型（6－3）	15.818316	5	0.0074
模型（6－4）	49.941184	5	0.0074
模型（6－5）	56.941184	5	0.0074

3. 回归结果分析

固定效应回归模型估计结果如表6－4所示，可分析相关变量对
企业生产率的影响。

表6－4　　　　　　　　　　固定效应回归估计结果

解释变量	方程1	方程2	方程3	方程4
	lnprodcutivity	lntfpch	lntech	lneffch
lnreer	0.15(0.02)	－0.04(0.88)	0.27(0.23)	－0.31(0.29)
lnsale	0.38(0.00)	－0.08(0.31)	－0.05(0.42)	－0.03(0.70)
lncaplabor	0.58(0.00)	0.19(0.02)	0.49(0.01)	0.49(0.05)
lnfdi/gdzc	－0.04(0.01)	0.12(0.01)	0.22(0.00)	－0.09(0.04)
ln(rear × assertdebtratio)	－0.15(0.05)	0.01(0.95)	－0.24(0.28)	0.25(0.38)
ln[(export + import)/ valueadd]	－0.05(0.20)	0.06(0.70)	0.06(0.59)	－0.005(0.97)
lnwage	0.09(0.00)	0.31(0.00)	0.52(0.00)	－0.21(0.01)
截面固定效应	是	是	是	是
调整的 R^2	0.86	0.17	0.20	0.06
样本数	361	361	361	361

注：系数后面的括号内为 t 检验的 P 值。

从对劳动生产率的影响因素来看，行业实际有效汇率、行业销售收入、外资流入占比、资本劳动比和工资五种因素的影响显著，方程1显示劳动生产率对和赤豆实际有效汇率的弹性是 0.15，对行业销售收入的弹性是 0.38，对资本劳动比的弹性是 0.58，对行业工资的弹性是 0.05，说明这些因素的变化对劳动生产率增长具有显著的促进作用，而资本劳动比的提高对于劳动生产率提高具有最大的促进作用。这和我国行业发展实际是一致的。资本深化有助于提高人均资本占有量，我国行业劳动生产率的提高在很大程度上得益于资本劳动比的提高。从行业实际有效汇率和资产负债比的交互项系数来看，系数为负数（-0.15）且显著，说明在考虑了行业的融资能力之后，实际汇率对于劳动生产率具有影响，当资产负债比提高1个百分点时，实际汇率对劳动生产率的影响系数降低 0.05 个百分点，这与前述的理论是一致的，资产负债比高的行业融资能力相对较弱，而且汇率升值引起的资产负债表负面冲击更大。值得注意的是，外资流入占比对于劳动生产率具有负面影响，劳动生产率对外资流入占比的弹性是 -0.04，说明外资的流入对于劳动生产率的促进作用并不明显，这和常识并不一致。一个可能的原因是，我们没有将外资投资的劳动密集型和技术密集型的行业进行区分。从我国实际来看，外资主要集中在加工贸易企业，以劳动密集型为主，在外资流入占比较高的行业如纺织业等，其劳动生产率反而更低。从数据来看，纺织业、皮革毛皮羽绒及其制品业的外资占比分别为 93% 和 78%，但其劳动生产率分别为 24215元/人和 26171 元/人，而交通设备制造业、电气机械及器材制造业的外资流入占比分别为 22% 和 23%，其劳动生产率分别为 176481 元/人和 136771 元/人。姚枝仲（2009）认为，一般来说，一个企业对外投资时，需要克服语言、文化和习惯等方面的障碍，以及需要熟悉当地生产与销售环境，因而必须负担比当地企业更高的成本。为了克服这些额外的成本，对外投资的企业必须有更高的劳动生产率才不会亏损，才能获得理想的收益。但劳动密集型行业的大部分外商投资看中的主要是低生产成本，这些企业的生产与销售成本比国内企业更低，因此低效率的外资企业也能在这些行业生存与发展。

从全要素生产率的影响因素来看，汇率的影响并不显著，而外资流入占比、资本劳动比和行业工资对于全要素生产率具有显著的促进作用。外资流入占比系数为 0.12 且显著，这说明外资流入具有较强的技术溢出效应。资本劳动比对于全要素生产率具有促进作用，系数为 0.19 且显著为正，这与张军等的观点"资本形成影响了全要素生产率增长"是一致的。这说明资本深化也是全要素生产率增长的重要原因，一般认为资本密集度越高的行业，其技术含量也越高，技术进步也越快。朱钟棣和李小平（2005）也发现资本形成正是 1998 年后中国工业全要素生产率增长的重要原因。而销售收入的变化对全要素生产率作用并不显著，这说明我国规模经济的变化并没有对全要素生产率产生作用。李小平、卢现祥和朱钟棣（2008）研究发现，企业规模促进 Malmquist 生产率增长和技术效率的增长，本章的研究并不支持这一点，这可能与采用的行业数据有关。资本密集程度越大和平均企业规模越大的行业，其全要素生产率增长和技术效率增长速度也越快，而技术进步增长速度却越慢。劳动的工资水平同样显著为正，可能是较高的工资意味着较高的劳动素质，从而有助于提高行业全要素生产率。

从技术进步变化指数的影响因素来看，同样是外资流入占比、资本劳动比和行业工资对于全要素生产率具有显著的促进作用，汇率的影响同样并不显著，这与前面对全要素生产率的分析结果是一致的。外资流入占比的系数为 0.22 且显著，而资本劳动比的系数为 0.49，行业工资的系数为 0.52 且显著，可见，劳动力素质对于技术进步的影响最大，工资上涨通过以下两种机制促进技术进步：其一，工资上涨导致生产要素相对价格的变动，这促使利润最大化的企业在生产中采用先进的资本替代劳动。Solow（1957）基于体现型技术进步的视角指出，工资上涨促使企业加快资本的更新进程，物化于资本中的先进技术将促进经济体整体技术水平的提升；相反，低工资将延缓甚至阻碍资本更新换代及技术进步。其二，工资上涨引致有偏的技术进步（Acemoglu，2009）。劳动力成本上升将促使企业实行节约劳动的技术创新，这一思想最早由 Hicks（1932）提出，后来进一步演变为诱致性技术创新理论（Kennedy，1964）。值得注意的是，实际汇率和资本流入对于技术效率的作用并不显著，只有资本劳动比提高对技术效率起到了促进作用，系数为 0.49 且显著，由于技术效率代表了纯技术效率和规模效率，因此技术效率反映了行业间的要素重组和资源配置的效率变化。

外资流入和资本深化对于促进技术进步同样有明显作用，这与事实是相符合的。从理论层面来看，外商投资企业对东道国的技术进步产生影响。从直接效应和间接效应两个角度来进行综合分析：直接效应一般来自外商投资企业通过引进母公司的先进技术、研发能力和管理经验而具有的比东道国本土企业更高的要素生产率；间接效应是指外商投资企业的生产和研发等活动通过各种途径提升了本土企业的技术水平，并由此而促进东道国技术进步的非直接效应。这种间接的技术进步效应通常也称为"技术外溢"或"技术溢出效应"。外商投资企业的技术溢出途径主要有三条：其一，借助于外商投资企业生产价值链的前后向联系来实现，其中后向是指向上游本地供应商方向的溢出，前向则是向下游东道国配套企业或消费者的溢出。其二，通过示范与竞争来实现技术溢出，即外商投资企业以其先进技术或工艺来获取盈利能力的市场竞争力会刺激东道国企业开展研发活动，从而提高技术水平。张海洋（2005）通过对 37 个工业行业的分析认为，在整个工业部门，外资正向外部性促进了内资部门生产率的提高，主要是通过降低市场垄断程度、促进竞争、提高资源配置效率等途径实现的。其三，曾经在外商投资企业中受过技术培训和从事过管理工作的本地人员，回流到本土企业后设法将其在外企中学到的技术和经验加以使用或推广。通过利用外资引进先进技术取得了直接效应，再通过各种途径促使其技术外溢以提高本土企业的技术水平，在此基础上缩小了本土企业与外商投资企业的技术差距并形成追赶之势。

上面的分析是对方程 1、方程 2、方程 3 和方程 4 进行的计量分析，我们得到实际汇率的系数反映的是实际汇率对劳动生产率、全要素生产率和技术进步指数的直接影响，这一部分影响是没有通过中间变量（*caplabor*、*fdi* 和 *sale*）作用的。而由我们的理论分析可知，实际汇率除对因变量有直接影响外，还会通过中间变量对因变量产生间接影响。因此，下面我们将用中间变量对实际汇率分别进行计量分析，以得出它们之间的长期关系。接着，我们将 *caplabor*、*fdi* 和 *sale* 计量分析的结果以残差的形式代入模型（6-2）、模型（6-3）、模型（6-4）和模型（6-5）中，而此时，模型（6-2）、模型（6-3）、模型（6-4）和模型（6-5）中实际汇率的系数将改变，此时实际汇率的系数不但表示了其对因变量的直接影响，还表示了其对因变量的间接影响。

第二节　汇率波动与资本劳动比

一　各行业资本劳动比变化趋势

从表6-5可以看出，1999—2011年27个行业资本劳动比均有显著提高。资本劳动比提高的影响因素很多，但汇率变化在其中发挥了重要作用。进口原材料比例较高的行业如金属冶炼及压延加工业、化学原料及制品制造业、造纸及纸制品业等在汇率升值背景下资本劳动比变化幅度最大，其次是专用设备制造业、交通运输设备制造业等行业的资本劳动比提升也较快；而劳动密集型的服装及其他纤维制品制造业、皮革毛皮羽绒及其制品业等行业资本劳动比变化幅度最小，因为这些行业主要依赖劳动投入，进口投入品比例不高，因此汇率变化引起的投入品价格变化对这些行业影响较小。技术密集型的电气机械及器材制造业、电子及通信设备制造业等行业的资本劳动比变化相对较高，主要是这些行业通常进口价格较高的关键零部件，汇率升值能有效降低企业的生产成本，因此这些行业资本劳动比变化相对较高。当然，汇率对投资的影响也因为行业出口风险暴露和定价能力的不同而不同。

表6-5　　　　　　　　　　行业资本劳动比变化趋势

行业	1999 年 资本劳动比	2011 年 资本劳动比	1999—2011 年 变化幅度（%）
非金属矿采选业	39001.47	113465.38	190.93
食品加工业	64344.99	139107.42	116.19

续表

行业	1999 年 资本劳动比	2011 年 资本劳动比	1999—2011 年 变化幅度（%）
饮料制造业	83527.36	172420.04	106.42
烟草加工业	180450.03	385423.36	113.59
纺织业	43169.58	91319.77	111.54
服装及其他纤维制品制造业	23739.2	39161.81	64.97
皮革毛皮羽绒及其制品业	25434.41	33636.6	32.25
木材加工及竹藤棕草制品业	56741.12	92719.59	63.41
家具制造业	41203.24	63064.48	53.06
造纸及纸制品业	66203.54	231464.09	249.62
印刷业记录媒介的复制业	53808.55	119597.19	122.26
文教体育用品制造业	26465.88	37191.58	40.53
化学原料及制品制造业	86684.58	296783.53	242.37
医药制造业	62440.27	153160.95	145.29
化学纤维制造业	176034.76	292565.91	66.20
橡胶制品业	48773.8	153357.79	214.43
塑料制品业	62831.81	93252.62	48.42
非金属矿物制品业	61710.68	189150.59	206.51
黑色金属冶炼及压延加工业	116857.03	434724.07	272.01
有色金属冶炼及压延加工业	102082.01	318832.7	212.33
金属制品业	48463.56	106039.07	118.80
普通机械制造业	42741.83	120146.56	181.10
专用设备制造业	39564.98	125945.85	218.33
交通运输设备制造业	66612.92	167387.32	151.28
电气机械及器材制造业	57324.63	101125.65	76.41
电子及通信设备制造业	73191.93	92716.53	26.68
仪器仪表文化办公用机械制造业	42543.27	78398.54	84.28
平均	66368.42	157117.00	136.73

二　回归模型的建立及变量说明

借鉴 Goldberg 等人的研究，建立如下计量模型：

$$lncaplabor = \gamma + \gamma_1 \times lnreer + \gamma_2 \times lnwage + \gamma_3 \times lninterstcostratio + \gamma_4 \times reer \times$$

$netrisk + \gamma_5 \times reer \times makeup + \gamma_6 \times \ln(reer \times assertdebtratio) + \gamma_7 \times lnsale + u$

$$(6-10)$$

其中，劳动力数据来源于历年《中国工业统计年鉴》，资本存量和汇率数据来源于笔者的计算。$wage$ 为行业工资，用行业从业人员年均劳动成本表示。$sale$ 为行业年销售收入。考虑到利息对于资本投资具有影响，这里引入利息支出占主营业务成本的比例来反映不同行业利息支出负担。我们认为，利息支出越高，对投资的负面影响越大。根据前面的论述，为控制行业特征的影响，这里首先需要控制住行业层面的因素，否则参数估计是有偏的。这里用出口风险暴露衡量行业的开放程度，不同于出口依存度，出口风险暴露较好地刻画了汇率在进口和出口中的作用，因此较贸易依存度更能描述行业外向程度；我们用市场加成比例刻画行业定价能力，汇率对投资的影响与行业的定价能力和风险暴露密切相关。

（一）价格加成比例的计算

Domowitz、Hubbard 和 Petersen（1986）认为，行业定价能力对于解释汇率对各行业投资具有重要意义。这里我们采用 DHP 的方法构建行业层面的价格加成比例，计算方法如下：

PCM =（产品销售收入 + 存货 − 人工成本 − 原材料成本）/（产品销售收入 + 存货）

相关计算数据来源于《中国工业统计年鉴》。这里列举 1999—2002 年和 2008—2011 年两个时间段的平均行业价格加成比例。

表 6 − 6　　　　　1999—2011 年 SITC 行业价格加成比例

SITC 代码	行业名称	1999—2002 年	2008—2011 年	变化幅度（%）
27	非金属矿采选业	0.32	0.24	− 25
00 − 09，29，41，42，43	食品加工业	0.20	0.13	− 35
11	饮料制造业	0.46	0.29	− 37
12	烟草加工业	0.65	0.72	11
65	纺织业	0.24	0.13	− 46
84	服装及其他纤维制品制造业	0.23	0.17	− 26

续表

SITC 代码	行业名称	1999—2002 年	2008—2011 年	变化幅度（%）
61，83，85	皮革毛皮羽绒及其制品业	0.23	0.16	−30
63	木材加工及竹藤制品业	0.24	0.16	−33
82	家具制造业	0.28	0.17	−39
64，25	造纸及纸制品业	0.28	0.15	−46
892	印刷业记录媒介的复制业	0.31	0.19	−39
894，895，898	文教体育用品制造业	0.23	0.14	−39
21，22，23，51，52，53，55，56，57，59	化学原料及制品制造业	0.28	0.17	−39
54	医药制造业	0.45	0.32	−29
26	化学纤维制造业	0.23	0.09	−61
62	橡胶制品业	0.30	0.15	−50
58，893	塑料制品业	0.24	0.14	−42
66	非金属矿物制品业	0.29	0.19	−34
67	黑色金属冶炼及压延加工业	0.27	0.10	−63
68	有色金属冶炼及压延加工业	0.27	0.12	−56
69，811，812	金属制品业	0.26	0.15	−42
71，73，74	普通机械制造业	0.36	0.19	−47
72，81.882，883	专用设备制造业	0.36	0.21	−42
78，79	交通运输设备制造业	0.32	0.17	−47
77，813	电气机械及器材制造业	0.30	0.16	−47
76，752	电子及通信设备制造业	0.25	0.11	−56
751，759，87，884，885	仪器仪表文化办公用机械制造业	0.31	0.18	−42

从单个行业来看，1999—2002 年，烟草加工业价格加成比例在各年均为最高，医药制造业和饮料制造业的价格加成比例也相对较高，反映这些行业的市场定价能力较强，普通机械制造业、专用设备制造业、交通运输设备制造业、电气机械及器材制造业的价格加成比例分别为 0.36、0.36、0.32、0.30，明显高于纺织业、服装及其他纤维制品制造业、皮革毛皮羽绒及其制品业。从平均价格加成比例来看，

1999—2002 年平均价格加成比例为 0.30，劳动密集型的行业价格加成比例为 0.24，低于平均值，而技术密集型的行业价格加成比例为 0.31，高于平均值；但在 2008—2011 年，行业平均价格加成比例为 0.19，只有非金属矿采选产业、烟草加工业、医药制造业、饮料制造业、专用设备制造业的价格加成比例高于平均水平，劳动密集型的行业价格加成比例为 0.15，而技术密集型的行业价格加成比例为 0.17。

　　从表 6 - 6 可以看出，行业的价格加成比例在不同年份发生较大变化，总体上行业加成比例呈下降趋势，反映企业定价能力随着市场竞争日益激烈而逐步弱化，其中下降幅度较大的行业主要是化学纤维制造业、纺织业，分别下降 61% 和 46%，黑色金属冶炼及压延加工业、有色金属冶炼及压延加工业分别下降 63% 和 56%，电子及通信设备制造业下降 56%。下降幅度最小的行业是医药制造业，其价格加成比例下降 29%。分大类来看，劳动密集型的服装及其他纤维制品制造业、食品加工业、皮革毛皮羽绒及其制品业下降幅度平均为 30%，而技术密集型的普通机械制造业、电气机械及器材制造业下降幅度均在 47%，反映在汇率升值压力下技术密集型行业定价能力相对劳动密集型行业下降更快，这也说明我国技术密集型产品在汇率升值时的价格传递能力较劳动密集型行业更弱，由于劳动密集型产品需求的价格弹性较低，企业具有一定的定价权，在汇率升值时具有一定的价格传递能力，而技术密集型产品需求的价格弹性较高，面临的市场竞争更为激烈，在汇率升值时价格传递能力较弱。研究表明，汇率弹性最小的杂项制品属于劳动密集型产品，而工业制成品则面临泰国、马来西亚等国的激烈竞争。当然，技术密集型制造业一般规模较大，正如前面的调查所反映的，规模较大的企业对进出口价格的传递程度可能就越不明显。

　　（二）汇率风险暴露的计算

　　为了构建有效风险暴露指数，这里利用 2002 年、2005 年、2007 年中国投入产出表数据，其他年份的相关行业进口中间品投入比例用行业进口与其中间投入品之比替代，1995 年及以后各年的《中国工业统计年鉴》中，工业中间投入 = 工业总产值（新规定）+ 应缴增值税 - 工业增加值。因此，利用进口产品与中间投入品之比来校验前面的外推结论。

$$IEE_{it} = EX_{it} - \varphi_{it} \frac{\sum_{j=1}^{n-1} m_{it}^j p_t^j q_{it}^j}{\sum_{j=1}^{n-1} p_t^j q_{it}^j + p_t^n q_{it}^n} = EX_{it} - \varphi_{it} \alpha_{it} \qquad (6-11)$$

其中，i 代表产出部门，对应各工业行业；j 代表生产投入部门；在 n 种生产投入要素中，第 1，2，…，$n-1$ 种投入是产品和服务，第 n 种投入是劳动力，并假定为主要是国内供给。EX_{it} 代表第 i 个行业在时间 t 出口占其销售收入的比例，即出口风险；φ_{it} 代表第 i 个行业在时间 t 成本占收入的比例，m_t^j 代表投入的第 j 种要素在时间 t 进口占产出的比例，$p_t^j q_{it}^j$ 代表在时间 t 要素 j 用于生产 i 行业产品的价值，$p_t^n q_{it}^n$ 代表在时间 t 行业 i 投入的劳动力成本。如果行业 i 的生产没有进口产品投入，则该部门的风险暴露等于 EX_{it}。IEE_{it} 可能等于 0，表明该行业没有出口和进口中间投入品，或者其出口比例和进口中间投入比例相抵消；当 IEE_{it} 为正值时，表明该行业为净出口风险暴露；当 IEE_{it} 为负值时，表明该行业为净进口风险暴露。该指标通过同时考察各行业中间投入品的比例和出口占销售收入的比例来分析汇率变化对行业影响。表 6-7 分析了汇率改革之前 2002—2005 年和 2008—2011 年风险暴露的变化趋势。

表 6-7　　　　　　　　不同时期各行业风险暴露的情况

行业	2002—2005 年平均			2008—2011 年平均		
	出口风险	进口风险	净风险暴露	出口风险	进口风险	净风险暴露
非金属矿采选业	0.06	0.11	-0.05	0.01	0.07	-0.06
食品加工业	0.10	0.05	0.05	0.09	0.03	0.06
饮料制造业	0.02	0.01	0.01	0.01	0.02	-0.01
烟草加工业	0.02	0.03	-0.01	0.01	0.03	-0.02
纺织业	0.28	0.07	0.21	0.13	0.06	0.07
服装及其他纤维制品制造业	0.37	0.05	0.32	0.24	0.02	0.22
皮革毛皮羽绒及其制品业	0.53	0.16	0.37	0.27	0.08	0.19
木材加工及竹藤棕草制品业	0.26	0.08	0.18	0.08	0.01	0.07

续表

行业	2002—2005 年平均			2008—2011 年平均		
	出口风险	进口风险	净风险暴露	出口风险	进口风险	净风险暴露
家具制造业	0.43	0.06	0.37	0.28	0.03	0.25
造纸及纸制品业	0.07	0.11	- 0.04	0.07	0.08	- 0.01
印刷业记录媒介的复制业	0.08	0.07	0.01	0.07	0.04	0.03
文教体育用品制造业	0.53	0.12	0.41	0.44	0.06	0.38
化学原料及制品制造业	0.15	0.16	- 0.01	0.07	0.11	- 0.04
医药制造业	0.08	0.07	0.01	0.06	0.07	- 0.01
化学纤维制造业	0.05	0.13	- 0.08	0.04	0.17	- 0.13
橡胶制品业	0.17	0.09	0.08	0.18	0.09	0.09
塑料制品业	0.23	0.15	0.08	0.14	0.09	0.05
非金属矿物制品业	0.13	0.09	0.04	0.07	0.03	0.04
黑色金属冶炼及压延加工业	0.06	0.13	- 0.07	0.08	0.17	- 0.09
有色金属冶炼及压延加工业	0.12	0.18	- 0.06	0.05	0.15	- 0.10
金属制品业	0.27	0.11	0.16	0.14	0.06	0.08
普通机械制造业	0.29	0.13	0.16	0.13	0.10	0.03
专用设备制造业	0.13	0.14	- 0.01	0.10	0.09	0.01
交通运输设备制造业	0.13	0.10	0.03	0.13	0.08	0.05
电气机械及器材制造业	0.27	0.13	0.14	0.20	0.11	0.09
电子及通信设备制造业	0.56	0.30	0.26	0.63	0.26	0.37
仪器仪表文化办公用机械制造业	0.54	0.28	0.26	0.33	0.21	0.12
平均值	0.22	0.12	0.10	0.15	0.09	0.07

　　我们计算的结果与袁志刚（2011）的结果比较接近，从行业的出口风险、进口风险和净风险暴露绝对值来看，出口风险暴露相对较高的行业是服装及其他纤维制品制造业、文教体育用品制造业、电子及通信设备制造业和仪器仪表文化办公用机械制造业、家具制造业，其中电子及通信设备制造业的出口比例在各年均为最高，2002—2005年平均为56%，2008—2011年平均为63%。进口中间投入品比例相对较高的行业是化学原料及制品制造业、有色金属冶炼及压延加工业、

电子及通信设备制造业和仪器仪表文化办公用机械制造业。其中电子及通信设备制造业在各年份进口中间投入品比例均为最高，2002—2005年平均为30%，2008—2011年平均为26%，说明这些行业的进口投入品在制成品中占比较高。从净风险暴露来看，净风险暴露指标相对较高的行业是纺织业、服装及其他纤维制品制造业、皮革毛皮羽绒及其制品业、家具制造业、文教体育用品制造业、电子及通信设备制造业和仪器仪表文化办公用机械制造业，其中文教体育用品制造业净风险暴露2002—2005年平均为41%，2008—2011年平均为38%。

从表6-7中可以看出：①出口依存度和进口中间品依存度都较高的是仪器仪表文化办公用品制造业、电子及通信设备制造业、电气机械及器材制造业。这些行业一般具有两个突出的特征——较高的出口依存度和面临激烈的价格竞争。一方面，由于出口依存度高，2008—2011年这些行业出口额占总销售收入的61.88%，因此人民币的汇率变化通过影响其外币计价对这些行业总销售收入产生十分显著的影响。②出口依存度高、进口中间品依存度低的行业有纺织业、服装及其他纤维制品制造业、金属制品业，主要是劳动密集型行业，且有两大特征——较高出口依存度（50%—70%）和产品附加值低导致国际市场上价格竞争激烈，汇率升值对这些行业的负面影响很大。因此，人民币升值后，将大大削弱我国纺织服装产品等在国际市场的价格竞争力。③进口中间品依存度高、出口依存度低的行业一般为资本密集型行业如化学原料及制品制造业、化学纤维制造业等。

从变化趋势看，各行业出口风险整体呈下降趋势，只有电子及通信设备制造业的出口比例有所上升，反映随着汇率变化和国内经济的增长，各行业的对外依存度整体呈下降趋势。在人民币汇率升值背景下，净风险暴露指标为正的行业面临的风险相对较高，而净风险暴露指标为负的行业则能受益。劳动密集型的服装及其他纤维制品制造业、皮革毛皮羽绒及其制品业、木材加工及竹藤棕草制品业、家具制造业等净风险暴露虽然为正但下降明显，整体来看，净风险暴露从2002—2005年的10%下降至2008—2011年的7%，其中出口收入比例下降是推动净风险暴露下降的主要因素。这反映了我国企业在变化的经营环境中对国内—国外市场结构的选择，逐渐从以出口为主转向出口和国内市场并重。与此同时，各行业的进口中间投入品比例总体也呈下降趋势，只有黑色金属冶炼及压延加工业、化学纤维制造业两个行业的进口中间投入品比例有所上升。

三 回归结果分析

本章采用 LLC 检验方法分序列逐一对各变量进行单位根检验，结果表明拒绝单位根假设（见表6–8）。

表6–8　　　　　　　　　　　单位根检验结果

变量	LLC 统计量	P 值
interstcostratio	–15.199	0.00
reer	–6.292	0.00
caplabor	–4.550	0.03
sale	–5.670	0.02
wage	–3.890	0.04

模型（6–10）的 Hausman 检验结果表明，个体固定效应回归模型效果好于个体随机效应回归模型（见表6–9）。

表6–9　　　　　　　　　　Hausman 检验结果如下

假设：截面随机效应		
χ^2 值	自由度	P 值
135.292951	6	0.000

1. 混合回归结果

对模型（6–10）进行不同形式的回归估计，得到方程5至方程8（见表6–10）。可以看出，行业销售收入、行业实际有效汇率、行业工资、利息支出占主营业务成本的比例对资本劳动比的影响均显著，行业销售收入对于行业投资具有积极作用。从方程5来看，资本劳动比对销售收入的弹性是0.23，这也说明行业资本劳动比提高与行业销售收入具有显著的相关性，销售收入提高对于资本劳动比提高具有重要作用，这与前面的理论是一致的。从劳动力成本来看，资本劳动比对行业工资的系数为 0.04，当劳动力成本上升时，资本对劳动力相对价格的变化引起资本对劳动要素的替代。近几年劳动力价格上涨较快，企业纷纷采用先进的设备提高自动化程度，从而减少对劳动的使用。利息支出占主营业务成本的比例对于行业投资具有显著的负向作用，回归系数为 -1.31。利息反映了资本的价格，企业借贷的利息支出占主营业务成本的比例越高，说明资本的价格相对越高，企业的资本劳动比提高越慢，这与前述的理论分析是一致的。对企业来说，如果融资利息成本占比较高，将不利于企业的资本深化。

表 6 - 10　　　　　　　　采用逐步回归法计算的结果

解释变量	方程 5:不考虑行业特征	方程 6:考虑风险暴露	方程 7:考虑行业价格加成	方程 8:综合考虑风险暴露和行业价格加成
	lncaplabor	lncaplabor	lncaplabor	lncaplabor
lnreer	0.14(0.02)	0.15(0.01)	0.13(0.00)	0.15(0.00)
reer × netrisk	—	0.007(0.00)	—	0.005(0.00)
reer × makeup	—	—	-0.002(0.00)	-0.001(0.09)
ln(reer × assertdebtratio)	-0.12(0.04)	-0.12(0.02)	-0.10(0.10)	-0.11(0.04)
lnwage	0.04(0.02)	0.03(0.07)	0.05(0.01)	0.03(0.05)
lninterstcostratio	-1.31(0.00)	-1.28(0.00)	-1.32(0.00)	-1.29(0.00)
lnsale	0.23(0.00)	0.23(0.00)	0.22(0.00)	0.23(0.00)
截面固定效应	是	是	是	是
样本数	378	378	378	378
调整的 R^2	0.96	0.96	0.96	0.97

注:括号内为回归系数的 P 值。

从汇率对资本劳动比的影响来看，汇率变化对资本劳动比的影响在方程 5 至方程 8 中均显著，汇率的升值促进了资本劳动比的提高。

这与黄益平（2011）的研究是一致的，他利用牛津宏观预测模型模拟分析了汇率在连续5年里每年对美元升值5%的情形，结果表明，固定资产投资对汇率的短期弹性是0.08，长期弹性是0.03。正如前面分析的，一方面汇率升值使得进口设备成本降低，刺激企业进口机械设备，同时，汇率升值降低企业采用新技术的转换成本（Switchover Disruption），也促进企业对资本设备的引进。汇率与资产负债比的交叉项系数在方程5至方程8中均为负且显著，说明当行业资产负债比较高时，不利于行业资本劳动比的提高。这是因为资产负债比高的行业其外部融资能力较差，因此面临的流动性约束也相对较大。当考虑汇率和风险暴露交叉项时，我们发现风险暴露程度高的行业更有动力提高资本劳动比。因为行业汇率风险暴露越高，行业出口收入占比越高，当汇率升值时企业面临的利润下降和汇兑损失压力也越大，这就迫使企业进行技术更新和设备引进。从方程7来看，行业价格加成比例的回归系数为 -0.002 且显著，这和 Campa 和 Goldberg（1995，1999）的研究是一致的，公司的高价格加成比例有利于通过价格变化吸收汇率波动的不利冲击，从而使投资对汇率并不敏感。从方程8来看，当同时引入风险暴露和价格加成比例时，我们发现汇率风险的系数显著而价格加成比例的系数并不显著。这可以做以下解释：由于我国行业出口产品定价能力相对较弱，行业利润更多的是依赖出口数量而不是价格，在汇率升值时，由于汇率传递能力较弱，出口产品的本币收入下滑，企业采取以数量增长来维持利润总量的方法，通过扩大出口销售数量来保持总体利润规模，因此出口暴露风险较大，由此说明定价能力交叉项系数不显著而风险暴露交叉项系数显著。

本部分的结果也证明了前面的假设：汇率升值有利于投资的增加，市场加成比例高的行业投资受到的影响较小，风险暴露高的行业投资受到的影响较大。

2. 分类回归：中高技术和中低技术

这里根据不同行业特征分为中高技术行业和中低技术行业（分类标准见附录1），分类回归结果如表 6-11 所示。

表 6 - 11   中高技术和中低技术行业分类回归

变量	中高技术 ln*caplabor*	中低技术 ln*caplabor*
ln*reer*	1.06（0.00）	0.07（0.27）
reer × *netrisk*	0.01（0.00）	0.005（0.00）
reer × *makeup*	0.003（0.53）	−0.001（0.27）
ln（*reer* × *assertdebtratio*）	−1.01（0.00）	−0.04（0.46）
ln（*wage/interst*）	0.005（0.05）	0.03（0.01）
ln（*sale*）	0.21（0.00）	0.26（0.00）
截面固定效应	是	是
样本数	126	251
调整的 R^2	0.95	0.97

注：括号内为回归系数的 P 值。

从回归结果来看，对于中高技术行业，汇率升值具有显著的促进作用，弹性系数为 1.06，而中低技术的回归系数为 0.07 且不显著，说明汇率升值有利于中高技术行业资本劳动比的提高，而中低技术行业的资本劳动比提高并不显著。风险暴露对于中高技术和中低技术行业均显著，说明汇率升值的压力使得两类行业的资本劳动比均有提升。汇率与加成比例的回归系数均不显著，这与前面的回归结果是一致的，主要原因在于我国出口产品的汇率传递能力较弱，定价能力不强。资产负债比与汇率的交叉项系数对于中高技术行业显著，而对于中低技术行业并不显著，这说明对于中高技术行业来说，外部融资能力对于资本劳动比的提升具有更重要的作用，这可能与这类行业外部融资依赖度较大且资本投资的资金需求较多有关，因为中低技术行业主要是依赖内部融资且资本投资相对规模较小，而且从外部融资的难度较大。从劳动工资利息系数和显著性来看，中低技术行业资本劳动的配置对于要素价格信号变化敏感，系数为 0.03，这同前面的回归是一致的，而中高技术资本劳动比对要素价格变化系数为 0.005，但不显著，工资变化对要素配置影响不大，原因是中高技术劳动人数较少，可变成本占比较低，而中低技术一般人数多，工资的上调导致可变成本的较大变化，因此企业调整要素配置降低成本的动机强烈。销售收入的回归系数均显著，这同前面的回归也是一致的，说明销售收入对于行业资本劳动比具有重要影响。

第三节　汇率波动与外商直接投资

一　各行业外资流入变化趋势

从表 6 - 12 可以看出，随着行业实际有效汇率的升值，外商投资的流向也发生了变化，2002—2010 年，纺织业实际有效汇率从 27.18 上升至到 106.78，同期外资流入占比从 4.99% 下降到 3.37%，食品加工业实际有效汇率从 36.25 上升至 70.19，其外资流入占比从 3.06% 下降至 2.47%，与此同时，化学原料及制品制造业的实际有效汇率从 28.11 升至 44.26，外资流入占比从 8.51% 上升至 11.15%；专用设备制造业实际有效汇率从 20.39 上升至 38.42，外资流入占比从 2.20% 上升至 4.46%。交通运输设备制造业的实际有效汇率从 7.60 上升至 10.24，行业外资流入占比从 8.77% 上升到 11.02%，电气机械及器材制造业实际有效汇率从 15.30 上升到 20.98，行业外资流入占比从 7.33% 上升至 8.39%。同时，实际有效汇率升值也显著地促进了外资流向资源密集型行业，黑色金属冶炼及压延加工业实际有效汇率从 38.32 上升至 83.78，外资流入占比从 1.34% 上升至 2.26%；有色金属冶炼及压延加工业实际有效汇率从 26.49 上升至 28.57，其外资流入占比从 1.08% 上升至 1.76%。总体来看，随着实际有效汇率升值，劳动密集型的外资流入占比从 17.8% 下降至 12.4%，而技术密集型行业的外资流入占比从 63.% 上升至 68.7%，外商投资结构的变化从整体上促进了制造业生产率的提高。

二　模型建立与回归结果

影响 FDI 的因素很多，从调查情况来看，国内经济增长前景、生产成本、汇率是影响投资决策的主要因素。这里考虑行业增加值、工资和前期的直接投资以及实际有效汇率影响因素。Wang 和 Swain（1995）、

表 6 – 12   各行业实际有效汇率与外资流入比例

行业	2002 年		2010 年	
	外资流入占比（%）	行业实际有效汇率	外资流入占比（%）	行业实际有效汇率
非金属矿采选业	0.10	12.81	0.09	8.85
食品加工业	3.06	36.25	2.47	70.19
饮料制造业	4.24	3.59	2.49	0.59
烟草加工业	0.03	130.53	0.00	108.93
纺织业	4.99	27.18	3.37	106.78
服装及其他纤维制品制造业	2.69	12.66	1.51	2.53
皮革毛皮羽绒及其制品业	1.34	6.02	1.17	9.79
木材加工及竹藤棕草制品业	0.86	103.15	0.55	12.27
家具制造业	0.60	2.08	0.92	1.92
造纸及纸制品业	2.05	133.51	4.01	11.44
印刷业记录媒介的复制业	0.79	7.44	0.51	2.10
文教体育用品制造业	1.07	2.71	0.84	2.54
化学原料及制品制造业	8.51	28.11	11.15	44.26
医药制造业	2.81	6.35	2.60	4.21
化学纤维制造业	1.41	26.32	0.76	4.09
橡胶制品业	2.41	10.41	2.13	1.65
塑料制品业	3.96	9.54	2.99	12.65
非金属矿物制品业	5.54	14.80	3.75	8.83
黑色金属冶炼及压延加工业	1.34	38.32	2.26	83.78
有色金属冶炼及压延加工业	1.08	26.49	1.76	28.57
金属制品业	4.26	8.06	3.02	11.83
普通机械制造业	6.24	23.51	6.50	28.10
专用设备制造业	2.20	20.39	4.46	38.42
交通运输设备制造业	8.77	7.60	11.02	10.24
电气机械及器材制造业	7.33	15.30	8.39	20.98
电子及通信设备制造业	19.13	12.79	20.61	9.97
仪器仪表文化办公用机械制造业	2.14	8.24	1.74	25.82

Wilson Tong（2002）、Yigang Pan（2003）对 FDI 的研究发现，劳动力成本对 FDI 有显著的解释能力，外资在我国投资最根本的是看重低劳动力成本和优惠的政策，这里引入行业劳动力成本作为解释变量。考虑到政策环境的影响，我们这里利用了加入 WTO 后 2001—2011 年的数据，同时引入行业的进出口与增加值之比作为衡量行业开放度的指标，因为行业开放度越高，越能吸引外资流入。考虑到外资投入具有前期引导和示范作用，这里将前一期外资流入作为解释变量，同时根据理论分析，汇率波动可能对外资流入产生影响。为分析汇率改革对外资流入的影响，这里引入虚拟变量 dummy，2005 年之前为 0，2005 年之后等于 1。回归模型如下：

$$\ln(fdi/gdzc) = \phi + \phi_1 \times \ln reer + \phi_2 \times \ln wage + \phi_3 \times \ln[fdi(-1)/gdzc(-1)]$$
$$+ \phi_4 \times \ln[(export + import)/valueadd] + \phi_5 \times \ln(reer \times makeup)$$
$$+ \phi_6 \times \ln reer \times dummy + \phi_7 \times \ln reer fluct \tag{6-12}$$

我们探讨实际有效汇率对外商直接投资的影响。由理论分析可知，实际有效汇率的上升将对外商直接投资产生影响，而在计量分析过程中，实际有效汇率波动幅度也将对外商直接投资产生影响。当然，由于实际有效汇率的波动幅度我们不能直接测量到，所以必须找到度量实际有效汇率波动的合适值。这里我们使用国内外比较常见的 GRACH（1，1）模型进行度量。在 GRACH 模型中，我们一般要考虑的是两个设定，一个是条件均值，另一个是条件方差。而在标准的 GRACH（1，1）模型中，$y_t = x_t \gamma + \mu_t$，$\delta_t^2 = \varpi + \alpha \mu_{t-1}^2 + \beta \sigma_{t-1}^2$。其中 $y_t = x_t \gamma + \mu_t$ 是条件均值方程，它是一个带有扰动项的外生变量函数，而 $\delta_t^2 = \varpi + \alpha \mu_{t-1}^2 + \beta \sigma_{t-1}^2$ 是条件方差方程，ϖ 是常数项，μ_{t-1}^2 表示 ARCH 项，σ_{t-1}^2 表示 GRACH 项，根据以上原理，我们分别对条件均值方程和条件方差方程进行估计。估计结果如下。

条件均值方程：$\ln reer_t = 1.0122 + 0.7790 \ln reer_{t-1}$

t 值　（4.0872**）（14.7389**）

条件方差方程：$\delta_t^2 = -0.0003 - 0.0214 \mu_{t-1}^2 + 0.9749 \sigma_{t-1}^2$

$R^2 = 0.9237$　D. W. $= 1.6875$

LR = 243.6739　AIC = -1.9018　SC = -1.661

将上述模型中计算出来的 GARCH 方差序列作为人民币实际有效汇率的波动幅度（reerflucut）。

（1）采用 LLC 检验方法分序列逐一对数据进行单位根检验，结果表明拒绝单位根假设（见表 6 - 13）。

表 6 - 13　　　　　　　　　　单位根检验结果

变量	LLC 统计量	P 值
ln *fdi*	-3.025	0.00
reer	-6.292	0.00
ln*chinaperincome*	-4.550	0.03
Lnwage	-3.890	0.04

（2）方程的 Hausman 检验。

对模型（6 - 12）进行 Hausman 检验，结果如表 6 - 14 所示。检验结果表明，P 值低于 1% 的显著水平，因此均拒绝随机效应假设，可利用固定效应回归模型进行计量分析。

表 6 - 14　　　　　　　　　　Hausman 检验结果

假设：截面随机效应		
χ^2 值	自由度	P 值
155.567	6	0.000

（3）回归结果。

利用截面数据固定效应回归模型，分别估计了中低技术行业、中高技术行业及全行业的回归方程（方程 9 至方程 11），结果如表 6 - 15 所示。

从回归方程 11 来看，影响外资流入的因素主要是汇率、前期的外资流入占比、行业价格加成比例、汇率波动和行业开放度（见表 6 - 15）。外资流入占比对汇率的系数为 -0.41 且显著，说明汇率升值对于外资流入具有抑制作用，汇率变动的成本效应改变了投资母国货币衡量的东道国的要素成本，从而对东道国的区位优势产生影响。实际汇率的升值使得出口产品的人民币收入下降，降低了以出口导向为主的外资的流入，但当引入价格加成比例和实际汇率的交互项时，我们发现系数 0.44 显著为正，这说明在汇率升值过程中，尽管汇率本身的升值对于外资流入不利，但行业定价能力每提高 1%，可以吸引外资流入增加 0.44%，这说明在汇率升值过程中，外资倾向于流向市场定价能力高的行业，汇率升值有助于优化外资流向。汇率的波动对于外资流入的系数为 -0.13 且显著，说明汇率波动加剧了直接投资企业的风险，降低企业投资的实际回报。我国的外商投资企业多属于出口贸易型企业，汇率的波动将增加企业在产品出口时的风险，外商投资的成本不确定性增加，从而增加他们的投资风险，这将减少资本的流入。而且，在金融市场提供的汇率风险规避工具较少的情况下，汇率波动的风险被进一步放大。特别是在 2005 年名义汇率浮动后，企业面对的汇率波动风险加大。这同前面的假设是一致的：汇率升值将导致成本导向的外商直接投资流入下降，而市场导向的外商投资将增加。

表 6 - 15　　　　　　　　　　　回归估计结果

变量	方程 9：中低技术 $\ln(fdi/gdzc)$	方程 10：中高技术 $\ln(fdi/gdzc)$	方程 11：$\ln(fdi/gdzc)$
lnreer	-0.14((0.12)	-0.21(0.07)	-0.41(0.00)
lnwage	0.11(0.29)	0.22(0.12)	0.11(0.18)
$\ln(fdi/gdzc(-1))$	0.47(0.00)	0.20(0.04)	0.38(0.00)
lnreer × dummy	-0.02(0.57)	-0.05(0.32)	0.06(0.07)
$\ln(reer × makeup)$	0.80(0.00)	0.91(0.00)	0.44(0.00)
lnreerflucut	-0.11(0.02)	-0.08(0.01)	-0.13(0.03)
$\ln[(export+import)/valueadd]$	0.16(0.48)	-0.29(0.27)	0.19(0.33)
截面固定效应	是	是	是
样本数	234	117	351
调整的 R^2	1.89	1.87	2.03

注：括号内为回归系数的 P 值。

　　工资变量的回归系数为 0.11 但并不显著，说明工资上涨并没有抑制外资流入，这与程瑶、于津平（2009）的研究是一致的，他们对不同类型 FDI 与行业平均工资的关系研究发现，国内平均工资水平对 FDI 影响为正。1998—2011 年，我国劳动力成本总体呈上升趋势，与此同时，外资流入规模也逐年增加，这可能是因为我国劳动力工资水平相对其他国家仍然偏低，特别是考虑劳动生产率之后的工资水平相对其他国家仍然具有明显的优势，所以工资的上涨并没有妨碍外资的流入。此外，行业的工资水平在一定程度上反映了该行业劳动力素质，工资越高的行业劳动力技能也越高，因此，随着工资的上涨，如果工人效率随着提高，则效率工资下降，从而吸引外资的流入。

　　滞后一期的外资流入占比系数为 0.38 且显著为正，这与 Joseph D. Alba 利用 ZIP 方法对流入美国的 FDI 的研究一致，直接投资存在时间上的相互依存效应，前期进入的 FDI 对后面的 FDI 有示范作用，能显示行业投资环境的状况。在投资环境好的行业，汇率的水平和升值趋势对 FDI 流入有积极作用。同时，说明外资流入具有较强的示范和聚集效应，这可能与我国吸引外资的产业集群转移和引进前后纵向一体化外资产业有关。从我国外资流入实际来看，外资流入通常是分批进入，投资规模逐步扩大，并逐步将产业向上游转移。衡量行业开放度的指标回归系数为 0.16 但不显著，说明行业的开放度并不是吸引外资流入的主要因素。从虚拟变量来看，虚拟变量系数为 0.06 但不显著，说明汇率形成机制的改革对于外资流入并没有明显的影响。为进一步分析汇率变化对不同行业的影响，我们将 27 个行业分为中高技术和中低技术两类，回归结果方程 5 和方程 6 与方程 7 比较接近，实际汇率的影响均为负值但不显著，这可能和样本范围比较小有关。

第四节　汇率波动与行业销售规模

一　行业规模变化与汇率

　　这里用行业销售收入作为衡量行业规模的指标。销售收入越高的行业通常规模也越大。1998—2005 年，27 个行业中有 17 个行业的实际有效汇率呈贬值趋势，而 2005—2011 年，只有 10 个行业的实际有效汇率呈贬值趋势，17 个行业呈升值趋势，这说明在汇率改革后绝大部分行业的实际有效汇率是上升的，但不同行业的汇率走势仍存在差异。1998—2005 年，实际有效汇率整体呈贬值趋势，企业的数量和规模增长趋势明显，企业数量增幅达 68%，销售规模增幅达 122.3%（具体数据见表 6 - 6）。实际有效汇率贬值幅度较大的行业如木材加工及竹藤棕草制品业贬值高达 89%，其数量增幅达 117%；2005—2011 年，实际有效汇率整体呈上升趋势，各行业企业数量平均增幅只有 18.2%，平均销售规模增幅达 191.8%。从两个时期比较来看，在企业数量增幅下降 50 个百分点的同时，企业平均销售规模增加近 70 个

表 6 - 16　　　　　　不同年份企业数量与平均规模

行业	1998 年		2005 年		2011 年	
	数量（家）	平均规模（亿元）	数量（家）	平均规模（亿元）	数量（家）	平均规模（亿元）
非金属矿采选业	1849	0.16	2242	0.33	3252	1.15
食品加工业	17277	0.18	14575	0.71	20895	2.09
饮料制造业	3817	0.39	3519	0.87	4874	2.41
烟草加工业	352	3.77	190	15.00	148	45.04
纺织业	11276	0.34	22569	0.55	22945	1.40
服装及其他纤维制品制造业	6768	0.26	11865	0.4	11750	1.12
皮革毛皮羽绒及其制品业	3312	0.33	6227	0.53	6081	1.43
木材加工及竹藤棕草制品业	2487	0.18	5397	0.32	8193	1.07
家具制造业	1470	0.18	3074	0.45	4255	1.16
造纸及纸制品业	4763	0.24	7461	0.54	7073	1.66
印刷业记录媒介的复制业	3863	0.13	4826	0.29	3789	0.99
文教体育用品制造业	1785	0.28	3378	0.43	2992	1.04
化学原料及制品制造业	11303	0.37	18716	0.86	22600	2.65
医药制造业	3280	0.39	4971	0.81	5926	2.44
化学纤维制造业	803	0.97	1306	1.97	1750	3.79

行业	1998 年		2005 年		2011 年	
	数量（家）	平均规模（亿元）	数量（家）	平均规模（亿元）	数量（家）	平均规模（亿元）
橡胶制品业	1785	0.39	3034	0.71	3266	2.22
塑料制品业	6016	0.22	12041	0.41	13414	1.13
非金属矿物制品业	14496	0.20	20111	0.44	26530	1.48
黑色金属冶炼及压延加工业	3260	1.19	6649	3.25	6742	9.77
有色金属冶炼及压延加工业	2405	0.64	5163	1.52	6765	5.45
金属制品业	8132	0.24	13802	0.46	16573	1.38
普通机械制造业	9282	0.25	19981	0.51	25877	1.55
专用设备制造业	6638	0.26	10260	0.58	13889	1.87
交通运输设备制造业	6779	0.59	11315	1.38	15012	4.21
电气机械及器材制造业	7544	0.44	15366	0.87	20084	2.49
电子及通信设备制造业	4166	1.08	8868	3.03	11364	5.58
仪器仪表文化办公用机械制造业	1821	0.36	3723	0.73	3896	1.92
平均	5434	0.51	8912	1.40	10738	4.02

百分点，如皮革毛皮羽绒及其制品业 2005—2011 年实际有效汇率升值 3.04 倍，其企业数量下降 2%，印刷业记录媒介的复制业的实际有效汇率升值 3.31 倍，其企业数量下降 21%。这充分说明，在 2005 年之前，随着国外需求的快速增长，各行业企业数量迅速增长，企业销售规模也均增长。2005 年汇率改革之后，由于汇率升值的压力，企业增长数量明显放缓，而企业平均销售规模显著扩大。1998 年为 0.51 亿元，2005 年为 1.40 亿元，2011 年为 4.02 亿元，说明企业之间出现了兼并重组。2005 年之前，新进的企业数量应该是大大超过退出市场的企业数量。而 2005 年之后，随着生产成本的上升和汇率的持续升值，以及 2008 年金融危机后市场需求的疲软，企业的经营压力越来越大，特别是一些企业从纯粹的出口转向出口和内销并重，也进一步加大了国内市场的竞争压力，企业退出市场速度明显加快，市场竞争中保留

下的企业平均销售规模扩大。

二　不同年份的企业进入、退出情况

从表6-17可以看出，我国规模以上工业制造业企业的进入、退出比例是比较高的，平均退出比率达到13.96%，平均进入比率达到20.06%。其中进入的比例明显高于退出的比例，2004年进入比例最高，此后大幅下降，说明在汇率加速升值之后，企业进入的速度明显放缓。

表6-17　　　　　　　不同年份的企业进入和退出情况　　　　单位：家,%

年份	总数	下期存活	退出	上期在位	新进入	退出比例	新进入比例
1998	165118	140481	24637	—	—	14.92	—
1999	162033	37604	24429	140481	21552	15.08	13.30
2000	162885	129559	33326	137604	25281	20.46	15.52
2001	171256	150428	20828	129559	41697	2.16	24.35
2002	181557	158200	23357	150428	31129	12.86	17.15
2003	196222	160918	35304	158200	38022	17.99	19.38
2004	279092	235597	43495	160918	118174	15.58	42.34
2005	271837	249381	22456	235597	36240	8.26	13.33
2006	301963	276925	25038	249381	52582	8.29	17.41
2007	336770	—	—	140481	59845	—	13.30

资料来源：沈筠彬（2013）整理计算，使用1998—2007年全部的国有及规模以上制造业企业作为主要分析基础。

三　模型与分析结果

$$\ln sale = \lambda + \lambda_1 \times \ln gdzc + \lambda_2 \times \ln reer + \lambda_3 \times \ln foreincome + \lambda_4 \times \ln chinaperincome + \lambda_5 \times \ln reer \times makeup + \lambda_6 \times \ln reer \times netrisk + \ln wage + \mu$$

$$(6-13)$$

$$\ln persale = \lambda + \lambda_1 \times \ln gdzc + \lambda_2 \times \ln reer + \lambda_3 \times \ln foreincome + \lambda_4 \times \ln chinaperincome + \lambda_5 \times \ln reer \times makeup + \lambda_6 \times \ln reer \times netrisk + \ln wage + \mu$$

$$(6-14)$$

　　由于缺乏微观的企业数据，我们不能准确考察汇率对企业的进入或退出的影响及由此导致的对规模的影响，这里用行业销售收入来反映行业规模，为准确反映汇率对规模经济的影响，我们这里将行业总体销售收入与行业内企业个数进行比较，得到行业平均企业销售收入，借此来考察汇率变化对企业平均销售规模的影响，许多行业的市场规模扩大后，企业数量增加，从单个行业来看也许销售规模扩大，但从企业平均来看，销售规模可能缩小。因此，这里重点考察在汇率升值过程中，企业的平均销售规模受到何种影响。

　　根据 Lung（2004）的研究，固定资产表示行业供给能力，而 *reer* 和 *wage* 表示价格竞争力和行业成本，国内人均收入和国外人均收入表示市场需求。国外人均收入用贸易伙伴国前 10 名的平均人均收入表示，实际汇率利用进出口行业加权的实际有效汇率，这里同样用价格加成比例和风险暴露控制不同行业特征。同时，在回归中，为准确分析汇率变化对收入影响的传导机制，这里将净风险暴露分为出口风险和进口投入品比例两个组成部分。根据理论分析，出口风险大的行业在汇率升值时收入受到负面影响，一方面是汇率升值导致出口产品价格竞争力下降；另一方面是出口收入在汇率升值时面临汇兑损失，而进口中间投入品比例越高的行业，汇率升值时成本越低，因此通过分析汇率与这两个变量的交互影响，能从成本和收入角度分析汇率变化对行业收入的影响。

　　（1）本章采用 LLC 检验方法分序列逐一对数据进行单位根检验（见表 6 - 18），结果表明拒绝单位根假设。

表 6 - 18　　　　　　　　　　　单位根检验结果

变量	LLC 统计量	P 值
sale	- 3.025	0.00
reer	- 6.292	0.00
lnchinaperincome	- 4.550	0.03
wage	- 3.890	0.04
gdzc	- 5.260	0.02

（2）Hausman 检验。

对模型（6 – 14）进行 Hausman 检验，结果如表 6 – 19 所示。检验结果表明，模型均在 1% 的水平上显著，因此均拒绝随机效应假设，可利用固定效应回归模型进行计量分析。

表 6 – 19   Hausman 检验结果

假设：截面随机效应		
χ^2 统计量	自由度	P 值
244. 368	4	0. 000

（3）回归结果。

利用截面数据固定效应回归模型，估计相关变量对行业销售收入变量的影响，结果如表 6 – 20 所示。

表 6 – 20   回归估计结果

变量	lnsale 方程 12	lnsale 方程 13	lnpersale 方程 14	lnpersale 方程 15
lnreer	0. 024（0. 03）	0. 04（0. 00）	0. 016（0. 02）	0. 03（0. 04）
lnreer × netrisk	– 0. 014（0. 46）	—	0. 006（0. 72）	—
reer × riskexposure	—	– 0. 008（0. 00）	—	– 0. 005（0. 00）
reer × importrisk	—	0. 003（0. 00）	—	0. 002（0. 03）
lnwage	0. 066（0. 00）	0. 070（0. 00）	0. 065（0. 00）	0. 07（0. 00）
lnreer × makeup	– 0. 041（0. 19）	– 0. 058（0. 06）	– 0. 033（0. 26）	– 0. 04（0. 11）
lnforeincome	0. 989（0. 00）	0. 986（0. 00）	0. 553（0. 00）	0. 554（0. 00）
lnchinaperincome	0. 381（0. 00）	0. 386（0. 00）	0. 479（0. 00）	0. 474（0. 00）
lngdzc	0. 667（0. 00）	0. 656（0. 00）	—	—
lnpergdzc	—	—	0. 702（0. 00）	0. 704（0. 00）
截面固定效应	是	是	是	是
样本数	378	378	378	378
调整的 R^2	0. 98	0. 96	0. 98	0. 97

注：括号内为回归系数的 P 值。

从回归结果来看，影响各行业出口收入的主要是实际有效汇率、行业固定资产余额、主要贸易伙伴人均收入、我国人均收入和行业工资。方程12显示，销售收入对实际有效汇率的弹性是0.02且显著，说明汇率升值背景下行业的销售收入得到增长。方程13显示了汇率的作用渠道，实际有效汇率与风险暴露（riskexposure）交叉项的回归系数为-0.008，说明出口收入占比越高，汇率升值时对收入的负面影响越大，而从汇率与进口中间投入品比例（importrisk）交叉项来看，回归系数0.003且显著，这与Nucci、Pozzolo（2001）的分析结果是一致的，说明在汇率升值时，进口中间投入品比例提高有助于提高销售收入，因为投入的成本降低。海关统计显示，2011年1—8月，我国工业生产者购进价格同比下降1.2%，显示企业中间投入成本下降。对单个企业的回归方程14和方程15显示了同样的结果，说明汇率变化对于单个企业的销售收入具有同样的影响，因此，汇率升值时虽然出口收入受到负面影响，但由于企业销售规模扩大和成本降低，企业的销售收入仍然得到增长。

行业销售收入对固定资产余额的回归系数为0.667且显著，这说明固定资产越高，行业的生产能力更强，从供给方面来看能够提供更多的产品。实际有效汇率与价格加成比例交叉项的系数为-0.041但不显著，说明定价能力对销售收入并没有显著的影响。行业工资对于销售收入具有促进作用，说明劳动力成本的上涨可能导致企业产品价格提升，也可能是劳动力素质的提升促进了企业竞争力提升，从而使得行业出口收入增长。我们用企业平均年销售收入作为因变量的回归取得了一致的结果。主要贸易伙伴人均收入和我国人均收入的回归系数分别为0.989和0.381，即人均收入越高，行业销售收入也越多。这说明需求效应对于提高行业销售收入具有重要作用，其中国外需求的弹性系数明显高于国内需求的弹性系数，说明国外需求的增长对于行业销售收入增长更重要。

需要指出的是，定价能力对于销售收入并没有促进作用，这说明销售收入的增长并不是靠价格，可能更多的是依赖数量，需求和固定资产的作用显著正好说明这一点。我国企业出口的增长主要是国外市场需求的旺盛和国内出口鼓励政策，1998—2011 年各行业出口整体继续增加。在汇率升值和劳动力成本逐步上升后，尽管行业销售收入增长，但总体利润下滑，许多企业采取了以数量增长来维持利润总量的方法，通过扩大出口和销售的数量来保持总体利润规模，这也与我国的出口退税有关，因为出口退税主要是依据企业的出口收入来确定退税额。现在有很大一部分企业的利润来自出口退税，调查显示，其中很多企业的出口是亏损的，只有通过出口退税和地方奖励才能弥补亏损。从企业成本利润构成来看，出口退税占销售价格的比例逐年上升，且均超过了外销与内销利润率差异，也就是说外销相对于内销的高利润率主要来自国家的出口退税政策，而并非产品或市场本身，因此企业有动机扩大销售规模来获取出口退税。回归显示，固定资产对销售具有显著的促进作用，反映我国销售的增长主要是依靠数量扩张的增长模式。尽管出口本身利润较低，维持出口水平的代价就是出口商品的售价在汇率上升的同时并没有明显地增长，压低的产品售价将企业本就不高的利润空间挤压得更小。如果出口企业在其不能够充分调整生产规模的时间期限内，预测汇率还会不断升值，那么出口企业会尽可能地提高生产量，提前将产品出口，尤其是在有出口合同约束的条件下。这也是为什么人民币在 2005 年升值后的相当长的一段时间内，我国出口额仍然快速增长的原因之一。

第五节　汇率波动与生产率：直接和间接总体影响分析

一　总体影响分析

接着我们将方程 1、方程 2、方程 3 和方程 4 中的中间变量（fdi、caplabor 和 sale）用方程 4、方程 11、方程 14 中的残差（fdiu、caplabu 和 saleu）代替，此时实际有效汇率与三个中间变量的系数表示实际有效汇率对因变量（productivity、tfpch、tech 和 effch）的总影响，包括了直接影响和间接影响。建立以下模型：

$$\text{ln}productivity = \alpha + \alpha_1 \times \text{ln}reer + \alpha_2 \times caplabu + \alpha_3 \times fdiu + \alpha_4 \times saleu$$
$$+ \alpha_5 \times \text{ln}(reer \times assertdebtratio) + \alpha_6 \times \text{ln}[(export + import)/valueadd]$$
$$+ \alpha_7 \times \text{ln}wage + \mu \qquad (6-15)$$

$$\text{ln}tfpch = \alpha + \alpha_1 \times \text{ln}reer + \alpha_2 \times caplabu + \alpha_3 \times fdiu + \alpha_4 \times saleu$$
$$+ \alpha_5 \times \text{ln}(reer \times \text{ln}assertdebtratio) + \alpha_6 \times \text{ln}[(export + import)/valueadd]$$
$$+ \alpha_7 \times \text{ln}wage + \mu \qquad (6-16)$$

$$\text{ln}tech = \alpha + \alpha_1 \times \text{ln}reer + \alpha_2 \times caplabu + \alpha_3 \times fdiu + \alpha_4 \times saleu + \alpha_5 \times$$
$$\text{ln}(reer \times assertdebtratio) + \alpha_6 \times \text{ln}[(export + import)/valueadd] + \alpha_7 \times$$
$$\text{ln}wage + \mu \qquad (6-17)$$

$$\text{ln}effch = \alpha + \alpha_1 \times \text{ln}reer + \alpha_2 \times caplabu + \alpha_3 \times fdiu + \alpha_4 \times saleu + \alpha_5 \times$$
$$\text{ln}(reer \times assertdebtratio) + \alpha_6 \times \text{ln}[(export + import)/valueadd] + \alpha_7 \times$$
$$\text{ln}wage + \mu \qquad (6-18)$$

表 6 – 21　　　　　　　　　　回归估计结果

解释变量	方程 16 lnprodcutivity	方程 17 lntfpch	方程 18 lntech	方程 19 lneffch
$\text{ln}reer$	1.24(0.00)	0.50(0.03)	0.54(0.02)	-0.18(0.53)
$\text{ln}(reer \times assertdebtratio)$	-1.21(0.00)	0.48(0.07)	0.58(0.01)	0.15(0.59)
$\text{ln }wage$	0.55(0.00)	0.21(0.00)	0.34(0.00)	-0.15(0.04)
$\text{ln}[(export + import)/valueadd]$	-0.27(0.00)	0.12(0.43)	0.19(0.15)	0.02(0.90)
$caplabu$	0.66(0.00)	-0.23(0.39)	-0.67(0.00)	0.39(0.19)
$fdiu$	-0.04(0.09)	0.02(0.70)	0.08(0.07)	-0.03(0.51)
$saleu$	1.06(0.00)	-0.62(0.00)	-0.87(0.00)	0.38(0.16)
截面固定效应	是	是	是	是
样本数	351	351	351	351
调整的 R^2	0.87	0.07	0.21	0.04

注：括号为回归系数的 P 值。

从表 6 – 21 的回归结果方程 16 来看，汇率升值对于劳动生产率的总的影响系数为 1.24，这一影响明显高于方程 1 中的回归系数 0.15，说明汇率升值对于提升劳动生产率具有积极的作用，这也说明汇率通过资本劳动比、外资流入和销售规模间接对生产率产生了积极的作用，中间因素的作用为 1.09（1.24 - 0.15）；汇率升值对全要素生产率的作用是 0.50，这一影响明显高于方程 1 中的回归系数 -0.04，说明汇率通过中间渠道主要是外资流入和资本劳动比产生了作用，这两项因素发挥的作用是 0.54，其中部分作用被规模经济对全要素生产率的副作用所抵消。

从方程 17 回归结果来看，销售规模对于全要素生产率有负面作用但不显著；汇率对技术进步的影响系数为 0.54 且显著，这一影响明显高于方程 1 中的回归系数 0.27，说明汇率升值对于促进行业技术进步具有重要作用，汇率通过中间渠道主要是外资流入和资本劳动比发挥的作用大约是 0.27。汇率对技术效率的作用同样不显著，说明汇率对技术效率的直接作用比较弱。

从回归的结果来看，汇率对生产率具有直接和间接的作用，且间接作用主要是通过外资流入和资本劳动比发挥作用，这与理论分析是一致的。汇率通过要素价格替代效应和收入效应，引起资本深化；通过成本效应导致外商投资结构发生变化；通过影响出口价格和进口成本，导致企业的销售收入和规模发生变化。规模经济主要是对劳动生产率具有积极作用，但对于全要素生产率和技术进步作用并不显著。这说明我国行业规模扩大产生了规模经济效应，提高了劳动生产率，但规模扩大并不意味着全要素生产率提高，部分企业可能更注重数量的扩张而在全要素生产率方面并没有明显的进步。

需要指出的是，在上面的回归结果中，资产负债比与实际汇率的交互项均显著为负，说明资产负债比的提高对于促进行业生产率具有负向作用，由于资产负债比衡量了企业的融资能力，因此，融资能力较差的行业，在面临汇率升值时，劳动生产率提高较慢。这反映了在汇率升值过程中，提高金融市场发展水平，促进行业融资对于提高行业的生产率具有积极作用。劳动力工资对于生产率具有显著的促进作用，这与理论分析是一致的，工资提高有助于提升工人的"X 效率"，从而促进生产率进步。

二　内生性的克服

如果回归模型中的解释变量是外生的，那么普通最小二乘（OLS）估计量是有效的，但是，如果解释变量是内生的（Endogenous），那么两阶段最小二乘（Two–Stage Square，2SLS）估计量就更加有效。从巴拉萨—萨缪尔森效应来看，生产率是决定汇率长期趋势的重要因素，因此汇率和生产率之间存在逆向因果关系，内生性问题通常采用工具变量（Instrumental Variable，IV）去克服，本章选取出口实际汇率和进口实际汇率作为工具变量，变量之间的斯皮尔曼（Spearman）秩相关系数显示，该变量与汇率高度相关，但与生产率相关性并不高，因此，可以将该变量作为工具变量，以克服模型可能存在的内生性问题。回归结果显示，各解释变量的系数符号和显著性均满足条件，与前述结果基本一致，没有发生重大改变，说明前面的回归结果是稳健可靠的。

本章小结

本章主要实证分析汇率对生产率的影响。汇率、销售收入、外资占比、资本劳动比和劳动力工资五种因素对生产率影响显著，从全要素生产率的影响因素来看，汇率的影响并不显著，而外资流入、资本劳动比和工资对于全要素生产率具有显著的促进作用。从汇率对资本劳动比的影响来看，汇率的升值促进了资本劳动比的提高，系数为0.15且显著，企业资产负债比较高时，不利于企业的资本劳动比的提高，当考虑汇率和风险暴露交叉项时，汇率风险暴露程度高的企业更有动力提高资本劳动比。影响外资流入的因素主要是汇率、前期的外资流入占比、行业加成比例、汇率波动和行业工业增加值。外资流入占比对汇率的系数为 -0.41 且显著，说明汇率升值对于外资流入具有抑制作用，汇率变动的成本效应改变了投资母国货币衡量的东道国的要素成本，从而对东道的区位优势产生影响。影响各行业出口收入的主要因素是实际汇率、行业固定资产、国外市场需求、国内市场需求和劳动力工资。收入对汇率的弹性是 0.02 且显著，说明汇率升值背景下行业的销售收入得到增长。汇率升值对生产率的总的影响系数为 1.24，通过资本劳动比、外资流入和销售规模间接对生产率产生了积极的作用，中间因素的作用为 1.09。

第七章　汇率波动、企业生产率冲击与
　　　　宏观经济效应

　　本章主要给出一个具有汇率波动冲击的异质性新凯恩斯动态随机一般均衡模型。模型具体包括居民、创新异质性企业、货币政策当局三个部门。居民部门进行消费和劳动决策，居民储蓄转化为企业资本投资。企业进行生产并提供消费品，具体分为技术创新企业部门和技术稳定企业部门，分别在劳动力市场上雇佣劳动，并在各自前期资本存量的基础上向居民部门直接融资用于满足生产的需要。假设技术稳定企业位于产业链的上游，净进口商品经加工后用于满足产业链下游技术创新企业的生产需求，创新企业的产品用于出口和居民消费。

第一节　部门决策

一　居民部门

　　居民通常通过金融资产配置、消费和劳动决策取得效用最大化。其中，居民可以向技术创新企业和技术稳定企业供给劳动并获得工资收入。为突出研究重点，我们假设劳动力在技术创新企业部门和技术稳定企业部门之间可以自由流动，且劳动力市场上存在统一的实际工资。居民部门的部分工资收入用于储蓄以平滑消费，所消费的商品假定为位于产业链下游的技术创新企业部门生产的最终产品。居民的目标函数表示为：

$$\max \mathrm{E} \sum_{t=0}^{\infty} \beta^t \left[\ln C_t - \eta H_t \right] \qquad (7-1)$$

（7-1）式中，E 代表期望算子，β 代表跨期贴现因子（居民的主观贴现率），C_t 是居民第 t 期的消费，H_t 是个人第 t 期的劳动投入量，η 描述了劳动带来的负效用。每个经济独立的居民都会进行金融资产配置，金融资产分为两类：一类是满足国际经济交易的外汇储备 FS_t，另一类是与本国生产投资直接关联的债券性资产 B_t。因此，居民在第 t 期满足预算约束：

$$C_t + FS_t + B_t = W_t H_t + FS_{t-1} + r_{t-1} B_{t-1} \tag{7-2}$$

（7-2）式中，$B_t = K_{Xt+1} - (1-\delta) K_{Xt}$，即国内居民债券储蓄转化为净出口创新企业的资本投资。r_{t-1} 为 $t-1$ 期的债券利率。W_{it} 为工资。居民代表国家，只要有储蓄，都要留有一定的外汇储备资产，因此，外汇储备 $FS_t \geq 0$。

家庭最优决策是根据拉格朗日函数求解关于 C_t、H_t、K_{Xt+1} 的一阶导数并令之为 0，整理得出：

$$\frac{W_t}{\eta} = C_t = \frac{1}{\lambda_t} \tag{7-3}$$

$$\frac{C_t}{C_{t+1}} = \frac{1}{\beta[r_t + (1-\delta)]} \tag{7-4}$$

二　企业部门

1. 净进口型技术稳定企业

对于净进口型技术稳定企业，我们只考虑净进口影响部分，因此假设位于产业链上游的技术稳定企业在经济体系中通过在劳动力市场上雇佣劳动；其生产资本来源于国际，类似于经验事实描述中的 FDI 情况；并将产品销售给下游的技术创新企业。因此，设计净进口型技术稳定企业的生产函数为：

$$Y_{Mt} = (e_t K_{Mt})^{\alpha_M} H_{Mt}^{1-\alpha_M} \tag{7-5}$$

其中，K_{Mt} 为外币表示的进口净资本，具体表现为商品物资及资金资本；e_t 为真实汇率；技术稳定企业技术水平处于成熟阶段，因此不再考虑技术进步因素；H_{Mt} 表示技术稳定企业在 t 时期根据净资本进口量所投入的劳动量。$I_{Mt} = K_{Mt+1} - (1-\delta) K_{Mt}$。净进口型技术稳定企业的资本利率可表示为：

$$r_{Mt} = \frac{\alpha_M Y_{Mt}}{e_t K_{Mt}} + \frac{1+\delta}{e_t} \qquad (7-6)$$

净进口型技术稳定企业雇佣劳动力并支付给劳动工资，工资等于劳动的边际产出，劳动需求表示为：

$$H_{Mt} = \frac{(1-\alpha_M) Y_{Mt}}{W_t} \qquad (7-7)$$

2. 净出口型技术创新企业

对于净出口型技术创新企业，生产资本来源于国内居民的储蓄，以及上游净进口型技术稳定企业产品的供给，因此，设计净出口型技术创新企业的生产函数为：

$$Y_{Xt} = A_t [(1-z) K_{Xt}]^{\alpha_X} H_{Xt}^{1-\alpha_X-\gamma} Y_{Mt}^{\gamma} \qquad (7-8)$$

（7-8）式中，A_t 表示技术发展水平，取决于两个部分，一是技术平稳发展 A_{Xt}，二是技术创新力度加大引发的技术进步加速，后者与投入的资本 K_{Xt} 存在线性正相关关系，比例为 z，此时有 $A_t = A_{Xt}(zK_{Xt})$。H_{Xt} 表示净出口型技术创新企业在第 t 期投入的劳动量，$1-\alpha_X-\gamma$ 表示劳动的产出弹性，α_X 表示资本的产出弹性，Y_{Xt} 表示对上游净进口型技术稳定企业产品的需求；其中，γ 衡量了技术稳定企业产品对技术创新企业生产的重要性，γ 越大，意味着净进口型技术稳定企业对包括技术稳定在内的企业部门越重要，产业之间关联程度越高。净出口型技术创新企业对净进口型技术稳定企业的产品需求表示为：

$$\gamma Y_{Mt}/Y_{Xt} = P_t \qquad (7-9)$$

（7-9）式中的 P_t 为进口型稳定企业产品的价格。由其可知，在其他条件不变的情况下，技术稳定企业与技术创新企业间的关联性与进口企业产品的价格正相关。

净出口型技术创新企业在劳动市场上雇佣劳动的最优量，应满足条件——支付给单位劳动的工资等于其边际产出。因此，技术创新企业的劳动需求为：

$$H_{Xt} = \frac{(1-\alpha_X-\gamma) Y_{Xt}}{W_t} \qquad (7-10)$$

净出口型技术创新企业产出一部分用于国内消费，一部分用于出口。出口量等于第 t 期外汇储备 FS_t 与第 t 期进口量 K_{Mt} 的和。$Y_{Xt} = C_t + e_t FS_t + e_t K_{Mt}$，即出口企业产出分为国内消费、进口和外汇储备。其中，国内消费占产出的比例 $\lambda = \dfrac{C_t}{C_t + e_t FS_t + e_t K_{Mt}}$，出口占产出的比例为 $(1-\lambda)$。$I_{Xt} = B_t = K_{Xt+1} - (1-\delta)K_{Xt}$。其利润函数表示为：

$$L_{Xt} = \left[\lambda + \frac{1}{e_t}(1-\lambda) \right] (z_t K_{Xt}) \left[(1-z_t)K_{Xt} \right]^{\alpha_X} H_{Xt}^{1-\alpha_X-\gamma} Y_{Mt}^{\gamma} - r_t K_{Xt}$$
$$- W_{Xt} H_{Xt} - P_t Y_{Mt} \qquad (7-11)$$

净出口型技术创新企业资本利率为：

$$r_{Xt} = r_t = \left[\lambda + \frac{1}{e_t}(1-\lambda) \right] (1 + \alpha_X \frac{Y_{Xt}}{K_{Xt}}) + (1-\delta) \qquad (7-12)$$

净进口型技术稳定企业进口资本的利率成本取决于国际利率水平。研究文献多倾向于认为利率平价理论成立（Keynes，1923；易纲、范敏，1997；MacDonald and Nagayasu，2000），假设汇率符合理性预期，$e_{ft} = e_{t+1}$，此时在利率平价理论和理性预期理论下得出：

$$r_{Mt} = \frac{e_{ft}(1 + r_{Xt})}{e_t} - 1 \qquad (7-13)$$

三　货币政策

在开放经济下，虽然国际上鼓励浮动汇率合法化，但波动幅度大于一定值时意味着国内经济不稳定和货币危机风险。许多学者主张将汇率稳定纳入货币政策目标（Shibuya，1992；Goodhart，1995；Bernanke and Gertler，2001），一些发达国家将汇率稳定纳入到货币政策规则当中，例如英国中央银行货币政策以稳定价格和汇率为目标。同时，经验表明中国货币政策对汇率稳定也非常关注（封北麟、王贵民，2006）。在不考虑通货膨胀的真实经济体系中，设计货币政策规则方程是保持利率平滑、汇率稳定和产出稳定，具体形式如下：

$$\left(\frac{r_t}{r^*} \right) = \left(\frac{r_t}{r_{t-1}} \right)^{\rho_r} \left[\left(\frac{e_t}{e^*} \right)^{\psi_1} + \left(\frac{Y_t}{Y^*} \right)^{\psi_2} \right]^{1-\rho_r} \qquad (7-14)$$

其中，r^* 为稳态利率，e^* 为稳态汇率，Y^* 为稳态产出。

四　市场出清

根据上述指标的经济关系，市场出清条件如下：

$$Y_{Xt} = C_t + S_t + e_t K_{Mt} \qquad\qquad (7-15)$$

$$Y_{Xt} = C_t + I_t + e_t FS_t + e_t K_{Mt} \qquad\qquad (7-16)$$

$$I_t = K_{Xt+1} - (1-\delta) K_{Xt} \qquad\qquad (7-17)$$

$$S_t - K_{Xt+1} + (1-\delta) K_{Xt} = e_t FS_t \qquad\qquad (7-18)$$

$$H_{Xt} + H_{Mt} = H_t \qquad\qquad (7-19)$$

五 冲击方程

经济体系中将面临来自汇率和技术创新企业的技术研发率两个方面的随机冲击。假设上述两种外生随机冲击服从对数形式的AR（1）过程：

$$\ln e_t = \rho_e \ln e_{t-1} + \sigma_e \varepsilon_{et} \qquad\qquad (7-20)$$

$$\ln A_{Xt} = \rho_A \ln A_{Xt-1} + \sigma_A \varepsilon_{At} \qquad\qquad (7-21)$$

其中，ρ_e、ρ_A 分别反映了汇率冲击和技术研发投资冲击的持续性，σ_e、σ_A 分别描述了两种冲击的强度。

第二节　数值校准与冲击模拟

一　数值校准

基于汇率冲击的创新异质性，动态随机一般均衡模型包括的模型结构参数有 $\{\beta,\ \eta,\ \delta,\ \alpha_M,\ \alpha_X,\ z,\ \gamma,\ \rho_r,\ \psi_1,\ \psi_2,\ \rho_e,\ \rho_A,\ \sigma_e,\ \sigma_A\}$，共 14 个外生参数。参考具有代表性的研究文献（具体参阅表 7-1 的注释），本章采用参数校准的方法对相关参数进行赋值，结果如表 7-1 所示。其中，居民时间贴现率 $\beta = 0.99$[①]，劳动供给负效用弹性 $\eta = 2.27$[②]。净出口型技术创新企业一般属于资本密集

---

①　研究文献对居民贴现率的赋值多在 0.98—0.999，陈昆亭等（2004）为 0.98，刘斌（2008）和吕炜等（2016）为 0.985，康立、龚六堂（2014）为 0.99，张佐敏（2013）为 0.995，金中夏等（2013）为 0.9994，结合国外文献（Negro, Schorfheide, Smets, Wouters, 2007）对新兴国家的研究校准赋值，本章校准值为 0.99。

②　研究文献对劳动弹性的赋值跨度较大，康立、龚六堂（2014）的劳动对效用影响参数为 3.4/（1＋劳动供给弹性 0.5），金中夏等（2013）的劳动时间为 1/3，结合考虑函数形式，本章校准值为 2.27，并在稳态劳动供给为 1/3 的基础上进行调整。

型，资本要素产出弹性参数 $\alpha_X = 0.60$；净进口型技术稳定企业较创新企业资本密集程度降低，校准值 $\alpha_M = 0.45$[①]；两类企业之间的关联程度参数 $\gamma = 0.2$[②]。根据《中国统计年鉴》公布的制造业技术投资率数据，$z = 0.05$。企业资本折旧系数 $\delta = 0.025$[③]。货币政策方程利率滞后项 $\rho_r = 0.95$、汇率项系数 $\psi_1 = 0.054$、产出缺口项系数 $\psi_2 = 0.78$。[④]在国际 DSGE 模型文献中，ρ_A 一般被估算为 0.97。Smets 和 Wouters（2007）估算 ρ_A 为 0.97，1983 年以后的样本中为 0.94，组合的样本估算为 0.95。我们对企业自身的技术创新投资的技术冲击参数校准值为 $\rho_A = 0.97$、$\sigma_A = 0.01$。对于汇率冲击的相关参数，本章根据汇率波动特征分为三个时段：1990 年 1 月至 1993 年 12 月，1994 年 1 月至 2006 年 12 月，2007 年 1 月至 2015 年 12 月（见图 7 - 1）。利用历年《中国统计年鉴》汇率数据，根据真实汇率一阶差分后的自回归，可计算出三个时段的 ρ_e 和 σ_e：$\rho_{e1} = 0.44$、$\sigma_{e1} = 0.06$；$\rho_{e2} = 0.46$、$\sigma_{e2} = 0.015$；$\rho_{e3} = 0.60$、$\sigma_{e3} = 0.03$。由于本章研究的是汇率波动加剧、不确定性提升对经济的冲击，因此首先取较低波动值，然后加大汇率波动方差后再进行模拟观察。

二 冲击模拟

1. 汇率波动加剧对本国宏观经济的冲击

通过进行数值校准、动态模拟，得出汇率波动加剧对本国宏观经济运行的冲击效应。分析图 7 - 2 可发现：

---

① 国际上研究文献对劳动要素的产出弹性被估算在 0.66—0.8 和 0.3—0.75（Smets and Wouters，2007），因此资本产出弹性范围为 0.2—0.34。考虑到资本的利用率问题，国内研究文献对资本产出弹性校准值有 0.325（李浩等，2007）、0.476（张佐敏，2013）、0.8（康立、龚六堂，2014）。由于技术创新企业在研发设备、资本投入上占有较高比例，因此本章校准创新企业的值为 0.6，技术稳定企业为 0.45。

② 这方面研究文献较少，吕炜等（2016）校准国有企业和民营企业之间的关联系数为 0.4，结合技术创新产品的销售占比，本章校准值为 0.2。

③ 研究文献对资本折旧的校准值一般为 0.1，即 10 年折旧完毕，如果为季度取值为 0.025（陈昆亭等，2004；Christiano et al.，2005；等等），也有文献校准值为 0.035（刘斌，2008）；本章对两类企业资本折旧校准值为 0.025。

④ 刘斌（2008）对货币政策规则方程利率滞后项系数估值为 0.98、汇率项系数为 0.054、产出缺口项系数为 0.78，李春吉等（2010）校准利率滞后项系数为 0.9144，Marco Del Negro 和 Frank Schorfheide（2009）的校准值为 0.88，本章校准值为 0.95。

表 7 – 1   DSGE 模型结构参数校准值

参数	β	η	δ	α_X	α_M	z	γ	ρ_A	σ_A	ρ_r	ψ_1	ψ_2	ρ_e	σ_e
校准值	0.99	2.27	0.025	0.6	0.45	0.05	0.2	0.97	0.01	0.95	0.054	0.78	0.50	0.01

注：国际上技术冲击自相关系数多在 0.91—0.97 （Smets and Wouters, 2007）。本章参考胡永刚和刘方（2007）、Miao 和 Tao（2011）、王君斌（2010）、郭新强和胡永刚（2012）、吕炜等（2016）等文献，对技术自相关系数和冲击参数进行赋值。

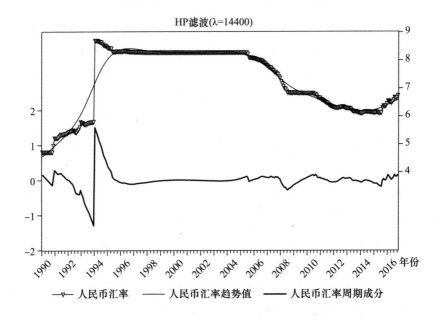

图 7 – 1   1990—2016 年人民币对美元汇率走势

注：主坐标轴表示 HP 滤波法下人民币对美元汇率波动周期成分，次坐标轴表示人民币汇率值。

一是汇率正向波动（汇率贬值）对净进口型技术稳定企业的资本 K_{Mt} 具有负的冲击效应，对净出口型技术创新企业的资本 K_{Xt} 具有正的冲击效应，但后者小于前者，因此对总资本 K_t 的冲击效应表现为负。其经济含义在于，汇率波动加剧，汇率不确定性风险增加，净进口企业所依赖的从国际融入的生产资本 K_{Mt} 变得不再确定，资本成本管理难度加大，因此会降低国际资本引入和商品进口，进而会增加国内的

资本依赖和加大 K_{Xt} 的投入；同时，由于存在内部融资约束，减少的资本流入不能全部通过国内资本增加来解决，总资本有所降低。

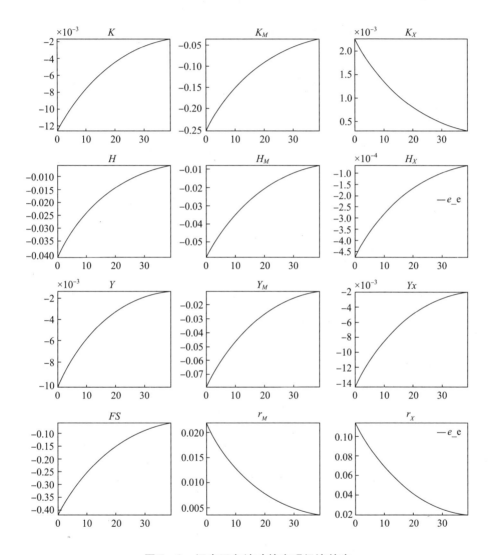

图 7-2　汇率正向波动的宏观经济效应

二是汇率正向波动（汇率贬值）对国内劳动需求具有负向冲击。由于 K_{Mt} 的减少，净进口型技术稳定企业的劳动需求降低，对 H_{Mt} 形成显著的负向冲击效应；虽然国内资本投入加大，但短期内技术创新型企业的技术研发未有显著效果，社会技术结构不会发生显著变动，反而挤出了部分劳动，因此对 H_{Xt} 具有小幅的负向冲击效应。综合两个方面因素，汇率波动对总劳动具有负向冲击效应。

三是汇率正向波动（汇率贬值）对国内总产出具有负向冲击效应。由于总资本投入和总劳动投入都有所降低，在短期内技术进步难以弥补前者降低造成的影响时，总产出 Y_t 降低，具体表现为 Y_{Xt} 和 Y_{Mt} 都有所降低。这也可以由 Aghion 等（2009）研究结论得到证实，即当一国金融发展水平较低时，汇率波动会显著降低该国生产力增速。而且可以看出，汇率贬值（直接标价法下汇率上升）时，本国出口商品变得便宜，在满足马歇尔—勒纳条件的情况下，有利于扩大出口规模、提高出口总收益，对净出口型技术创新企业的资本投入 K_{Xt} 具有正向冲击作用，会提高技术创新投资资本 zK_{Xt}；汇率升值（直接标价法下汇率下降）时，本国出口商品变得昂贵，冲击出口规模下降、出口总收益降低，对净出口型技术创新企业的资本投入 K_{Xt} 具有负向冲击作用，会降低技术创新投资资本 zK_{Xt}。这是对经验事实的进一步系统经济模拟和解释。

值得注意的是：汇率正向波动（汇率贬值）会对一国外汇储备造成显著的负向冲击效应。对于这一点其实也容易理解，汇率意味着一国货币相对于另外一国货币的信用力比较，当另一国的货币较为强势时，即使汇率不确定是由国外货币引起的，但人们直觉上却倾向于持有强势货币。

2. 不同的汇率波动幅度和平滑性下技术冲击效应

不同的汇率波动幅度会通过企业创新结构及资本结构冲击宏观经济体系。为此，给出人民币汇率波动①（汇率取一阶差分）在三个时段的经济冲击效应（见图 7 - 3）。根据结果可以总结出三个事实：

---

① 汇率波动的自回归系数越小，汇率波动的延续性越低、不确定性越高；自回归方差越大，汇率波动不确定性越高。

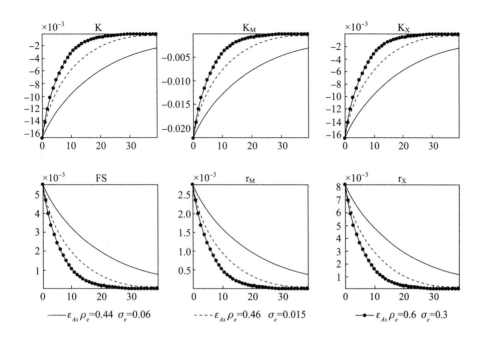

图 7 - 3　不同汇率波动幅度下的技术冲击效应

　　一是汇率正向波动（汇率贬值）时，技术对资本（包括创新企业资本 K_{Xt} 和稳定企业资本 K_{Mt}）的负向冲击效应加剧，并且收敛稳态的时间延长。其经济含义在于：由于本模型中技术研发资本未视为生产性固定资本，技术创新研发资金加大相应降低了生产性固定资本，因此技术创新力度加大必然一定程度上牺牲当前的生产资本，然后逐渐调整收敛于稳态；汇率不确定性增加时，企业资本调整的时间延长，在试错中逐渐收敛。

　　二是技术提升有利于出口产品在国际市场上竞争力的提升，因此有助于提高国内的外汇储备，对外汇储备 FS_t 具有正向冲击效应。汇率不确定性增加时，技术水平提升对外汇储备的冲击时间延长，收敛稳态的时间延长。

　　三是技术发展有利于两类企业的利率提高，即间接提高了居民的投资收益率。从汇率波动的视角，这部分的经济含义在于：当汇率波动幅度在一定范围内时，汇率不确定性对经济体系的冲击强度可能不会有明显的区别（这里由技术冲击引起），而汇率波动的平滑性对冲击收敛时间具有明显的不同，并随着平滑性的提高而缩短收敛时间。这意味着允许汇率在一定幅度内波动、保持汇率波动平滑性的货币政策可能更有利于实体经济体系的平稳运行。

3. 不同汇率权重下货币政策操作方程的汇率冲击效应

面对汇率波动风险提升，货币政策的选择成为一个重要问题。是否应将汇率稳定纳入货币政策目标或增加其权重呢？为此增加货币政策操作方程中汇率项的权重参数 ψ_1，并进行动态均衡分析，结果如图 7-4 所示。结果表明，汇率不确定性增加时，如果单纯增加货币政策操作方程中汇率平稳的相应权重，则会牺牲产出缺口的平稳，反而引发更大的负向经济冲击效应。当汇率平稳权重值从 0.05 变为 0.10 和 0.15 时，汇率不确定性风险对外汇储备、净进口企业的国际资本引入、净出口企业的资本投入、总产出、总投资的负向冲击效应依次加剧，此时净出口型技术创新企业的技术研发压力更大、研发投资增加更为显著，但企业收益并未改善，并加剧了利率体系的不平滑性，如图 7-4 所示。

引发汇率波动的原因可能在于三个方面：一是货币政策在稳定汇率的过程中，必然实施相应的外汇储备操作，引发货币量和利率发生不切合本国实体经济运行需要的变化，无意中将货币政策变为汇率波动冲击国内经济的中介传导，甚至有时是主动或被迫牺牲国内经济达到维护汇率稳定的目标。二是国际金融风险的传染性，以及国内经济结构和国际经济需求之间发生失衡，本国货币政策在维护汇率平稳的同时，实质上可能进一步用部分行业的利益来弥补另外一部分行业，使经济结构失衡进一步加剧。三是人民币汇率定价权的主导性出现向离岸市场转移的趋势（Cheung and Rime，2014），离岸汇率对人民币中间价的引导作用不断增强（郑联盛，2016），因此依赖货币政策调控汇率的效果不尽如人意。

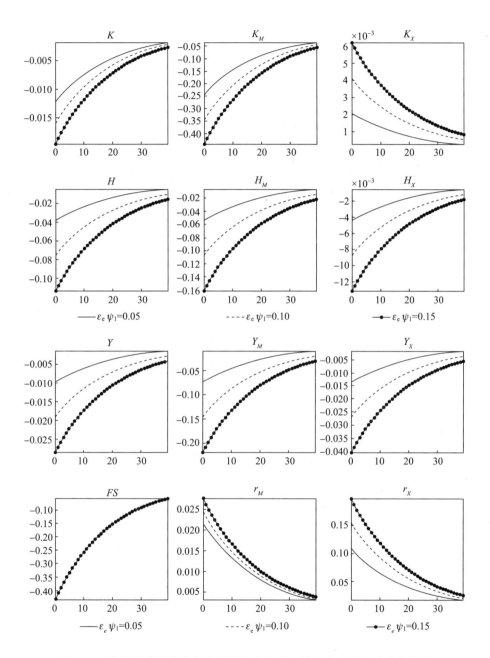

图 7 - 4　货币政策操作方程中不同汇率权重下的汇率正向波动冲击效应

第三节 进一步解释与货币政策选择

一 在保持货币政策独立性前提下实施适度的结构性资本管制

货币政策解决汇率变动问题不应简单维护汇率稳定，而是应从导致汇率短期波动不确定性的因素和汇率不确定性对经济冲击的传导两个方面进行考虑。短期内，导致汇率波动的主要因素就是金融资本流动（不是直接投资资本流动），因此意在降低汇率不确定性风险的货币政策应当适度加强金融资本管制。这也可以在克鲁格曼的不可能三角中得到印证——固定汇率、资本自由流动、货币政策独立性三者只能兼顾两个。如果兼顾汇率稳定与资本流动，就意味着丧失了货币政策独立性，这是独立经济大国难以容忍的。从国家经济利益的角度，货币政策独立性必须兼顾。如果兼顾资本流动与货币政策独立性，就意味着汇率自由浮动，但事实是汇率出现长期大幅震荡时，反而加剧资本冲击（急剧涌进或大幅逃离），导致国内经济的不稳定性，并使汇率进一步剧烈波动。如果兼顾汇率稳定与货币政策独立性，就意味着资本管制，完全的资本管制在国际金融化趋势下虽然并不现实，会影响国际对国内实体经济的直接投资、证券投资等，但在具体资本管制的程度、对象、结构和频率上可以进一步细化。因此，货币政策的综合选择是货币政策独立，允许汇率在一定幅度内波动（稳定了国际长期投资的预期、降低了国际短期投机的空间），在紧迫期实施结构性资本管制。具体而言，从以下三个方面进行细化：

一是在保持货币政策自主性前提下，既允许一定的汇率波动和资本流动，又要实施一定的资本管制、防止汇率过度波动。当前汇率波动，从内因上取决于本国经济较国外的发展优劣态势，从外因上受离岸外汇市场投机行为影响。因此，需要在以推动本国经济平稳发展为主、保证本国货币政策利益自主性的同时，在汇率波动和资本流动之间进行平衡，在短期内汇率波动不超出警戒范围的情况下鼓励有利于各国实体经济发展的资本流动。

二是设计和实施结构性资本管制。根据结构性资本失衡，设计和采用结构性资本管制。此时着重考虑鼓励国内企业平稳提升技术创新投资、实现产业结构升级，实现直接投资走出国门。资本市场完全放开对本国实体经济体系存在较大的负向冲击风险（Bhagwati，1998；Arteta et al.，2003），这要归因于短期资本性流动，特别是短期资本的突然反转或急停（Mendoza，2010；Korinek and Mendoza，2014）。因此，适度实施资本管制既可以防止国际短期资本冲击，又可以防止汇率过度波动。此时资本管制重点在于，鼓励有利于国内行业技术创新及升级的长期性技术资本流入和有利于双赢的直接投资走出国门，在汇率剧烈震荡时期管制金融股票及衍生品的短期性资本流动，甚至可以设计配合实施资本流动税（Bengui and Bianchi，2014）提高管制效果。

三是在非常时期，直接实施实质性公开干预，以稳定汇率市场和金融市场。Dominguez（1998）以 1977—1994 年德国马克和日元对美元的实际汇率分别进行实证，得出中央银行的秘密干预会增加汇率的波动性，但长期较大的干预力度有助于稳定外汇市场。中央银行决定干预外汇市场时，相对于窗口指导之类的口头干预，采取实质性干预政策更为有效（Hu et al.，2016）。因此，在本国汇率巨幅震荡时期，中央银行也实施公开实质性市场干预，引导正常经济资金的稳定流动，遏制肆意制造动荡的游资炒作。

二　测算和把握国际金融周期规律，实施主动的货币政策

在金融经济全球化趋势下，可以把握利用两个方面的规律，为本国货币政策独立实施争取空间和效果。

（一）测算和把握全球的金融周期规律

经验事实表明，在资本流动、资产价格和信贷增长方面存在全球金融周期，而对全球金融周期具有决定性影响的是经济中心国家的货币政策（Rey，2015）。因此，几个主要经济大国的核心金融变量波动时存在显著的共振性和传染性。苗文龙、周潮（2012）通过单谱密度分析法和交叉谱密度分析法计算得出，美国、英国、中国的股指波动率主周期几乎完全相同，美国和中国的利率波动率主周期相同，美国、德国的汇率波动率周期相同，均为 10.68 年。同时，以美国股指波动率为核心变量，英国与美国的周期相干性高达 0.96。以美国利率波动率为核心变量，中国与美国的周期相干性高达 0.86。虽然国际上大国金融市场波动表现出显著的周期趋同性，但各类型金融市场的国际溢出效应却不相同，例如美欧股指波动率对中国股指波动率的溢出效应趋于增强，特别在美国次贷危机后，其利率波动对中国利率波动率的溢出效应显著且影响程度较低（何德旭等，2015），这为中国关注美、欧等主要经济体实施的货币政策的同时根据本国经济情况采取独立的货币政策提供了一定操作空间。

（二）国内对国际金融波动较为敏感的进出口行业的周期规律

这里主要关注三个问题：一是行业总体上属于净进口行业还是属于净出口行业，并进一步判断对汇率波动的敏感度。上文实证结果表明，汇率升值反而有利于净出口型技术创新行业的技术研发投入，但不利于这些行业的利润收益。在把握汇率升值趋势后，应利用结构性货币政策、信贷政策和财政政策对此类行业的技术创新投资进行助推和补贴，提升此类行业的技术优势和行业收益。二是测算各行业对国际资金资本的敏感度。测算不同行业的技术创新周期和汇率周期，进而测算汇率在不同行业、不同周期阶段的波动状态和对具体行业的冲击影响。三是测算本国支柱行业的创新规律和在国际上的比较优势。这些问题，也正是本书下一步具体的研究方向。

本章小结

通过上面的经济事实归纳和动态模型分析可以得出：国际金融结构失衡背景下，人民币汇率变动通过趋势性和不确定性影响本国实体经济。汇率趋势通过产品成本和国际市场竞争两种机制影响企业的资产利润，进而与政府的政策导向共同影响企业的技术创新投资行为。汇率正向波动（汇率贬值）对净进口型技术稳定企业的资本具有负向冲击效应，对净出口型技术创新企业的资本具有正向冲击效应，但后者小于前者，对总资本的冲击效应表现为负；汇率正向波动增加（汇率贬值幅度增加）对国内劳动需求和国内总产出具有负向冲击效应，对一国外汇储备具有显著的负向冲击效应。汇率正向波动增加时，技术对资本负向冲击效应加剧，并且收敛稳态的时间延长；技术提升有助于提高国内的外汇储备，对外汇储备的冲击时间延长，收敛稳态的时间延长。为了避免汇率波动对本国经济的负向作用，不是简单地增加汇率稳定的决策权重，而是在测算和把握全球金融周期规律和国内对国际金融波动较为敏感的进出口行业周期规律的基础上，选择独立性货币政策，允许汇率在一定幅度内波动，在紧迫期实施结构性资本管制，在非常时期直接实施实质性公开干预，以稳定汇率市场和金融市场。

第八章 应对汇率波动的国际经验

处理好汇率波动压力，对于一国经济保证宏观稳定和持续增长有着重要意义。从历史上看，没有一个国家和地区是依靠货币贬值实现工业化和提高国家竞争力的。印度尼西亚、印度、菲律宾以及拉美国家都是货币长期贬值的国家，但都陷入了"贫困化陷阱"。相反，德国、中国台湾等国家和地区的经验表明，凡是能够保持汇率基本稳定和逐步升值的地区，在汇率平稳升值的同时可以保持国内物价和产出的稳定，并逐步提高国家竞争力。

第一节　德国的经验

1973 年 2 月，布雷顿森林体系彻底崩溃后，马克汇率开始浮动。马克对美元汇率逐渐扩大，波动更加频繁。从总体来看，德国马克的汇率是稳中有升，进一步细分又可以将马克汇率在此期间的表现分为三个时间段：1973—1979 年、1979—1985 年、1985—1998 年。其中1973 年在布雷顿森林体系崩溃的同时还正逢第一次石油危机，1978 年底1979 年初发生了第二次石油危机，1985 年美国、德国、法国、英国、日本共同签署了"广场协议"。

一　德国马克升值情况

（一）1973—1979 年，德国马克升值阶段

1973—1979 年年均汇率都在升值，1973 年 9 月马克升值为 2.42 马克兑 1 美元，比 1969 年 10 月 27 日的 4 马克兑 1 美元升值了65.29%。在德国相对美国取得经济优势的 1973 年至 1979 年，马克

对美元汇率保持了升值态势，从 1 马克兑 0.39 美元升值至 1 马克兑 0.56 美元。这一阶段马克汇率升值的主要原因是布雷顿森林体系崩溃后造成了美元荒，德国实行了浮动汇率制。布雷顿森林体系解体以前，马克兑美元保持固定汇率，但德国经济相对美国经济走强。固定的汇率无法反映国与国之间的经济实力变化，为了保持和美元固定的汇率，德国货币当局不得不在市场上购入超额供给的美元，货币当局美元资产的不断增加威胁到了国内的物价稳定。尼克松冲击以后，美元大幅贬值，对国内通货膨胀深恶痛绝的德国货币当局放弃了当时 4 马克兑 1 美元的固定比价，马克开始连续升值。这一阶段马克汇率升值的另一个原因是第一次石油危机的爆发。这场突如其来的石油危机使马克汇率短暂偏离上升通道（1973 年第四季度马克汇率略有贬值），当石油危机的影响被逐渐消化后，马克汇率又重新回到了上升通道中去。由于此时德国经济和工业正值高速发展时期，需要大量的石油来满足国内经济的发展，国内亦无措施及时应对，马克升值才足以"买得起"昂贵的石油，马克汇率也正处于上升通道中。

（二）1979—1985 年，德国马克从贬值转入升值阶段

1980—1985 年，马克对美元汇率出现少见的贬值，从 1.82 马克兑 1 美元跌至 2.9 马克兑 1 美元，部分原因是这个时期受到第二次石油危机的影响。但第二次石油危机对德国马克的影响与第一次石油危机的影响大有不同。油价的大幅度提升使德国石油进口费用大增，国际收支恶化，通货膨胀和失业率增加。为改善国际收支恶化的状况，德国马克持续贬值。此时期，德国由于石油的对外依存度接近100%，相对而言，在危机中所遭受的冲击大于美国，德国在此期间的经济表现也落后于美国，造成马克汇率连续五年贬值。危机过后，马克再次回到以往的强势升值通道中。

（三）1985—1998 年，"广场协议"后德国马克继续攀升

20 世纪 80 年代中期以后，随着德国总体经济实力的改善与增强，马克汇率又出现了持续升值。1985 年，美国为解决自身长期巨幅经常项目赤字问题，于 9 月 22 日在纽约广场饭店召开了由美国、德国、法国、英国和日本五国财长参加的会议并达成协议（即"广场协议"），

决定联合行动，有秩序地使主要货币对美元升值，以矫正美元估值过高的局面。按年平均汇率比较，1988 年与 1984 年相比，德国马克对美元汇率上升 61%；1995 年与 1984 年相比，马克汇率从 1984 年的 1 马克兑 0.3484 美元升值到 1995 年的 1 马克兑 0.7120 美元，升值 104.4%。

二　采取的措施

马克的升值并没有对德国的真实进出口带来实质性的冲击，而且明显地促进了德国贸易条件的改善。此外，在采取浮动汇率制度后，德国的宏观经济增长稳定性反而有进一步改善，真实劳动生产率也稳定提高，经济结构中服务业的比例也有明显提升（张斌，2011）。在马克升值期间，德国政府不仅前瞻性地制订了多个调整产业结构的指导方案，而且在计划实施的过程中提供了大量的优惠政策和财政补贴政策，积极推动产业结构转型升级，主要包括：通过清理改造传统产业、调整企业的产品结构、提高产品技术含量等措施来拯救老企业；通过提供经济和技术方面的资助，吸引资金大力扶持新兴产业；十分重视扶持那些有创新能力的中小企业，不断加大对中小企业科研和开发的支持力度等，鼓励企业之间的兼并重组，使得信息、生物技术等"新经济"工业快速发展，促进了经济的持续增长；在劳动力素质培养方面，德国的职业教育广泛涉及各个行业，及时根据市场需求进行调整，职业教育模式的推行对于及时调整产业结构、提高企业国际竞争力、提升经济活力都起到了积极作用。德国政府认为，在汇率升值引起的经济结构调整过程中，对于解决失业问题，凯恩斯的需求管理政策可以在短期内奏效，但是无法在长期根本性地解决问题；增加就业要靠投资，而贷款利率的下降只是暂时性、一次性减少了企业的投资成本；但企业投资是一种长期行为，这种行为最终还将取决于长期利润率情况。因此，政府应该采取措施改善企业盈利的环境，从而改善就业，促进经济增长，而不是一味地对经济直接进行需求刺激。面对汇率波动带来的风险，一方面一些大型的德国企业把直接在"美元区"设厂作为自己的长期战略，通过将生产当地化取代传统的出口模式来规避汇率风险；另一方面对众多中小企业，政府则通过立法、财政援助、税收优惠和建立各类行业协会或联合会提供必要服务等方式，鼓励中小企业通过重视科研学研究，拥有先进的技术装备，不断地开发出新的产品以及领先的产品和服务，从而在激烈的国际市场竞争中站稳脚跟，通过获取利润特别是超额利润来寻求发展。运用这些手段，德国企业在20世纪80年代形成了在世界市场上以机器设备出口为主的基本特征，使货币的稳定有了坚实的物质基础。

以德国大众汽车为例，尽管遭受了马克升值和汇率巨幅波动的影响，但升值并未在很大程度上抑制出口。本币升值的市场困境在于市场份额和出口价格的矛盾。在马克升值之初，大众公司为了保住在美国的市场份额，采取降价销售措施，结果这一年损失高达3.1亿美元。这是一个两难的困境，提价会丧失市场份额，降价虽然能够保住市场占有率，却无法弥补马克升值带来的损失。为此，大众公司决定提升产品质量、进军高档车市场。一般来说，高端客户对价格的敏感度低，大众公司研发质量较高、造型美观的汽车，不仅取得了利润，也赢得了高品质的荣誉。大众公司通过产品质量提升、创造品牌重新占领市场、开拓新市场，成为成功应对汇率波动影响的典范。

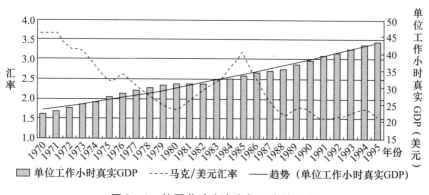

图8-1 德国劳动生产率与马克的升值

第二节 日本的经验

从1985年9月15日的"广场协议"到1987年2月22日的"卢

浮宫协议"，日元从 230 日元/美元升至 140 日元/美元，在两年多时间里经历了大幅升值。尽管一些人将日本 20 世纪 90 年代的长期经济低迷部分归咎于日元升值，但也应看到，在日元升值之后的近 20 年间，日本的失业率虽有所上升，但从未超过 5%。总体来看，日元升值有效地促进了日本国内经济结构的调整和企业竞争力提升。从国际来看，在日本产业结构和生产率进步中，日元的长期升值趋势，特别是几次大幅度升值过程起了重要的推动作用。日元升值导致出口商品国际竞争力的减退，1987 年后日本出口企业以日元计价的出口比率逐渐增加，1992 年 9 月达到 40%，但大部分交易仍以美元等外国货币计价，因此，日本企业出口价格受汇率变动影响程度增大，由此引起某些部门，一般来说是科技含量相对较低的传统部门出口能力减弱，从而引起了这些部门向具有比较优势（诸如劳动力等）的国家或地区进行产业转移。其结果一方面引起传统产业部门空心化，另一方面又扬长避短，增强和发展了科技含量高的新兴工业部门，从而使产业结构快速升级。在这一过程中，日本一些行业努力改进技术，增加产品的附加值，提高劳动生产率，降低成本，从而增强了产品的出口竞争力。日元升值给企业竞争力带来的短期打击能够迅速恢复，甚至有所加强，主要基于以下几种机制的作用：

一　以日元升值为契机，大力加强产业结构调整和技术升级

1985 年"广场协议"后，由于日元升值使日本企业产品出口价格上升，并使其出口产品的国际竞争力下降，日本企业必须采用提高出口产品附加价值的非价格因素方式增强其出口产品竞争力。"广场协议"以前，因日本出口企业的产品处在成长期内，其出口企业经营战略中，只要重视数量和市场占有率就能够盈利，而随着 20 世纪 80 年代中期后日元汇率大幅度升值，其出口数量增长率下降，而出口价格上升，因此，日本企业的出口经营战略从重视数量和成本转变为重视收益率。其原因是，80 年代中期后日本出口产品趋于成熟，日元升值缩短了产品的生命周期。第一，日元升值使日本出口产品价格竞争力大幅度下降，企业通过扩大生产规模来取得规模效应、降低成本已经不能奏效。第二，以亚洲各国为主的发展中国家在追赶日本。因日元升值对这些工资等生产费用相对较低的国家有利，在价格方面的竞争力增强。同时，由于对外直接投资等技术溢出效应，亚洲各国在非技术方面的竞争力也有所增强，不仅在出口市场，而且在日本国内市场上的竞争力也在增强。因此，日本企业在提高竞争力方面就不得不从价格方面转向非价格方面。80 年代中期后受日元汇率大幅度升值的影响，日本企业转变了经营战略，从原来的利用增加产品数量、降低成本来提高产品竞争力，转变为通过提升产品附加价值的方式来增强产品的国际竞争力。

在日本出口产品的高附加价值化进程中，20 世纪 80 年代后半期开始其空运货物出口数量迅速增加，1990 年其出口额占出口总额的 16.2%。而空运货物适用于单位重量小、价值高的产品，日本空运货物中微型电脑等办公设备、半导体、科学光学仪器、手表等占 50% 以上的份额。同时，出口产品的高附加价值化还表现在同一种产品中，相对来说属于高价格范围产品的出口增长率较高。加工中心（机床）、车床、轿车等低价格范围的产品出口增长率在下降，而属于高附加价值范围的产品的出口数量在增加。即使在 IC、钢铁、轿车等产品中也有向高附加价值化转变的趋势。据 1990 年日本通商产业省问卷调查显示，回答五年前开始的产品结构"以原有产品为主没有变化"的企业仅有 33%，而回答今后五年"没有变化"的企业仅有 24%，"以多功能和高性能的现有产品为核心"的企业从 33% 下降至 25%，而"现有产品向多功能和高性能产品转换"的企业从 23% 增长到 30%，"以多功能和高性能产品为基础开发新产品为核心"的企业从 12% 上升到 22%。这一调查表明，20 世纪 80 年代中期后受日元汇率大幅度升值的影响，出口企业为了克服因日元升值对产品国际竞争力的负面影响，增加了技术研发投资，从原来的利用增加产品数量、降低成本来提高产品的竞争力转变为通过提升产品附加价值的方式来增强产品的国际竞争力。如丰田汽车公司、本田汽车公司、索尼公司成功地把日元升值的压力转化为努力提高自身生产率和产品科技含量的动力，成长为世界著名的大企业。首先，通过产品升级和生产流程合理化的革新、增加廉价零部件进口、减少能耗等各种合理化措施，提高生产率和产品的科技含量等。在日本深受汇率影响的纺织业企业采用服装创新概念品牌，发展高档次、多花色品种、精加工的非价格竞争力的高附加值产品，实现产品更新与品牌成长。其次，进行企业重组，使其产生规模效益（如前向整合或后向整合），组成系列化的大型集团公司，也形成了互补优势。最后，日本企业还从全面提升产品质量入手，以绝对高质量赢得市场，有效抵消了国外市场萎缩带来的影响。如 1985 年"广场协议"后，日本纤维产业的出口量急速下降，该产业改变了以往的大批量生产体制，减少棉纱产量，采用先进的生产工艺和自动化管理方式，实现了各部门、各工种的生产高速化、连续化，缩短了生产过程。尽管日本纤维产业的许多技术模仿美国和欧洲，但是基本纤维产业在技术模仿的基础上进行技术创造，引入机械化生产，将纤维产业与电子技术结合，提高了产业的技术水平。

二　转移生产基地，增加对外直接投资

20 世纪 80 年代中期以后，随着"广场协议"的签订，日元汇率大幅度升值，日本企业为了防范汇率风险，加大了对外直接投资。1981—1985 年，日本的年均对外直接投资不到 100 亿美元，此后一路飙升到 1989 年高峰时期的 675 亿美元。虽然也曾受到泡沫经济破灭的影响，但对外直接投资一直保持在年均 450 亿美元的高水平。

首先，日本企业采取对外直接投资方式在海外建立生产基地，其目的主要是为了通过海外生产和销售来规避汇率变动风险。80 年代后半期，日本对外直接投资迅速增加。一方面，日元升值使其在海外基地的生产成本相对下降，而且能够在产品销售上直接面向发展前景广阔的海外市场，或者能够减少贸易摩擦等。另一方面，日本企业将其产品的销售方式从"出口方式"转变为"当地产销结合"后就可以降低汇率变动风险。根据 1992 年日本《通商白皮书》中的问卷调查表明，日本企业在回答"汇率变动的长期对策"中，有 52.7% 的企业回答"扩大海外基地生产"。其次，随着日本对外直接投资规模的扩大，日本企业与海外子公司之间产生了产品层次划分和工序间的分工协作关系，并使其企业内部贸易额增加，推动

了企业内部的经济核算与贸易化。1980 年日本向海外子公司的出口额为 64 亿日元，约占日本总出口额的 4.6%；而 1989 年其出口额增加为 242 亿日元，约占总出口额的 8.8%，其中同一企业集团内部贸易占 82.5%。日本企业的跨国公司型经营方式使其企业内部贸易的比例日益扩大，不通过市场的企业内部交易量增大，这可以减少汇率变动风险对企业经营的负面影响，并使汇率变动对贸易的影响效果从市场转移到企业内部。

此外，对外直接投资的增加，又使日本国内生产基地向海外转移并使日本国内失去了大量的就业机会，产生了所谓"产业空心化"现象。20 世纪 90 年代日本对外直接投资基地从欧美转向 ASEAN 和中国等亚洲国家，同时，也从这些亚洲国家进口大量廉价的原材料、半成品及商品。但随着日本产业结构的调整，日本对外直接投资的扩大对其本国经济"产业空心化"的影响有所减弱，虽然早期曾经有过对日本国内产业空心化的担心和议论，从微观经济来看，日本对外直接投资增加也扩大了其国外市场的需求增加，而对日本国内生产并没有太大影响，这说明日元升值从短期来看导致出口商品国际竞争力的减退，但从长期来看，日元升值使得日本的企业扬长避短，增强和发展了科技含量高的新兴工业部门，从而促进产业结构升级。在这一过程中，日本部分行业努力改进技术，增加产品的附加值，提高劳动生产率，降低成本，从而增强了产品的出口竞争力。图 8 - 2 为丰田汽车应对日元升值的措施。

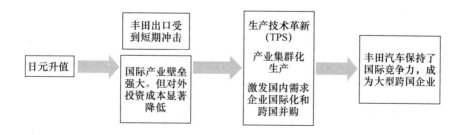

图 8 - 2　丰田汽车应对日元升值的措施

三 挖掘国内市场潜力

面对日元升值压力，日本企业在出口受阻的压力下，通过挖掘国内市场潜力有效抵消了国外市场萎缩带来的影响。1980—1985 年日本制造业的净出口年均增长率高达 10.2%；1986—1989 年日本制造业的净出口年均增长率下降到了 - 4.8%。出口市场的明显萎缩并没有给日本制造业带来重大打击，国内对制造品需求的迅速上升反而促成了日本制造业的进一步繁荣。以代表性的汽车行业为例，汽车出口不断下降，汽车总生产反而不断上升。

总体来看，"广场协议"前后日元汇率浮动使其对外贸易状况发生了巨大变化。出口企业虽然面临"成本效应"的冲击，但这种效应被日本企业通过技术创新所带来的产品附加价值增加而抵消，同时它还对出口企业产品产生"附加价值提升效应"；也对那些缺乏竞争力而没有进行技术创新的产品或企业有一种"淘汰效应"。这些企业或者关、停、并、转，或者成为日本对外直接投资企业中的一部分。因此，日元汇率升值所带来的"成本效应"又产生了"附加价值提升效应"和"淘汰效应"，但并没有对日本出口方面造成实质性威胁，反而促进了企业技术创新。

第三节 韩国的经验

一 韩元的升值过程

如前所述，韩国在整个 20 世纪 80 年代，保持着贸易项目的持续顺差，储蓄过剩而投资不足，同时外部面临着美国的政治压力，但是从汇率制度来看，韩国基本上采取的是不透明的钉住汇率制度，因而造就了 20 世纪 80 年代中后期货币升值是一个渐进的过程，而不是一步到位的调整。因为经济发展良好，政府外汇制度的目标逐渐从外汇的流出流入管理，转向外汇流出流入管理与汇率政策的协调发展上。外汇管制的逐步放松，加大了政府控制汇率的难度，也引起了汇率波动的不确定性。

从 20 世纪 80 年代中期后，韩元升值加速，从 1986 年 1 月进入升值阶段，到 1989 年 7 月转而贬值，期间韩元对美元汇率从最高的 892.14 升值到 660.02，累计升值 26%，月均升值 0.62%。在 1985 年至 1989 年四年期间，韩元升值了 25.3%。1997 年亚洲金融危机爆发后，韩国经济遭到重创，韩元也大幅贬值，当年贬值 15%，1998 年持续贬值 32%。不过，在亚洲金融危机之后，韩国经济开始出现强劲增长，韩元对美元开始了长达十年的升值，从 1997 年底的 1740 韩元/美元上升到目前的 920 韩元/美元左右，累计升值达 47%，成为几个主要国家与地区货币中相对美元升值幅度最大的货币。

二 研发新产品和创立自主品牌，提升传统加工产品档次

随着要素相对价格的变化，具有比较优势的传统加工出口产品可能失去竞争力，这就需要根据变化了的比较优势及时对加工工艺和产品档次做出调整。随着韩元的升值和劳动力成本上升，韩国传统劳动力密集型加工业如制鞋、服装等的国际市场份额逐渐被其他发展中国家挤占。面对这种情况，韩国一方面研发生产新型高档产品和核心部件，创立自主品牌；另一方面通过海外投资带动零部件产品出口到其他发展中国家如中国、印度尼西亚、越南等国组装。韩国服装行业自主品牌的创立也是一个成功案例，直到 20 世纪 80 年代，韩国服装类制品出口主要采取追求数量规模的按订单加工方式，时装出口几乎空白，自主品牌出口更是罕见，到了 20 世纪 90 年代中期特别是亚洲金融危机以后，随着内需市场萎缩，韩国服装企业的经营战略开始转向海外，从 20 世纪 90 年代后期起，韩国品牌设计师通过参加海外展览会和服装表演，同海外流通网的交易活动不断扩大，同时运用多种手段，系统地强化广告宣传，自主品牌的知名度逐步提高，带动了高附加值的自主品牌服装出口。通过掌握关键零部件、创造自主品牌，提升了产品档次，韩国成功地保甚至扩大了传统产品出口市场。

三 对外直接投资

在韩元升值期间，韩国企业加大对外直接投资力度。从对不同技术层次产品制造业的投资来看，对于处于较低技术层次的石化业、纺织业和钢铁业，韩国的海外投资集中于中国、印度、越南等劳动力、自然资源成本低且市场需求大的地区。而对于较高技术层次产品制造行业，如汽车业在西欧、北美、东欧、中亚和大洋洲等地广泛建立生产基地，借此带动国内生产的整车和汽车零部件出口，并实现海外生产体系与全球化的营销网络。一方面可将较低附加值项目转移到国外，另一方面则可在国内集中力量开发液化天然气船等高附加值船型。大型综合商社凭借其较为成熟的国际经营经验和雄厚资本，多在发达地区进行资金或技术密集型产业的投资开发，而中小型企业多集中于发展中国家，从事技术等级较低的劳动密集型项目的投资。比如韩国在中国的直接投资以制造业为主，中小企业及个人投资在项目数上占83%，在投资金额上占40.6%。不同规模投资主体的组合，有利于发挥各自的相对比较优势，从而提高要素配置的有效性。韩国对外直接投资的要素配置方式，使其位于韩国总部的母公司得以整合全球资源，改变了韩国由要素禀赋所决定的国际分工地位，乃至提升了其贸易品技术结构。到了20世纪80年代，政府开始既重视大企业的发展，也重视中小企业的发展，政府利用市场的力量，积极采取促进中小企业发展的措施。在这种有利条件下，韩国的中小企业在产业结构调整（包括向技术密集型产业转变）中起到了重要的作用。早在20世纪70年代末，中小企业在重化工业中的地位与参与程度不断加强，而在向技术密集型产业转变中，中小企业的参与程度也在扩大，1987年，在高技术产业领域，中小企业占到企业总数的94.6%，其销售额占总销售额的19.5%，中小企业的地位和作用日益凸显。韩国充分发挥中小企业的作用，增强应对汇率冲击的灵活性，促进了产业结构的调整和生产率提高。

四 韩国三星公司在韩元升值背景下进行产业结构调整

在韩元升值背景下，韩国三星公司成功进行产业结构调整的案例，对中国企业的未来发展有着重要的借鉴和启发作用。韩国三星公司在20世纪90年代以前一直走的是粗放型策略，以低产品价格迅速占领国内和国际市场，而这一策略在1985—1990年受到了重大冲击。1985—1990年，韩元升值30%，以国外市场为主要市场的韩国三星公司受到了巨大的冲击。90 年代以前，三星的产品大多属于劳动密集型的低端产品，需求的价格弹性高，出口量上受到很大影响。三星公司针对所存在的问题进行了细致的分析，原因归结为两个方面：一方面是产品的出口之所以受到本币升值的巨大冲击是因为产品的附加值比较低，技术含量不高；另一方面在货币升值的背景下，投资成本降低，公司没有利用这一有利优势推进公司的国际化战略。

　　针对以上两个方面的问题，公司分别采取了应对措施。在产品结构方面，公司加大了研究开发的力度，在公司原有半导体技术的基础上，继续进行数码技术的开发和研究，并在内存领域取得了突破性进展，同时也形成了自己强有力的数码组合。数码组合包括家庭数码网络产品、移动数码网络产品和办公数码网络产品（见图 8 - 3）。因为产品技术含量的提高，三星的数码产品不仅在国际上具有竞争力，三星的品牌形象也深入人心。公司成功实现了产品结构的转型升级。

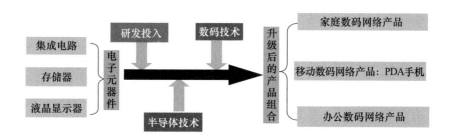

图 8 - 3　韩国三星公司产品结构升级

资料来源：《IT 经理世界》①。

　　在战略上，公司实行全方位的国际化战略。从单一的设立生产基地发展到设立生产基地、销售基地和研究所的产业链一体化扩张策略，三星通过国际化的重组，不仅实现了生产成本的降低，也实现了向产业链上下游的延伸，如图 8 - 4 所示。

---

　　① 参见杨玉成、张杨、宁冬莉《不一样的中国故事——人民币升值和产业升级研究》，http：//wenku. baidu. com/view/b4d826697e21af45b307a8a5. html，2010 年。

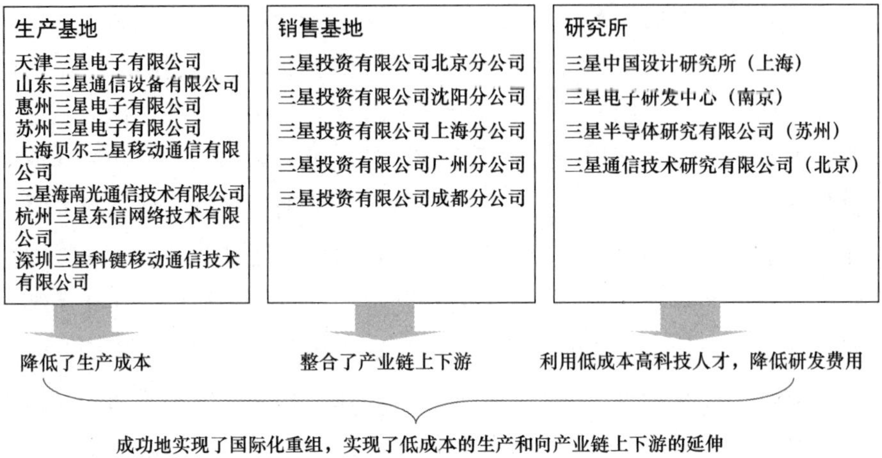

生产基地
天津三星电子有限公司
山东三星通信设备有限公司
惠州三星电子有限公司
苏州三星电子有限公司
上海贝尔三星移动通信有限公司
三星海南光通信技术有限公司
杭州三星东信网络技术有限公司
深圳三星科键移动通信技术有限公司
销售基地
三星投资有限公司北京分公司
三星投资有限公司沈阳分公司
三星投资有限公司上海分公司
三星投资有限公司广州分公司
三星投资有限公司成都分公司
研究所
三星中国设计研究所（上海）
三星电子研发中心（南京）
三星半导体研究有限公司（苏州）
三星通信技术研究有限公司（北京）
降低了生产成本
整合了产业链上下游
利用低成本高科技人才，降低研发费用
成功地实现了国际化重组，实现了低成本的生产和向产业链上下游的延伸

图 8－4　韩国三星产业转移示意

资料来源：《IT 经理世界》①。

三星从一个本土低成本扩张企业成长为一个国际化的企业花了十多年的时间，其间也经历了很多波折。1985—1990 年韩元升值 30%，三星低成本扩张战略受到了很大影响，净利润停滞不前。三星继续坚持自己的产品调整战略，1998—2005 年韩元大幅度升值，三星的产品调整战略也取得了巨大的成功，净利润一度达到 107890 亿韩元（见图 8－5）。2005 年三星更是成为全球利润率最高的大型高科技企业。

净利润（亿韩元）
13000
11000
9000
7000
5000
3000
1000
-1000
1985—1990年韩元升值30%
20世纪90年代初三星开始推行产业转移和产品升级战略
1998—2005年韩元持续升值70%
1986
1988
1990
1992
1994
1996
1998
2000
2002
2004
2005
年份

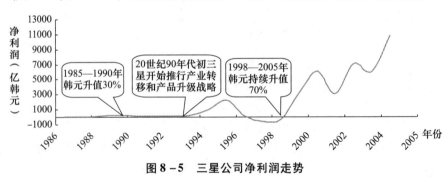

图 8－5　三星公司净利润走势

资料来源：BLOOMBERG②。

---

① 参见杨玉成、张杨、宁冬莉《不一样的中国故事——人民币升值和产业升级研究》，http：//wenku. baidu. com/view/b4d826697e21af45b307a8a5. html，2010 年。

② 同上。

第四节　中国台湾和新加坡的经验

一　中国台湾

1979 年中国台湾地区开始实行有管理的浮动汇率制度，汇率制度经过早期的固定汇率制度、20 世纪 80 年代的机动汇率制度，最后演变为了现行的浮动汇率制度。早在 1989 年改革为浮动汇率制度之前，新台币就已经在国内外经济形势的压力之下，开始了持续不断的升值，1986—1989 年，新台币对美元汇率从 39.85 到 26.16，升值了52.3%。台湾货币的升值、劳动力成本的增加和资源价格的上涨，导致发展加工贸易的初始比较优势逐渐丧失，台湾出口受到极大的负面冲击，尤其是在劳动密集型产业。新台币的升值使得工资上涨，而地价的猛升也使得出口成本进一步攀升，削弱了台湾出口产品的价格竞争力，致使大量以劳动密集型产品出口为主的中小企业破产。

台湾企业采取的策略如下：①多数劳动密集型企业随着劳动力成本上涨和汇率升值，迁往劳动力成本更低的地区。新台币升值使得台湾向外的直接投资大幅增加，并主要集中在东南亚地区以及中国大陆，这主要是为了寻求更为低廉的生产成本。台湾加工贸易企业把价值链中间部分的加工制造环节转移到其他劳动力和资源价格低廉、政策优惠的国家和地区，而把研发、设计、销售、品牌服务等高附加值的环节留在台湾，把产业价值链的加工制造部分通过 FDI 或外包的形式单独转移到周边的越南、泰国、马来西亚、中国大陆等其他国家或地区，以使台湾加工贸易企业可以降低成本，增加利润，为进一步的转型升级创造条件。例如，台湾的主要网络通信代工厂商为了降低成本，先后在大陆设厂，把制造环节转移到大陆。台湾的自动数据处理设备制造业将产业价值链中的设计和测试环节仍保留在台湾本土，加工组装和部分元器件生产则通过 FDI 形式进入大陆，在不失去对原有供应链的支配力的同时，有效降低了制造成本。2004 年，依靠设立在中国大陆和台湾的工厂，台湾企业生产的笔记本电脑数量在全球的份额上升到70%。除个别企业外，台湾电脑企业超过95%的出货量都是在大陆生产的。②对于另外一部分企业来说，沿着产业链上行以应对汇率升值压力。企业逐步生产以前需要进口的技术含量较高的中间产品，特别是在人造纤维、化学制品等行业，这些产业需要很高的资本投入和更有技术的劳动力。新台币的升值加速企业向产业链上游转移的速度。③充分融入跨国公司的产业链，利用相对便宜的技术劳动力和自身的灵活性，成为跨国公司的分包商。④企业的进入或退出机制灵活，企业之间的兼并重组推动了生产率的提高。台湾企业数量多、规模小，在新台币升值后，部分企业破产倒闭或是被兼并，正如Aw、Xiaomin Chen 和 Mark J. Roberts（2001）对台湾企业 1981—1991年生产率变化的考察发现，1981—1991 年台湾企业的进入和退出对整体制造业生产率增长的贡献约为 40%。新台币升值压力下的结构调整促进了台湾企业生产率的提高，1981—2004 年，台湾企业的平均劳动生产率是 4.8%，其中 1981—1985 年为 3.5%，1986—1992 年为5.8%，1993—1998 年为 4.5%，1999—2004 年为 4.6%。总体而言，台湾的汇率改革加速产业从传统劳动密集型产业转变到技术密集型产业，以抵抗由于成本上涨所丧失的国际竞争优势，增加其出口产品的附加值，提升了台湾在国际分工中的产品竞争优势，减少了升值对出口的负面影响。

二 新加坡

20 世纪 70 年代初中期，新加坡已基本实现全民充分就业，并出现劳动力尤其是熟练工人短缺的现象。另外，随着工资成本的上涨，新加坡的工业制成品的竞争力开始削弱，以劳动密集型为主体的制造业面临激烈竞争。在这种背景下，新加坡政府 1979 年提出"第二次工业革命"，发展资本、技术密集型产业。到 90 年代初，新加坡的产业结构发生很大的转变，资本、技术密集的电子电器、石油加工、机械制造成为制造业的三大主导部门。同时，金融服务、交通运输以及通信等第三产业也有了很大发展。与此同时，金融管理局自 1971 年成立以来，成功地维持货币供应量的平稳增长，保持了新元汇率稳中趋升的态势。1970—1996 年的 26 年内，新元走的是一条渐进升值之路，从 1 美元兑换 2.308 新元升值为 1 美元兑换 1.40 新元，共升值 54.5%。其中，1970—1974 年，从 1 美元兑换 2.308 新元迅速升值为 1 美元兑换 2.2312 新元。1975 年，新元短暂贬值 2.76%，然后 1975—1996 年的 21 年间，从 1 美元兑换 1.249 新元缓慢升值为 1 美元兑换 1.40 新元，年均升值 2.08%。

　　值得一提的是，因为新元紧钉美元的程度远大于其他的货币，在 20 世纪 80 年代初美元强劲，面对币值趋软的贸易伙伴或竞争对手时，新加坡企业陷入了失去竞争力的困境。强劲的美元加上一直处在上升趋势的新元使新加坡的企业举步维艰。如果周边与美元挂钩的国家经济放缓，对新加坡的经济也会带来间接的冲击。面对升值压力，新加坡一方面进一步完善金融监管体系，提高当局调控能力；另一方面将汇率政策作为货币政策的中心，通过管理汇率控制通货膨胀和促进经济发展。金融管理局一直有意使新元逐步升值，使国内通货膨胀处于可控状态。同时，这种所谓的"强势新元政策"也迫使当地的产业不断提高效率，因为新元升值会削弱新加坡出口商品的价格竞争力。同时，自 1993 年起新加坡开始大量输出资本，与 1984—1992 年相比，1993—2003 年，新加坡年均对外直接投资增加了 9.8 倍，年均海外证券投资增长了 33 倍。大规模的资本输出，不仅有效降低了升值压力，而且在新加坡政府的积极引导下，国内产业结构实现了升级和调整。政府利用本币升值的契机，掌握经济结构调整的主导权，加快产业结构调整和产业升级，积极应对汇率波动的冲击。在新元升值过程中，新加坡经济飞速发展，其人均 GDP 从 1970 年的 908 美元增长至 1996 年的 25869 美元，增长了 27.5 倍。可见，新元适当升值不仅没有阻碍经济发展，反而促进了国际竞争力的提升。总体来看，经济不景气时，新加坡政府并没有通过贬值来吸引外来投资或继续保留低附加值的传统产业。表面上看来，坚挺的货币与相对高的工资会增加投资成本与营运成本，但上述所提到的优越条件给投资者所带来的回报，足以抵消高汇率与高工资的负面影响。对于本土企业，强势的新元及高工资迫使它们向更高的产业链提升；想要继续发展低附加值产业，政府鼓励它们把作业转移到低成本的周边国家去。而金融管理局始终贯彻其强势新元政策以维持低通货膨胀率，并确保经济的持续增长。

本章小结

  本章主要是对德国、日本、韩国、中国台湾和新加坡在本币升值过程中如何进行结构调整、提升竞争力进行分析。从调整过程来看，政府的产业支持，促使企业在汇率升值压力下加强技术创新，提升产品竞争力。大型企业积极进行对外投资，一方面能够规避汇率升值压力，另一方面能够将部分生产阶段转移到成本更低的国家或地区，从而降低汇率升值对产品价格的不利影响。而对于中国台湾而言，企业主要是沿着价值链攀升，中小企业的兼并重组也有力地推动了企业的规模经济和资源优化配置。从这些国家或地区来看，汇率升值虽然给部分企业带来了压力，但也加速了企业的技术进步和结构升级，促进了企业从价格竞争转向附加值竞争，这些国家的制造业并没有因为本币升值而衰落，其竞争力反而更加强大。这充分说明，在适当的政策支持和配合下，本币升值能促进企业的结构调整和升级。

第九章　企业生产率提高的困难与措施

从前面的论述来看，汇率升值对于促进劳动生产率和全要素生产率提高具有积极作用，渐进式汇率改革明确了企业结构升级的方向，为制造业升级和转型也留出了缓冲的余地。人民币汇率作为调整进出口的价格工具，对于部分依赖低附加值和劳动密集型产品的微利企业已造成影响。值得注意的是，劳动生产率的决定力量还是制度、技术等一些更加根本的供给方因素，汇率通过其传导机制在一定程度上能发挥促进作用，但需要各方面政策的协调配合才能实现汇率升值的"附加价值提升效应"。从我国实际情况来看，制造业在应对汇率升值压力和转型升级过程中，面临比较复杂的国内外经济环境。

第一节　面临的困难

一　人民币相对主要国家货币升值压力持续存在

由于人民币对美元升值压力继续存在，而其他主要国家货币如欧元、日元等货币相对美元呈贬值趋势，这进一步加大了人民币对这些国家货币的升值压力。这种趋势从 2012 年以来特别明显。从 2012 年9 月底至 2013 年 5 月，日元对美元已经下跌了 24.4%；2013 年 1 月至 5 月，英镑对美元下跌了 7.49%；2013 年 2 月以来，欧元对美元下跌了 6.39%。人民币对美元汇率逆势而行，创下了 6.11 的新高，比 2012 年 9 月底升值了 2.78%。如从 2008 年下半年开始，欧元对美元汇率持续趋软，其原因主要有：一是欧元区经济衰退的风险不断增加，通货膨胀压力逐步减少，欧洲央行为刺激经济已经在减息，欧元供给增加；二是美国市场需求下降，欧元区对美国出口放缓，欧元区国家对美国贸易顺差减少；三是美国经济复苏快于欧洲，使得部分资金转而流向美国。同样，随着"安倍经济学"的提出，日元也进入贬值通道。日元贬值早在 2012 年 10 月便已开始，2012 年 12 月 16 日，日本自民党赢得新一届政府执政权，并明确将推出大胆的扩张性政策抗击通缩和提振经济，日元贬值步伐出现加速态势，从前期低点至近日高点，日元对美元已累计贬值超过 30%。日本推出了天量规模的QE，并把通胀目标提高到 2%，日元汇率在天量 QE 政策的压力下已经开始大幅贬值，而且这一贬值进程尚未有停止的迹象。与此同时，人民币汇率却持续走强，美元兑人民币价格跌至 19 年来的低点，这意味着人民币对日元飙升。自 2012 年 9 月底至 2013 年 5 月，日元对美元已近贬值了 24.4%，而人民币对美元反而升值了 2.78%，也即人民币对日元升值了约 27.8%，中国作为世界工厂，优势产业集中在皮革制品、鞋帽类、家具和玩具等制造业，日元贬值对中国经济会有一定负面影响。由于这些国家货币对美元贬值而人民币对美元持续升值，出口产品的价格竞争压力加大。过去三十年来，我国的制造业取得了很大的进步，很大程度上源自参与国际经济一体化的进程。但是，韩国和日本的产品质量比我国好，因此，在同类产品上，我国出口产品的价格只有比它们低才有市场，而汇率升值使得这种优势逐步削弱甚至消失。

另外，由于我国当前金融市场尚不够发达，在金融衍生产品开发运用方面仍存在一些不足，人民币汇率波动幅度逐渐扩大也增加了企业面临的汇率风险。2005 年 7 月汇率制度改革启动，波动幅度为0.3%，2007 年 5 月扩大至 0.5%，2012 年 4 月扩大至 1%，波动幅度的"三级跳"印证了汇率改革正在加速，2014 年 3 月 17 日，人民币兑美元交易价波动幅度由 1% 扩大至 2%。汇率波动幅度的扩大，最直接的影响在于对部分进出口企业的汇率风险管理带来挑战。在外贸形势并不乐观、出口企业由于成本上升造成利润显著收窄的背景下，汇率波动幅度加大的确给企业带来一定不利影响，提高了对企业汇率管理和套期保值操作能力的要求。Hudson 和 Straathof（2010）指出，20 世纪 80 年代末外汇衍生品市场开始发展，外汇掉期市场的持仓规模从 1987 年的 2500 亿美元增长到 1997 年的 19200 亿美元，使得企业可以更有效地规避风险。此外，电子交易快速发展，更多的企业可以进入外汇衍生品市场，使得企业汇率风险对冲的成本大幅下降。Straathof 和 Calió（2012）进一步检验了 Wei（1999）提出的"对冲工具减少汇率波动负面影响的假说"，发现外汇期货市场的发展至少降低汇率波动 50%的负面影响，促进了外贸增长，说明发达国家的汇率波动与外贸增长无关。

二　国外需求不振影响企业销量和销售价格

国内外宏观经济环境对出口企业生存状况具有重要影响，国外经济环境变化影响企业的出口量和出口价格，而国内经济环境则影响企业的内销总量和内销价格，这些均会对企业利润造成重要影响。2007 年下半年次贷危机爆发，美国等主要发达国家经济严重受损，出口大幅下滑。2011 年下半年欧债危机深化蔓延，出口增速也大幅回落，其中对欧洲出口则连续数月同比下降。而 2011 年我国经济增长平稳，企业内销明显增加，并成为很多出口企业重要的利润来源。调查数据显示，样本企业外销比例从 2008 年的 67.84%下降至 2011 年的 64.84%（王呈斌、谢守祥，2012）。2013 年春季广交会订单情况仍不如上年同期。虽然此次成交额与采购商人数比上年秋季有所回升，但仍低于上年春季同期水平，且此次订单一半为 3 个月内的短期订单，显示市场信心仍旧比较脆弱。商务部 2013 年 5 月就外贸形势向其重点联系的 1000 多家企业做了问卷调查。结果显示，人民币升值和外需不振是制约出口的两大因素，影响出口的主要因素中，多达 73.4%的企业认为是人民币升值，而选择国际市场需求不振的企业也占了 72.6%（商务部课题组，2013）。

三　国际贸易壁垒加强

近年来，欧美发达国家积极运用"双反"调查、技术性贸易壁垒、关税政策，加强对我国出口产品进入的管理，对部分产品出口造成重大影响。例如，欧美市场对药品要求 FDA 认证，认证程序复杂且费用较高，部分国家提高了对产品质量的检测要求，增加了检测指标，以技术性贸易壁垒限制别国产品的进口。2007 年，我国的对外贸易摩擦不断升级。据商务部统计，全球共有 19 个国家（地区）对我国发起的反倾销、反补贴、保障措施等贸易救济调查近 80 起，遭遇美国 337 知识产权调查 17 起。我国在连续多年成为全球遭受反倾销调查最多的国家后，2007 年又成为全球遭受反补贴调查最多的国家，并且贸易摩擦领域不断延伸，从反倾销、知识产权等向产品质量、气候环境、反补贴等新领域扩展，每年技术壁垒对我造成的贸易损失 200 亿美元左右。2002—2010 年，我国共遭受贸易救济调查 692 起，累计涉案金额高达 390 亿美元。此外，我国面临贸易摩擦的对象从纺织、轻工等传统出口产品逐步向钢铁、有色、化工产业，以及清洁能源、电子信息等高新产业领域扩展。2008 年金融危机以来，国外对华贸易保护措施持续扩大和升级，有关国家贸易政策更趋利己，贸易摩擦政治化倾向趋强，滥用贸易救济措施与各种贸易限制措施保护国内市场的行为增多。各国贸易保护主义明显抬头，针对我国产品发起的反倾销、反补贴调查数量继续上升，2013 年，我国出口产品面临的贸易摩擦进一步加大，第一季度共有 12 个国家对我国发起 22 起贸易救济调查，同比增长 22.2%。我国建筑陶瓷在印度遭遇反倾销调查；美国的对华纺织品限制措施仍在实施，监管力度加大和其他手段的限制措施将可能增加。2008 年 1 月起欧盟对华 10 类纺织品数量限制措施虽已结束，但在市场转移和区域内贸易保护压力之下，仍会通过各种手段强化对华纺织品的限制；美国玩具产业协会与美国国家标准协会共同宣布了新的玩具测试和安全认证系统计划，将进一步提高中国玩具进入美国市场的门槛。而纺织、服装、家具、玩具等领域中小企业占据大多数，上述贸易保护措施对这些企业出口形成了较大障碍。

2015 年，中国共遭遇来自 22 个国家（地区）发起的贸易救济调查 85 起，涉案金额 80 亿美元；2011—2015 年，国外对中国发起的案件每年涉案金额平均约 110 亿美元，累计涉案金额约 550 亿美元。国外救济措施实施期限最少为 5 年，而实际上，大多数措施的实施期限达到 10 年甚至更长，这就对中国出口的抑制作用更大。每年对中国外贸的整体影响为 1400 亿—1500 亿美元。

从近期来看，各国为了摆脱本国经济低迷形势，加强对国际市场的争夺与渗透，国际贸易规则趋于碎片化。发达国家为实现本国经济利益最大化，意图通过改变原有国际规则，推进贸易、投资、金融等方面标准的全面升级，在国际市场获得更多利益；各国之间的竞争更加激烈，各方利益协调难度加大。如 2016 年 9 月，包括总统奥朗德在内的多名法国高层官员表示将中止对欧盟授权，单方面退出美欧自贸协定谈判，德国副总理兼经济部长也公开表示"TTIP 谈判已在事实上失败"，美国总统特朗普宣布退出 TPP 谈判，国际贸易与投资制度体系重塑将深刻影响中国进一步参与全球化进程以及未来面临的对外贸易环境。

四　生产要素价格上涨

（一）原材料成本

近年来，随着国际大宗商品价格走高，以及国内通货膨胀，各种消费品、生产资料价格持续上涨，出口企业原材料成本增长较快，大宗商品价格高位运行，导致企业生产成本上升。

（二）用工成本

近年来，国内劳动力成本大幅攀升。尤其是 2011 年春节后，全国各地不同程度地出现了"招工难"。从根本原因来看，我国的"刘易斯拐点"已经来临，"人口红利"正在逐渐消失，农村剩余劳动力无限供给的时代即将结束，劳动力价格进入迅速上涨通道，中国传统劳动密集型产业的优势正加速丧失。同时，我国新《劳动合同法》的实施使企业员工保险费、生育保险费、加班费等相关费用增加，提高了工人收入水平，而国家惠农政策使农村劳动力收入增加，客观上削弱了企业工资待遇的吸引力。从 2011 年调查数据来看，三个调查期样本企业的平均人工成本为 2.96 万元、3.6 万元、5.4 万元，2011 年人工成本较 2008 年上升了 38.46%（卓俭华、朱训伟，2011）。用工成本上升，对劳动密集型程度较高、在国际分工中处于产业链低端的企业的利润影响更加明显，这些企业参与国际市场竞争主要靠产品价格优势，议价定价能力较弱，利润率偏低，人工成本的增加进一步压缩了企业有限的利润空间。劳动力短缺将带动未来工资不断提升，出口商人力成本加大,更多企业选择将厂址转移到东南亚。

(三)其他成本

运输、财务、土地、水电气、环保等其他要素成本也是影响企业利润的重要因素。随着物价持续上涨,水电气、运输、土地等成本水涨船高,政策因素带来的融资、环保等成本也出现上升。企业反映,两次危机造成出口订单中大单、长单基本上越来越少,特别是电子加工行业,更多的是短单、小单,加上部分急单,造成企业生产线调整,有效组织生产的压力加大,相关成本也提升。私人企业很难获得贷款。中小企业融资难的问题已经持续了较长时间,而出口企业又恰以中小企业为主,融资难、成本高是中小出口企业面临的重要困境。中小企业面临"融资难""融资贵"的双重压力,"融资贵"表现为中小企业贷款定价一般为基准利率上浮30%—40%,同时银行"借贷搭售"现象比较普遍,如银行要求客户购买保险、理财产品、违规收取管理服务费等,企业财务费用增长较快。劳动密集型行业如纺织、服装、家电、玩具、家具等产品出口大多以美元和港元结算,企业从接单到交货一般需要近半年时间,而这一期间人民币升值侵蚀了大部分利润,虽然企业在接单时可以锁定远期汇率结算,但对汇率的涨跌幅度极难把握,由此给出口企业带来了难以预测的汇率风险和汇兑损失。另外,由于美元走势的不确定性增加,人民币汇率的波动性也相应增大,应对汇率波动风险成为企业必须面对的问题,间接增加了企业财务成本。

五 市场竞争加剧

出口产品的市场竞争来自成本、技术、价格等多方面,市场竞争加剧会影响企业销售价格、销售量,从而影响企业利润。近几年东盟等新兴市场国家利用其低成本优势积极吸引利用外资,对我国制造业企业出口产生了不利影响。联合国贸易和发展会议发布的《2012年世界投资报告》显示,2011年流入东南亚的外国直接投资达到1170亿美元,同比增长26%,而中国同期增长率不到8%。在劳动力成本方面,据业界测算,2012年广东佛山纺织业的劳动力成本为每月600美元,江西为每月400美元,而泰国为每月350美元,柬埔寨仅为每月 120—130 美元，越南以及马来西亚、印度尼西亚等东南亚国家的劳动力成本分别比我国低 60%、20% 和 10% 以上。随着人民币汇率的升值和生产成本的上涨，制造业产品面临的竞争压力越来越大，支持中国外贸发展的低生产成本优势已难以为继。根据 WTO 统计，2016 年 1—7 月中国出口在全球主要经济体中的占比是 13.90%，相比 2015 年全年的 14.95% 下降了 1.05 个百分点。这是改革开放以来中国货物出口份额出现的第二次下降，上一次是在 1996 年，当时降幅不足 0.1%。

第二节　需要采取的措施

目前我国汇率面临着持续的人民币升值压力是不争的事实，这种压力的产生不仅有外因也有内因，而且内因所带来压力更加难以承受，汇率必然要随着这种趋势进行调整。本币升值一方面是平衡外部收支的需要，另一方面也是重新调整国内经济资源配置结构的需要。汇率手段解决不了结构问题，但对促进结构调整和发展方式转变具有积极作用。因此，在宏观决策上注重适时适度发挥汇率手段的作用，不仅必要而且可行。

一　深化人民币汇率形成机制

让市场价格机制真正充分地在经济活动及资源配置中起主导作用，使资源根据由市场供求关系决定的价格信号自由地从收益较低的用途流动到收益较高的用途上，从而实现资源的合理配置。通过传递真实的国内外价格信号，使市场主体准确地了解国外产品与本国产品的相对价格与成本差异，并能正确地进行成本和收益的国际比较及正确的经济计算，以淘汰那些比较成本高于国外的出口产品及成本高于国外的低效率企业，促使国内将资源用于生产成本真正低于国外的产品及进口成本真正低于国内的产品，这就能使我国的对外贸易真正建立在比较利益的基础之上，从而改变我国过于依赖加工贸易型的"出口扩张"来推动经济增长的外向型经济增长模式，而转向通过充分发挥我国的比较优势以实现资源合理配置的效率型经济增长模式。适当加大人民币汇率波动区间，一方面会产生风险，另一方面又可能带来收益。由于汇率的变动本质上是价格的变动，汇率波动的好处就在于能向国内外传递真实的市场供求信号，使各国市场主体能够进行正确的经济计算并根据自己的比较优势做出最佳决策以实现资源的合理配置。而且，汇率波动所形成的风险恰恰有利于形成市场的激励、约束和惩罚机制。因为在汇率随市场供求变动而频繁变动的情况下，那些因决策不当或效率低下而不适应汇率变动的市场主体将会被淘汰，而那些能适应市场变化的市场主体将利用汇率波动所提供的市场机会获得更大的盈利。只有这样，成功的市场主体才会真正做大，从而使一国经济更有竞争力、更能抵御风险或外部冲击。从这个角度来说，汇率的经常变动恰恰有利于提高一国的经济效率。经济基本面的调整往往是渐进的过程，与此相对应，汇率的调整最好也是渐进的，渐进的调整过程有利于国内经济资源在贸易品部门和非贸易品部门之间进行重新配置。因此，最好的方式是通过市场化手段，采用更具弹性的汇率政策，让市场决定汇率的均衡水平。

二 提高产品附加值

以高附加值制造业为主体的经济体在面对外部冲击时，具有较大的回旋余地；而以低附加值产品生产为主的经济体，由于其产品需求的价格弹性高、收入弹性低，面临外部冲击时，极易丧失竞争优势，从而导致严重的经济失衡。历史上新加坡、德国和日本均通过不断进行产业升级，增强了抵御外部冲击的能力。在日元高速升值阶段，日本的技术进口额增长了两倍多，日本以技术引进推动其科技进步，从而与欧美在技术方面的差距逐渐缩小，劳动生产率得以快速提高，且优越的性能使得其产品的可替代性较低，纵然日元大幅升值，出口价格提高，也未影响出口销量。由于我国在劳动力方面的低成本优势在逐渐减弱，所以，我国企业不能一如既往地依靠价格战，而应致力于快速提高出口产品的技术含量。本币升值使进口机器设备变得相对便宜，有利于企业向资本密集型产业转移，向高附加值行业扩展。对于劳动密集型产业，应着力提升产品品质，加强品牌培育。出台相关政策鼓励企业通过购置先进生产设备、引进先进的生产工艺等方式来增加投资。政府可以为企业购置先进生产设备以及引进先进的生产工艺提供低息贷款等融资支持或给予一定的财政补贴，这样不仅提高了产业的资本密集度，还有助于提升产品品质、促进产业升级。对于资本密集型产业，应着力提升其研发和创新实力。要充分利用当前人民币升值带来的机遇，鼓励企业通过引进国外先进技术、加大人才培养力度等方式增强自身的研发、创新实力，全面提升产品质量，进一步提高出口竞争优势。新加坡的经验表明，出口商可以通过调高商品的出口价格以抵消升值带来的负面影响，这说明新加坡的某些出口产品拥有支配市场的力量，其商品的国际竞争力没有下降。因而，我国要实现出口大国向出口强国的转变，应积极争取出口商品的国际定价权，积极化解人民币升值可能带来的不利影响。

三　优化外资流向结构

汇率通过价格传导实现资源的再配置，同时决定了外商投资企业在我国的资产价格，从而影响 FDI 流入，最终通过影响需求结构和资本要素供给结构促进国内产业结构进而贸易商品结构的调整。因此，可充分发挥汇率作为价格信号的作用以便更加有效地配置资源，为 FDI 的流入创造积极有利的环境，制定有利于产业结构向产业链高端发展的 FDI 引资政策，使贸易结构整体上在适应动态比较优势的基础上实现优化升级。随着我国技术水平、人员素质、原材料质量的不断提高，以及外国零部件生产商的增加，国内的配套能力已明显上升。因此，应鼓励外资进入那些靠本国资本、技术、劳动力仍不能生产，要靠进口来满足国内需求的行业，引导和鼓励外资进入中上游产业，逐渐取消对跨国公司用于出口生产的进口原料免税优惠政策，提高出口加工企业原材料和中间投入品的国产化率，带动相关产业的发展。

从我国的现实来看，我国与发达国家在高新技术产品上的分工程度还很低，仍需进口许多高新技术产品，而出口的则是一些层次较低的加工产品。因此，短期来说，我们还是要通过吸收发达国家垂直一体化的跨国投资，获得资本、技术、产业升级效应，加快我国高科技产业的发展，促进我国与发达国家之间垂直差异产品的贸易。但从长远来说，我们应该尽量吸引发达国家水平一体化跨国公司的对华投资，提高我国的技术密集型产品的生产能力和出口能力，从而增加与发达国家之间水平差异产品的贸易，提高我国的产业内贸易水平，从而提高对外贸易竞争力。目前中国的外商直接投资大部分以成本导向型为主，但是人民币的升值将导致成本导向型外商直接投资的利润空间缩减，在这样的压力之下，人民币的升值将有效地调整外商直接投资的资金流向和配置方式，从成本导向型过渡到市场导向型。这些都将有利于我国产业结构的优化升级。

四 加强对外直接投资

本币升值可以加快企业"走出去"的步伐，一些不能适应本国新经济形势的产业，可以转移到具有比较优势的其他国家，从而充分利用国际资源。对外直接投资促进了低技术层次产品制造业的对外转移，从而降低了该类产品的本国出口和与此相关的进口，表现为贸易替代效应；同时，国内重点发展高技术含量产品制造业，较高技术层次产品的自主制造能力得以加强，增强了该类产品的出口竞争力并减弱了其进口需求，表现为出口创造效应和进口替代效应。日本与中国台湾对外直接投资的迅猛发展几乎是与货币升值同步的。"广场协议"之后，日本企业开始向国外转移，加大对外直接投资的比例，这一行动促进了新兴产业的成长，优化了日本的产业结构。日本的经验证明，对外直接投资是面临本币升值压力下产业结构优化的有效途径。政府应进行政策性扶持，引导企业确定合理的产业投资方向，制定长远的产业规划，提供充足的资金，建立良好的协作机制来帮助企业规避风险，促进国内产业结构升级换代，带动经济增长。事实证明，把那些技术含量低、劳动密集型、纯加工性质的生产环节或行业转移出去，而把竞争力较强、技术含量较高的产业留在国内，不仅可以充分利用国外低廉的资源、劳动力优势，规避汇率波动对企业的影响，而且有助于实现我国节约自然资源、实现可持续发展的社会目标，使国内产业不断升级、结构进一步优化，增强我国企业在国际市场的竞争力。最重要的是，对外投资意味着中国可借机获得长期增长的动力，改变目前这种低附加值的发展模式，促进国内产业结构的升级。资源、技术和人力资本对中国未来的经济发展是至关重要的，而且是制约中国经济未来发展和产业结构升级最重要的要素。利用对外投资，中国可以用较为有利的条件获得国外的自然资源、技术以及人力资本。尤其是改革开放以来，中国企业已经难以从直接观察外国企业的市场经营活动中获得效率改善和生产技术突破，因此，购买外国的技术和引进管理团队就成了当前提升经营效率和生产技术的最重要的一个渠道。另外，向上游关键零部件的延伸和市场营销活动的发展，可以使中国企业的价值增值活动向价值链的两端扩展，有助于提升中国企业在全球价值链中的地位，促进国内产业结构的升级。

五　促进企业的兼并重组和资源优化配置

在汇率升值过程中，企业的进入或退出引起的生产要素优化配置是行业生产率提高的重要因素，我国的制造业企业特别是低技术含量的制造业企业大多是中小企业，远没有达到合理的经济规模。在人民币升值压力下，我国应为企业的资源重组和兼并创造一个良好的条件。以食品行业为例，目前中国食品工业90%以上的企业是中小企业。这些企业规模偏小而达不到应有的经济规模，生产规模及产业集中度过小，集中度偏低导致无秩序市场和过度竞争的出现。由于市场的过度竞争，企业为争取市场份额和维持自身生存而消耗了大量资金，从而导致开发新产品和改进工艺技术的资金严重缺乏，劳动生产率增长速度缓慢，同时制造业产品随着人民币升值而越来越不具有价格优势，在此情况下竞争力较弱的中小型制造业企业的生存和发展都遇到困难，汇率的升值加速了企业之间的重组。汇率改革以来，我国的现实情况也证明了这一点。正是人民币升值，才促使一些传统出口行业的龙头企业更加积极地加大研发力度，不断开发高附加值产品，加快提高技术管理水平和进行产业重组。在这一动态发展过程中，这些不断扩张的龙头企业可以大量吸收那些淘汰下来的劳动力和剩余产能，最终带动整个产业资源的重组和向更高端升级。

六　深化金融市场，降低企业融资成本和汇率风险

正如我们前面分析的，当前汇率升值阶段也是企业面临竞争压力和高融资成本的阶段。企业内部面临成本上升，外部面临价格竞争力下滑和需求下降的压力。同时，企业进行资本投资和技术创新需要融资，当企业从技术模仿转向技术创新阶段，创新投入所需的资本增加，而我国金融市场化程度不高，较高的融资成本妨碍了企业的资金投入和技术创新。为保证企业技术升级过程平稳顺利，金融市场需要适时调整，降低企业的融资成本，使企业在产业升级中提升到合适的生产规模，并利用规模经济效应成为低成本的生产者。德国、日本在本国汇率升值过程中，金融市场相对比较发达，企业融资结构合理，能有效降低企业融资成本，缓解升值压力，并为企业的技术创新提供必要的资金支持。从我国当前情况来看，企业面临的现状是资金成本整体较高，技术创新面临的资金压力较大。因此，进一步完善金融市场体系，拓宽企业的融资渠道，将有利于促进企业的技术进步和生产率提高。

另外，运用金融工具降低企业面临的汇率波动风险也十分重要。日本、德国企业的外汇风险意识和应对风险的能力远远高于我国进出口企业。我国学者陈伟、王伟（2005）研究表明，无论是高风险或低风险的外汇暴露，跨国公司都会采用主动或被动的对冲方法。如果是高风险暴露，基本上都会完全对冲掉；对于低风险暴露，约一半的公司会采用完全对冲或灵活管理的策略，这取决于公司对风险的偏好和承受程度。中国人民银行货币政策司的调查表明，有一部分企业缺乏主动避险意识，往往将汇率风险归咎于政策性因素，坐等政府的出口退税等政策扶持。有一些进出口企业即使意识到汇率波动带来的影响，但由于人员、资金、避险产品等因素的限制，总抱有侥幸心理，错失了防范汇率波动影响的最佳时期（《当前外汇避险工具使用情况调查报告》，2010）。可以看出，我国企业在防范汇率波动风险的能力、可得的金融产品、风险应对经验方面与国外企业相比还有一定差距。从长期来看，随着人民币汇率单边升值趋势的弱化，汇率宽幅波动将成为常态，企业面临的汇率波动风险加大，汇率波动对企业生产率的影响将超过汇率的水平变化，在金融市场发达的环境下，企业运用金融衍生产品规避风险的能力也较强，企业可以通过利用远期、期货、期权、互换等金融衍生工具，对其涉外交易进行套期保值，从而有效地防范外汇风险。因此，应从优化企业信贷环境、创新融资产品、降低融资成本等方面为企业融资创造一个良好的环境。

七 汇率调整的方式应以渐进调整为宜

从理论上讲，人民币汇率上升会导致国内部分行业与上市公司出口收益与进口成本都降低，国内出口量减少，进口量增加，从而对国内经济增长产生一定的负面影响。但是，这种负面影响并非不可以化解，关键需要找到一个适宜的汇率调整方式。经济基本面的调整往往是渐进的过程，与此相对应，汇率的调整也应当是渐进的。这样的调整过程有利于国内经济资源在贸易品和非贸易品部门之间的重新配置，最符合经济基本面变化的要求，最有效率。因此，汇率的适宜调整方式应该是渐进调整。比较德国和日本的例子，我们可以发现：两国都实行了浮动汇率制度，但德国以保证国内物价水平为目标，完全由市场决定马克汇率的水平，经过持续而缓慢的调整，到 20 世纪 80年代汇率已经基本调整到位且并未对经济造成大的影响；从某种意义上说，马克强势对德国经济产生的影响不在于它上升的幅度，而是在于其上升的速度。其速度较为适中，德国工业界能够逐步适应变化，消化其影响。日本则长期通过对资本项目的限制和运用货币工具来人为抑制汇率升值，终于造成"广场协议"后被长期压抑的汇率突然地大幅调整，使得国内贸易部门无法承受突如其来的竞争力下滑，导致原投资于国内贸易部门的资金抽离，一下子又找不到出路，这部分资本大量涌向资本市场，引发泡沫经济。可见，汇率升值本身不是问题，重要的是把握汇率升值的节奏和相关政策的支持配合。

本币的小幅度升值会带来生产率的温和提升，中等幅度升值会通过倒逼机制进一步提高生产率，过度升值将导致要素利用率和生产率的下降。汇率制度改革以来，人民币的持续升值对我国出口企业和出口产品的影响，特别是人民币持续升值对劳动密集型的产品如纺织品、服装、轻工业品、工艺品、农产品等产生的冲击，通过此次对样本企业的调查也得到了验证。汇率升值对产业生产率的影响可分为促进阶段、倒逼阶段和促退阶段。在汇率升值初始阶段，价格变化较小，市场需求弹性变化不大，升值造成的出口价格上涨不会影响需求。但在升值幅度超出这一区间后，升值会导致需求下降，企业利润下降，此时企业通过降低内部成本来维持利润，企业进入倒逼阶段。这时，企业已不能以经营现金流来支持技术改造，而需要动用自身的资金储备或从外部融资。当汇率进一步升值时，出口价格的进一步上升就无法被成本下降抵消，企业的产出不能被市场全部吸收，最终企业产量下降。单位投入带来的实际产出减少，生产率变动的"要素利用率"机制发生作用，生产率随本币升值而下降。

汇率的升值应与企业的可承受力相匹配。在2008年金融危机之前，尽管汇率总体保持升值趋势，但由于国外市场需求旺盛，企业尚能够承受成本上涨造成的不利冲击。因此，在汇率升值的背景下，企业通过降低内部成本和资本深化，能够在一定程度上减缓不利的冲击。但在金融危机之后，从内部看，生产要素成本上涨较快，特别是人力成本和原材料价格在2009年之后上涨很快。从外部看，持续的汇率升值压力和国际市场需求不旺且贸易壁垒严重，同时还面临东南亚国家的同类产品的竞争，内外因素共同作用对我国企业的利润增长和结构调整带来很大的压力。在双重压力下，为顺利实现结构转型和技术进步，并最终实现以全要素生产率提高为核心的竞争力提升，亟须政策调整以加快这一进程，但是仅仅靠人民币汇率升值这一手段来实现这一目标显然是不可能的，只有与产业发策、贸易政策、货币与金融政策、财政税收政策等相互配合，才能更有效地帮助企业通过技术进步和生产率提高来应对当前的压力，从而实现汇率政策调整的最终目的。

本章小结

本章主要对我国制造业面临的困难进行了阐述，在汇率升值压力下，制造业不仅面临汇率升值压力，还面临着国内生产要素成本上涨、国外需求放缓和国外市场竞争激烈的压力。这些因素增加了制造业转型升级的难度。制造业转型升级是一个艰巨的调整过程，需要多方面的政策相互协调配合才能顺利完成。从我国制造业实际情况来看，只有加快转型升级、促进技术进步、提高产品附加值才能应对市场竞争。在价格机制方面，应进一步完善人民币汇率形成机制的市场化，增加人民币汇率弹性，从而引导生产要素的合理配置。政府应加强对外资流向的引导和企业对外投资的支持，通过优化外资流向促进国内产业升级，通过支持企业对外投资降低企业汇率风险，促进国内生产要素转向高附加值行业。企业自身则应加快技术创新和资源重组的步伐，从价格竞争转向价值竞争，降低汇率升值对出口价格的不利影响。同时加强对技术设备的引进和利用，提高企业的资本劳动比；进一步完善金融市场，降低企业融资的资金成本，为企业的技术进步提供必要的资金支持。

结　语

迄今为止，汇率变动对企业生产率的影响并没有像贸易自由化那样得到学术界的广泛关注。Melitz（2003），Melitz 和 Ottaviano（2008）及 Bernard、Eaton 和 Jensen Anomun（2003）等的研究表明，贸易自由化影响到市场中企业的分布，这反过来又影响企业生产率以及行业生产率。如果汇率发生持续且幅度较大的变动，那么这很可能如同关税的变化一样对企业或行业的生产率产生影响。本书利用调查和实证相结合的方法，分析了 1998—2011 年人民币升值对中国规模以上制造业各行业生产率的影响。主要的创新与结论如下：

（1）将各行业贸易伙伴国的进出口份额作为权重，构建并计算能够衡量各个行业的实际有效汇率。相对于总量人民币实际有效汇率，行业实际有效汇率更能区分行业间面临的外部竞争压力的差异。行业实际有效汇率指标不但可以为生产率分析做铺垫，而且可以作为开放背景下其他问题研究的数据基础。数据显示，各行业实际有效汇率总体呈增长趋势，但不同行业的增长幅度不同，这说明不同行业面临的实际汇率升值压力并不一样。抽样调查显示，样本企业主要依赖提高生产率、降低生产成本、提高产品档次和技术含量或打造自主品牌等经营策略来应对汇率升值的压力。

（2）利用 DEA 方法，本书计算的各行业生产率变化趋势及其分项数据显示，近十年我国制造业各行业全要素生产率增长较为平稳，均呈现稳步增长趋势。在 TFP 增长中，技术进步的贡献大于技术效率，为生产率各组成部分中增长最快的因素，而技术效率的增长滞后于全要素生产率。从全要素生产率的分解因素来看，技术进步最快的如电子及通信设备制造业和仪器仪表文化办公用机械制造业等技术密集型产业表现为明显的技术进步，而劳动密集型产业表现为技术下降。

（3）分析发现，汇率波动通过三个传递机制影响企业生产率：一是实际汇率变化导致资本劳动比变化。在一个开放的经济体中，汇率通过价格传递效应影响企业的出口产品价格和进口成本，进而影响企业投资，企业的资本深化有助于企业生产率的进步。二是影响行业外商直接投资。从国际资本供给角度来看，实际有效汇率水平的变化，将影响外商直接投资（FDI）的结构和流向，FDI 溢出效应（竞争溢出效应、技术创新溢出效应）及产业关联效应对不同行业的生产率产生影响。三是规模经济效应。研究表明，汇率价格信号引导资源优化配置，在汇率升值导致出口份额下降的同时，低效率企业的退出使得生存下来的企业市场规模扩大，规模经济效应有助于企业降低生产成本和提高资本使用效率，进而促进企业生产率提高。

（4）实证分析了汇率对资本劳动比、外资流入和销售规模的影响。汇率的升值促进了资本劳动比的提高，弹性为 0.15 且显著，当考虑实际汇率和风险暴露交叉项时，汇率风险暴露程度高的企业更有动力提高资本劳动比。影响外资流入的因素主要是汇率、前期的外资比例、行业加成比例、汇率波动和行业工业增加值。外资比例对汇率的系数为 -0.41 且显著，说明汇率升值对于外资流入具有抑制作用。影响各行业出口收入的主要是实际汇率、行业固定资产、国外市场需求、国内市场需求和劳动力工资。收入对汇率的弹性是 0.02 且显著，说明汇率升值背景下行业的销售收入得到增长。汇率升值对于劳动生产率的总的影响系数为 1.24，通过资本劳动、外资流入和销售规模间接对劳动生产率产生了积极的作用，中间因素的作用为 1.09。

（5）在国际金融结构失衡背景下，人民币汇率正向波动（汇率贬值）对净进口型技术稳定企业的资本具有负向冲击效应，对净出口型技术创新企业的资本具有正向冲击效应，但后者小于前者，对总资本的冲击效应表现为负。汇率正向波动增加（汇率贬值幅度增加）对国内劳动需求和国内总产出具有负向冲击效应，对一国外汇储备造成显著的负向冲击效应。汇率正向波动增加时，技术对资本的负向冲击效应加剧,并且收敛到稳态的时间延长;技术提升有助于提高国内的外汇储备,对外汇储备的冲击时间延长,收敛到稳态的时间延长。为了避免汇率波动对本国经济的负向作用,不是简单地增加汇率稳定的决策权重,而是在测算和把握全球金融周期规律和国内对国际金融波动较为敏感的进出口行业周期规律的基础上,选择独立性货币政策,允许汇率在一定幅度内波动,在紧迫期实施结构性资本管制,在非常时期直接实施实质性公开干预,以稳定汇率市场和金融市场。

(6)通过归纳比较德国、日本和中国台湾在本币升值过程中企业调整升级的经验,反思我国应对汇率波动的政策措施。德国鼓励企业通过重视科学研究,拥有先进的技术装备,不断地开发出新的产品以及提高产品和服务质量,从而在激烈的国际市场竞争中站稳脚跟,通过获取利润特别是超额利润来寻求发展。日本企业为了克服日元升值对产品国际竞争力的负面影响,增加了技术研发投资,从原来的利用增加产品数量、降低成本来提高产品竞争力,转变为通过提升产品附加值来提升竞争力。中国台湾企业主要是积极融入跨国公司全球产业链并沿着价值链攀升,同时中小企业的兼并重组也加快了企业的优胜劣汰和技术进步。这些企业都在本币升值时期加快了对外投资和产业转移步伐,从而降低了企业面临的汇率风险。这些经验对于我国制造业在人民币汇率升值背景下提升技术进步具有重要的借鉴意义。

本书研究的不足和进一步研究的方向:因为缺乏微观的企业数据,未深入分析汇率的选择机制所发挥的作用,只能局限于对行业的分析;另外,不同行业没有分时段,且没有考虑生产率高低不同的行业可能对汇率升值反应的不同。不同行业对汇率升值的反应可能存在门阀效应,即在一定的升值幅度下,可能对于生产率是促进作用,但超过一定的阀值,可能起到负面作用。这些需要在今后的研究中进行深入分析。

附录1　按照技术水平划分的标准产业

按照技术水平划分的标准产业分组，中高技术产业（9个）包括医药制造业、电子及通信设备制造业、专用设备制造业、仪器仪表文化办公用机械制造业、化学原料及化学制品制造业、化学纤维制造业、通用设备制造业、电气机械及器材制造业、交通运输设备制造业；中低技术产业（18个）包括橡胶制品业、塑料制品业、非金属制品业、黑色金属冶炼及压延加工业、有色金属冶炼及压延加工业、金属制品业、农副食品加工业、食品制造业、饮料制造业、烟草加工业、纺织业、皮革毛皮羽毛（绒）及其制品业、纺织服装鞋帽制造业、木材加工及木竹藤草制品业、家具制造业、造纸及纸制品业、印刷业和记录媒介的复制业及文教体育用品制造业。

附录 2 各行业实际有效汇率

年份	行业	出口实际汇率	进口实际汇率	进出口实际汇率
	非金属矿采选业	29.09	34.01	30.15
	食品加工业	98.07	42.06	83.34
	饮料制造业	1.35	6.27	2.12
	烟草加工业	127.97	0.41	108.25
	纺织业	14.30	41.11	26.74
	服装及其他纤维制品制造业	4.03	19.27	4.55
	皮革毛皮羽绒及其制品业	1.65	82.27	14.44
	木材加工及竹藤棕草制品业	4.68	882.96	433.97
	家具制造业	2.23	34.49	3.29
	造纸及纸制品业	1.69	338.96	279.37
	印刷业和记录媒介的复制	2.00	23.56	14.41
1998	文教体育用品制造业	1.36	20.46	2.85
	化学原料及制品制造业	12.33	37.77	30.05
	医药制造业	9.16	9.90	9.34
	化学纤维制造业	62.11	35.92	41.21
	橡胶制品业	0.87	23.12	6.68
	塑料制品业	5.48	41.47	33.42
	非金属矿物制品业	2.53	33.95	11.05
	黑色金属冶炼及压延加工业	67.65	44.51	48.95
	有色金属冶炼及压延加工业	22.20	29.80	26.56
	金属制品业	1.53	22.70	6.40
	普通机械制造业	5.18	11.48	9.45
	专用设备制造业	2.47	12.67	10.45

续表

年份	行业	出口实际汇率	进口实际汇率	进出口实际汇率
1998	交通运输设备制造业	11.06	2.69	7.07
	电气机械及器材制造业	10.53	24.59	18.20
	电子及通信设备制造业	4.90	10.97	7.01
	仪器仪表文化办公用机械制造业	2.47	5.34	3.67
1999	非金属矿采选业	24.60	6.18	18.53
	食品加工业	43.23	86.20	56.60
	饮料制造业	2.98	0.10	2.36
	烟草加工业	248.40	1.56	197.41
	纺织业	13.96	53.37	32.06
	服装及其他纤维制品制造业	7.61	15.40	7.89
	皮革毛皮羽绒及其制品业	3.73	55.34	11.93
	木材加工及竹藤棕草制品业	11.33	458.53	202.26
	家具制造业	2.01	0.79	1.97
	造纸及纸制品业	4.25	208.48	179.77
	印刷业记录媒介的复制业	1.52	20.33	11.85
	文教体育用品制造业	1.16	19.75	2.82
	化学原料及制品制造业	44.96	63.96	58.98
	医药制造业	6.77	1.20	4.94
	化学纤维制造业	116.05	30.90	59.48
	橡胶制品业	33.80	25.20	30.85
	塑料制品业	1.34	25.22	10.08
	非金属矿物制品业	6.31	15.98	9.23
	黑色金属冶炼及压延加工业	29.13	35.78	34.04
	有色金属冶炼及压延加工业	23.91	29.00	27.12
	金属制品业	1.26	22.44	5.87
	普通机械制造业	2.11	3.39	2.97
	专用设备制造业	3.76	3.71	3.71
	交通运输设备制造业	8.55	4.80	6.72
	电气机械及器材制造业	8.63	21.85	15.92
	电子及通信设备制造业	6.17	11.27	8.09

续表

年份	行业	出口实际汇率	进口实际汇率	进出口实际汇率
1999	仪器仪表文化办公用机械制造业	2.18	3.92	3.00
2000	非金属矿采选业	20.27	1.58	12.84
	食品加工业	20.80	72.85	36.90
	饮料制造业	3.30	0.20	2.48
	烟草加工业	200.60	0.83	16.05
	纺织业	12.03	57.34	32.11
	服装及其他纤维制品制造业	8.96	12.82	9.08
	皮革毛皮羽绒及其制品业	1.47	52.28	9.77
	木材加工及竹藤棕草制品业	10.98	456.03	186.13
	家具制造业	2.04	0.75	1.99
	造纸及纸制品业	0.30	242.06	199.68
	印刷业记录媒介的复制业	1.52	22.00	12.28
	文教体育用品制造业	1.04	15.57	2.43
	化学原料及制品制造业	12.79	25.47	22.41
	医药制造业	5.88	1.21	4.26
	化学纤维制造业	128.95	24.54	53.35
	橡胶制品业	49.91	16.66	40.39
	塑料制品业	5.55	21.46	18.00
	非金属矿物制品业	7.32	13.32	9.35
	黑色金属冶炼及压延加工业	68.89	32.82	44.07
	有色金属冶炼及压延加工业	20.75	25.44	23.88
	金属制品业	1.14	20.90	4.69
	普通机械制造业	47.28	11.53	24.92
	专用设备制造业	48.09	12.47	21.05
	交通运输设备制造业	55.41	5.64	34.71
	电气机械及器材制造业	8.66	20.61	15.56
	电子及通信设备制造业	1.75	11.85	5.68
	仪器仪表文化办公用机械制造业	4.89	9.98	6.99
2001	非金属矿采选业	21.07	1.90	13.43
	食品加工业	22.94	1.46	16.32

续表

年份	行业	出口实际汇率	进口实际汇率	进出口实际汇率
	饮料制造业	1.32	0.19	0.39
	烟草加工业	214.50	0.18	126.79
	纺织业	12.11	36.44	22.51
	服装及其他纤维制品制造业	12.00	13.09	12.04
	皮革毛皮羽绒及其制品业	5.93	53.55	13.48
	木材加工及竹藤棕草制品业	13.05	442.67	140.27
	家具制造业	2.54	5.66	2.68
	造纸及纸制品业	6.42	192.64	157.49
	印刷业记录媒介的复制业	0.99	3.27	2.16
	文教体育用品制造业	1.40	14.94	2.91
	化学原料及制品制造业	45.37	26.43	31.13
	医药制造业	6.36	0.96	4.30
2001	化学纤维制造业	25.68	21.00	22.02
	橡胶制品业	4.37	17.49	8.47
	塑料制品业	1.58	25.60	9.91
	非金属矿物制品业	11.25	17.87	13.50
	黑色金属冶炼及压延加工业	24.66	32.42	30.66
	有色金属冶炼及压延加工业	23.11	26.33	25.20
	金属制品业	4.85	21.86	8.40
	普通机械制造业	49.93	12.70	26.53
	专用设备制造业	41.47	13.43	19.73
	交通运输设备制造业	8.89	6.18	7.47
	电气机械及器材制造业	9.45	20.54	16.02
	电子及通信设备制造业	8.27	14.53	10.34
	仪器仪表文化办公用机械制造业	1.98	7.13	4.57
	非金属矿采选业	21.46	1.81	12.81
	食品加工业	24.85	61.16	36.25
2002	饮料制造业	3.01	5.79	3.59
	烟草加工业	203.79	0.10	130.53
	纺织业	10.53	53.40	27.18

续表

年份	行业	出口实际汇率	进口实际汇率	进出口实际汇率
2002	服装及其他纤维制品制造业	12.62	13.98	12.66
	皮革毛皮羽绒及其制品业	4.63	40.01	10.00
	木材加工及竹藤棕草制品业	13.92	359.72	103.15
	家具制造业	2.11	1.46	2.08
	造纸及纸制品业	6.81	164.28	133.51
	印刷业记录媒介的复制业	0.44	16.31	7.44
	文教体育用品制造业	1.16	14.34	2.71
	化学原料及制品制造业	41.73	23.77	28.11
	医药制造业	6.42	6.24	6.35
	化学纤维制造业	57.29	16.57	26.32
	橡胶制品业	7.34	17.37	10.41
	塑料制品业	1.60	24.85	9.54
	非金属矿物制品业	14.35	15.71	14.80
	黑色金属冶炼及压延加工业	90.73	25.51	38.32
	有色金属冶炼及压延加工业	28.18	25.63	26.49
	金属制品业	5.09	19.50	8.06
	普通机械制造业	43.11	11.86	23.51
	专用设备制造业	81.87	4.44	20.39
	交通运输设备制造业	7.46	7.72	7.60
	电气机械及器材制造业	8.88	19.33	15.30
	电子及通信设备制造业	6.11	29.48	12.79
	仪器仪表文化办公用机械制造业	1.75	14.75	8.24
2003	非金属矿采选业	19.11	1.59	10.16
	食品加工业	45.03	69.98	53.04
	饮料制造业	3.97	0.08	2.96
	烟草加工业	170.39	0.13	105.01
	纺织业	8.02	27.87	14.88
	服装及其他纤维制品制造业	1.08	12.85	10.85
	皮革毛皮羽绒及其制品业	5.14	30.57	8.93
	木材加工及竹藤棕草制品业	11.17	350.52	95.25

续表

年份	行业	出口实际汇率	进口实际汇率	进出口实际汇率
2003	家具制造业	1.81	13.89	2.47
	造纸及纸制品业	6.24	123.95	98.36
	印刷业记录媒介的复制业	1.10	15.54	7.15
	文教体育用品制造业	1.08	11.73	2.45
	化学原料及制品制造业	30.64	38.36	36.54
	医药制造业	5.72	1.43	4.12
	化学纤维制造业	56.43	11.80	20.20
	橡胶制品业	4.56	16.63	9.01
	塑料制品业	1.50	23.91	9.42
	非金属矿物制品业	12.74	13.88	13.11
	黑色金属冶炼及压延加工业	102.54	80.50	84.45
	有色金属冶炼及压延加工业	30.33	14.75	20.20
	金属制品业	4.87	20.24	8.30
	普通机械制造业	17.78	12.86	14.73
	专用设备制造业	31.59	14.32	17.83
	交通运输设备制造业	30.80	11.41	20.39
	电气机械及器材制造业	8.17	19.17	15.16
	电子及通信设备制造业	4.82	22.25	9.43
	仪器仪表文化办公用机械制造业	3.84	25.32	15.33
2004	非金属矿采选业	17.21	1.53	8.25
	食品加工业	17.89	69.26	38.62
	饮料制造业	1.46	6.08	2.70
	烟草加工业	66.01	0.12	42.13
	纺织业	7.08	26.09	13.05
	服装及其他纤维制品制造业	9.65	11.20	9.69
	皮革毛皮羽绒及其制品业	4.87	24.72	7.82
	木材加工及竹藤棕草制品业	8.30	360.86	71.99
	家具制造业	1.63	14.59	2.28
	造纸及纸制品业	5.76	116.55	92.07
	印刷业记录媒介的复制业	1.16	13.39	5.82

续表

年份	行业	出口实际汇率	进口实际汇率	进出口实际汇率
2004	文教体育用品制造业	1.04	10.24	2.36
	化学原料及制品制造业	85.90	26.40	40.57
	医药制造业	6.15	1.33	4.37
	化学纤维制造业	13.47	7.39	8.14
	橡胶制品业	4.32	149.93	53.28
	塑料制品业	1.50	24.57	9.74
	非金属矿物制品业	11.19	11.98	33.90
	黑色金属冶炼及压延加工业	100.16	29.04	55.52
	有色金属冶炼及压延加工业	23.43	25.27	24.54
	金属制品业	4.65	21.37	8.22
	普通机械制造业	12.62	13.14	12.93
	专用设备制造业	36.44	14.23	18.84
	交通运输设备制造业	5.77	10.21	10.21
	电气机械及器材制造业	8.62	20.12	15.92
	电子及通信设备制造业	4.99	18.26	8.09
	仪器仪表文化办公用机械制造业	3.49	30.39	18.36
2005	非金属矿采选业	15.61	1.42	7.00
	食品加工业	30.11	79.37	47.36
	饮料制造业	3.47	0.10	2.18
	烟草加工业	92.20	0.15	53.84
	纺织业	6.39	23.29	11.02
	服装及其他纤维制品制造业	7.20	10.76	7.28
	皮革毛皮羽绒及其制品业	1.36	19.54	3.77
	木材加工及竹藤棕草制品业	6.97	314.34	46.86
	家具制造业	1.57	18.01	2.15
	造纸及纸制品业	6.21	112.12	83.47
	印刷业记录媒介的复制业	1.11	2.61	1.64
	文教体育用品制造业	0.95	10.52	2.35
	化学原料及制品制造业	30.39	37.53	35.63
	医药制造业	5.55	1.41	3.98

续表

年份	行业	出口实际汇率	进口实际汇率	进出口实际汇率
2005	化学纤维制造业	12.16	6.10	6.99
	橡胶制品业	3.82	20.76	8.40
	塑料制品业	1.55	25.76	9.79
	非金属矿物制品业	8.71	3.25	7.21
	黑色金属冶炼及压延加工业	83.14	25.78	37.26
	有色金属冶炼及压延加工业	22.09	23.26	22.80
	金属制品业	4.87	21.34	8.01
	普通机械制造业	6.13	12.35	9.63
	专用设备制造业	36.38	13.93	20.41
	交通运输设备制造业	4.94	16.41	9.72
	电气机械及器材制造业	9.01	22.92	17.78
	电子及通信设备制造业	5.48	36.06	12.11
	仪器仪表文化办公用机械制造业	3.20	27.86	16.38
2006	非金属矿采选业	15.16	1.48	6.92
	食品加工业	15.40	92.97	41.89
	饮料制造业	3.93	2.42	3.21
	烟草加工业	92.09	0.15	5.07
	纺织业	46.80	21.12	40.35
	服装及其他纤维制品制造业	6.75	10.80	6.82
	皮革毛皮羽绒及其制品业	4.53	15.52	6.02
	木材加工及竹藤棕草制品业	7.28	218.76	25.44
	家具制造业	1.40	17.17	1.95
	造纸及纸制品业	6.57	87.28	61.33
	印刷业记录媒介的复制业	0.41	2.79	1.20
	文教体育用品制造业	0.94	2.63	1.19
	化学原料及制品制造业	35.03	20.66	24.75
	医药制造业	6.05	1.31	4.26
	化学纤维制造业	12.34	4.21	5.41
	橡胶制品业	3.80	15.62	7.35
	塑料制品业	1.72	24.95	9.44

年份	行业	出口实际汇率	进口实际汇率	进出口实际汇率
2006	非金属矿物制品业	8.15	8.09	8.13
	黑色金属冶炼及压延加工业	103.23	26.16	72.46
	有色金属冶炼及压延加工业	23.35	22.35	22.80
	金属制品业	5.20	20.20	7.91
	普通机械制造业	6.10	11.83	9.09
	专用设备制造业	4.88	13.42	10.66
	交通运输设备制造业	4.34	11.65	7.56
	电气机械及器材制造业	7.84	1.11	15.43
	电子及通信设备制造业	3.94	32.76	9.81
	仪器仪表文化办公用机械制造业	3.36	25.96	15.27
2007	非金属矿采选业	15.93	68.37	3.13
	食品加工业	16.40	125.22	46.62
	饮料制造业	2.22	12.13	7.49
	烟草加工业	158.42	0.46	85.98
	纺织业	59.55	21.26	50.78
	服装及其他纤维制品制造业	6.32	9.96	6.38
	皮革毛皮羽绒及其制品业	3.34	14.55	4.77
	木材加工及竹藤棕草制品业	6.97	166.14	18.67
	家具制造业	1.41	11.45	1.79
	造纸及纸制品业	29.92	77.57	61.47
	印刷业记录媒介的复制业	1.09	11.49	4.19
	文教体育用品制造业	1.20	6.87	2.16
	化学原料及制品制造业	63.34	33.27	42.39
	医药制造业	7.02	1.27	4.76
	化学纤维制造业	11.60	0.12	3.69
	橡胶制品业	3.44	14.77	6.44
	塑料制品业	4.48	25.30	11.52
	非金属矿物制品业	9.32	3.16	7.72
	黑色金属冶炼及压延加工业	146.22	23.74	107.14
	有色金属冶炼及压延加工业	20.97	53.57	41.51

续表

年份	行业	出口实际汇率	进口实际汇率	进出口实际汇率
2007	金属制品业	5.56	15.70	7.27
	普通机械制造业	5.04	12.55	8.51
	专用设备制造业	81.26	14.77	38.85
	交通运输设备制造业	4.88	11.21	7.37
	电气机械及器材制造业	38.89	20.96	28.04
	电子及通信设备制造业	1.15	15.74	3.79
	仪器仪表文化办公用机械制造业	4.16	29.38	16.70
2008	非金属矿采选业	74.14	1.69	23.71
	食品加工业	16.03	185.65	100.47
	饮料制造业	1.82	3.92	3.06
	烟草加工业	203.28	0.18	98.66
	纺织业	90.12	25.75	77.28
	服装及其他纤维制品制造业	2.68	10.47	2.82
	皮革毛皮羽绒及其制品业	3.16	16.61	4.64
	木材加工及竹藤棕草制品业	8.06	182.58	20.22
	家具制造业	1.51	13.07	1.92
	造纸及纸制品业	8.06	83.27	59.59
	印刷业记录媒介的复制业	0.98	3.16	1.60
	文教体育用品制造业	1.32	9.65	2.44
	化学原料及制品制造业	57.78	24.77	35.55
	医药制造业	7.99	1.13	5.21
	化学纤维制造业	13.72	5.52	7.35
	橡胶制品业	4.17	14.86	7.14
	塑料制品业	1.82	29.85	11.07
	非金属矿物制品业	11.91	10.78	11.64
	黑色金属冶炼及压延加工业	91.90	31.42	75.16
	有色金属冶炼及压延加工业	26.80	30.75	29.25
	金属制品业	7.59	23.16	10.17
	普通机械制造业	41.78	15.56	30.23
	专用设备制造业	41.99	17.54	28.05

年份	行业	出口实际汇率	进口实际汇率	进出口实际汇率
2008	交通运输设备制造业	5.61	12.82	8.23
	电气机械及器材制造业	10.65	26.86	19.91
	电子及通信设备制造业	8.34	19.34	10.28
	仪器仪表文化办公用机械制造业	6.73	34.34	20.60
2009	非金属矿采选业	25.79	0.73	9.83
	食品加工业	37.88	114.21	68.15
	饮料制造业	1.55	0.13	0.71
	烟草加工业	178.60	0.20	91.18
	纺织业	101.79	2.85	87.15
	服装及其他纤维制品制造业	2.64	12.42	2.80
	皮革毛皮羽绒及其制品业	3.18	74.99	10.44
	木材加工及竹藤棕草制品业	8.29	100.36	14.36
	家具制造业	1.38	19.50	2.09
	造纸及纸制品业	2.13	12.02	8.67
	印刷业记录媒介的复制业	1.01	4.24	2.07
	文教体育用品制造业	1.30	10.80	2.69
	化学原料及制品制造业	73.64	27.41	40.52
	医药制造业	8.62	0.98	5.28
	化学纤维制造业	18.14	6.17	8.76
	橡胶制品业	0.54	3.83	1.56
	塑料制品业	2.83	34.31	13.87
	非金属矿物制品业	13.09	3.00	10.72
	黑色金属冶炼及压延加工业	134.79	34.35	81.75
	有色金属冶炼及压延加工业	18.58	33.43	29.83
	金属制品业	10.23	27.95	13.55
	普通机械制造业	27.09	18.14	22.93
	专用设备制造业	44.69	19.09	29.56
	交通运输设备制造业	7.16	15.82	10.80
	电气机械及器材制造业	11.05	30.26	22.25
	电子及通信设备制造业	10.11	19.27	11.75
	仪器仪表文化办公用机械制造业	5.62	43.35	24.55

续表

年份	行业	出口实际汇率	进口实际汇率	进出口实际汇率
	非金属矿采选业	22.80	1.37	8.85
	食品加工业	52.52	95.10	70.19
	饮料制造业	1.43	0.13	0.59
	烟草加工业	193.24	0.14	108.93
	纺织业	125.49	25.46	106.78
	服装及其他纤维制品制造业	2.37	11.23	2.53
	皮革毛皮羽绒及其制品业	1.29	84.77	9.79
	木材加工及竹藤棕草制品业	6.98	88.19	12.27
	家具制造业	1.20	19.02	1.92
	造纸及纸制品业	1.77	15.50	11.44
	印刷业记录媒介的复制业	1.02	4.27	2.10
	文教体育用品制造业	1.05	10.70	2.54
	化学原料及制品制造业	60.84	37.12	44.26
2010	医药制造业	6.64	0.97	4.21
	化学纤维制造业	15.18	1.55	4.09
	橡胶制品业	0.62	3.70	1.65
	塑料制品业	1.54	31.36	12.65
	非金属矿物制品业	10.96	3.03	8.83
	黑色金属冶炼及压延加工业	114.61	35.10	83.78
	有色金属冶炼及压延加工业	18.39	32.28	28.57
	金属制品业	8.63	25.50	11.83
	普通机械制造业	37.86	18.94	28.10
	专用设备制造业	72.56	19.57	38.42
	交通运输设备制造业	7.02	14.55	10.24
	电气机械及器材制造业	9.42	29.79	20.98
	电子及通信设备制造业	8.64	16.44	9.97
	仪器仪表文化办公用机械制造业	7.74	42.69	25.82
	非金属矿采选业	22.01	1.43	7.98
2011	食品加工业	95.07	153.40	120.15
	饮料制造业	1.36	0.17	0.54

续表

年份	行业	出口实际汇率	进口实际汇率	进出口实际汇率
2011	烟草加工业	240.94	0.14	120.67
	纺织业	137.32	25.55	118.67
	服装及其他纤维制品制造业	2.39	98.35	4.83
	皮革毛皮羽绒及其制品业	1.16	144.23	15.25
	木材加工及竹藤棕草制品业	8.59	91.19	13.57
	家具制造业	1.24	15.97	1.91
	造纸及纸制品业	6.88	67.09	46.15
	印刷业记录媒介的复制业	3.32	22.44	6.81
	文教体育用品制造业	1.27	17.31	3.85
	化学原料及制品制造业	22.54	43.27	36.69
	医药制造业	6.31	0.12	3.28
	化学纤维制造业	64.82	1.01	13.32
	橡胶制品业	3.57	3.61	3.59
	塑料制品业	1.45	33.87	12.56
	非金属矿物制品业	10.09	2.62	7.87
	黑色金属冶炼及压延加工业	87.94	36.46	71.01
	有色金属冶炼及压延加工业	19.75	13.70	15.48
	金属制品业	8.18	24.40	11.05
	普通机械制造业	38.81	18.69	29.68
	专用设备制造业	42.45	21.40	29.37
	交通运输设备制造业	6.66	13.51	9.64
	电气机械及器材制造业	9.29	29.67	20.57
	电子及通信设备制造业	8.58	18.69	10.40
	仪器仪表文化办公用机械制造业	8.68	41.67	25.51

附录3　各行业出口加成比例和净风险暴露

年份	行业	出口加成比例	净风险暴露
	非金属矿采选业	0.33	0.15
	食品加工业	0.11	0.10
	饮料制造业	0.49	0.01
	烟草加工业	1.17	0.02
	纺织业	0.12	-0.03
	服装及其他纤维制品制造业	0.16	1.18
	皮革毛皮羽绒及其制品业	0.12	0.64
	木材加工及竹藤棕草制品业	0.14	-0.04
	家具制造业	0.21	0.76
	造纸及纸制品业	0.20	-0.34
	印刷业记录媒介的复制业	0.28	-0.06
1998	文教体育用品制造业	0.18	1.28
	化学原料及制品制造业	0.22	-0.30
	医药制造业	0.48	0.06
	化学纤维制造业	0.15	-0.25
	橡胶制品业	0.22	0.05
	塑料制品业	0.18	-0.09
	非金属矿物制品业	0.22	0.05
	黑色金属冶炼及压延加工业	0.13	-0.12
	有色金属冶炼及压延加工业	0.13	-0.09
	金属制品业	0.17	0.15
	普通机械制造业	0.25	-0.36
	专用设备制造业	0.23	-0.42

续表

年份	行业	出口加成比例	净风险暴露
1998	交通运输设备制造业	0.20	−0.03
	电气机械及器材制造业	0.26	−0.19
	电子及通信设备制造业	0.19	0.10
	仪器仪表文化办公用机械制造业	0.20	0.04
1999	非金属矿采选业	0.36	0.06
	食品加工业	0.23	0.12
	饮料制造业	0.48	0.01
	烟草加工业	0.61	0.01
	纺织业	0.30	−0.03
	服装及其他纤维制品制造业	0.27	1.16
	皮革毛皮羽绒及其制品业	0.27	0.66
	木材加工及竹藤棕草制品业	0.28	0.00
	家具制造业	0.32	0.86
	造纸及纸制品业	0.32	−0.41
	印刷业记录媒介的复制业	0.35	−0.05
	文教体育用品制造业	0.23	1.26
	化学原料及制品制造业	0.32	−0.40
	医药制造业	0.48	0.02
	化学纤维制造业	0.28	−0.14
	橡胶制品业	0.35	0.03
	塑料制品业	0.28	0.05
	非金属矿物制品业	0.34	0.04
	黑色金属冶炼及压延加工业	0.30	−0.15
	有色金属冶炼及压延加工业	0.31	−0.15
	金属制品业	0.31	0.17
	普通机械制造业	0.42	−0.39
	专用设备制造业	0.41	−0.47
	交通运输设备制造业	0.36	−0.03
	电气机械及器材制造业	0.36	−0.26
	电子及通信设备制造业	0.30	0.06

续表

年份	行业	出口加成比例	净风险暴露
1999	仪器仪表文化办公用机械制造业	0.34	−0.22
2000	非金属矿采选业	0.25	0.03
	食品加工业	0.10	0.15
	饮料制造业	0.34	0.01
	烟草加工业	0.54	−0.02
	纺织业	0.13	0.00
	服装及其他纤维制品制造业	0.15	1.34
	皮革毛皮羽绒及其制品业	0.11	0.74
	木材加工及竹藤棕草制品业	0.15	0.04
	家具制造业	0.19	1.05
	造纸及纸制品业	0.18	−0.38
	印刷业记录媒介的复制业	0.23	−0.04
	文教体育用品制造业	0.21	1.40
	化学原料及制品制造业	0.19	−0.46
	医药制造业	0.38	0.02
	化学纤维制造业	0.16	−0.17
	橡胶制品业	0.16	0.08
	塑料制品业	0.15	−0.08
	非金属矿物制品业	0.19	0.04
	黑色金属冶炼及压延加工业	0.14	−0.16
	有色金属冶炼及压延加工业	0.16	−0.20
	金属制品业	0.15	0.28
	普通机械制造业	0.20	−0.32
	专用设备制造业	0.19	−0.46
	交通运输设备制造业	0.20	0.01
	电气机械及器材制造业	0.20	−0.34
	电子及通信设备制造业	0.18	0.04
	仪器仪表文化办公用机械制造业	0.19	0.20
2001	非金属矿采选业	0.18	0.02
	食品加工业	0.04	0.13

续表

年份	行业	出口加成比例	净风险暴露
2001	饮料制造业	0.19	0.01
	烟草加工业	0.50	-0.02
	纺织业	0.00	0.02
	服装及其他纤维制品制造业	0.06	1.20
	皮革毛皮羽绒及其制品业	0.01	0.69
	木材加工及竹藤棕草制品业	0.03	0.11
	家具制造业	0.06	0.96
	造纸及纸制品业	0.06	-0.31
	印刷业记录媒介的复制业	0.11	-0.03
	文教体育用品制造业	0.05	1.23
	化学原料及制品制造业	0.09	-0.45
	医药制造业	0.30	0.01
	化学纤维制造业	-0.03	-0.21
	橡胶制品业	0.09	0.07
	塑料制品业	0.06	0.07
	非金属矿物制品业	0.10	0.04
	黑色金属冶炼及压延加工业	0.00	-0.17
	有色金属冶炼及压延加工业	0.01	-0.17
	金属制品业	0.05	0.21
	普通机械制造业	0.02	-0.32
	专用设备制造业	0.03	-0.51
	交通运输设备制造业	0.03	-0.05
	电气机械及器材制造业	0.10	-0.36
	电子及通信设备制造业	0.03	0.13
	仪器仪表文化办公用机械制造业	0.06	-0.48
2002	非金属矿采选业	0.29	-0.03
	食品加工业	0.17	0.11
	饮料制造业	0.43	0.02
	烟草加工业	0.70	-0.01
	纺织业	0.18	0.06

续表

年份	行业	出口加成比例	净风险暴露
2002	服装及其他纤维制品制造业	0.19	1.20
	皮革毛皮羽绒及其制品业	0.18	0.65
	木材加工及竹藤棕草制品业	0.20	0.14
	家具制造业	0.24	1.06
	造纸及纸制品业	0.24	−0.30
	印刷业记录媒介的复制业	0.28	−0.01
	文教体育用品制造业	0.23	1.36
	化学原料及制品制造业	0.24	−0.47
	医药制造业	0.42	0.01
	化学纤维制造业	0.17	−0.20
	橡胶制品业	0.25	0.07
	塑料制品业	0.21	0.08
	非金属矿物制品业	0.24	0.04
	黑色金属冶炼及压延加工业	0.24	−0.20
	有色金属冶炼及压延加工业	0.23	−0.19
	金属制品业	0.22	0.22
	普通机械制造业	0.30	−0.34
	专用设备制造业	0.31	−0.56
	交通运输设备制造业	0.28	−0.05
	电气机械及器材制造业	0.25	−0.51
	电子及通信设备制造业	0.21	0.20
	仪器仪表文化办公用机械制造业	0.27	−0.54
2003	非金属矿采选业	0.24	−0.04
	食品加工业	0.12	0.14
	饮料制造业	0.34	0.02
	烟草加工业	0.64	0.01
	纺织业	0.12	0.13
	服装及其他纤维制品制造业	0.14	1.49
	皮革毛皮羽绒及其制品业	0.13	0.69
	木材加工及竹藤棕草制品业	0.14	0.18

年份	行业	出口加成比例	净风险暴露
2003	家具制造业	0.19	1.19
	造纸及纸制品业	0.16	−0.27
	印刷业记录媒介的复制业	0.21	0.01
	文教体育用品制造业	0.15	1.48
	化学原料及制品制造业	0.19	−0.47
	医药制造业	0.37	0.06
	化学纤维制造业	0.11	−0.23
	橡胶制品业	0.19	0.07
	塑料制品业	0.14	0.10
	非金属矿物制品业	0.19	0.07
	黑色金属冶炼及压延加工业	0.18	−0.21
	有色金属冶炼及压延加工业	0.15	−0.17
	金属制品业	0.14	0.27
	普通机械制造业	0.21	−0.27
	专用设备制造业	0.22	−0.51
	交通运输设备制造业	0.20	−0.04
	电气机械及器材制造业	0.18	−0.51
	电子及通信设备制造业	0.14	0.30
	仪器仪表文化办公用机械制造业	0.19	−0.57
2004	非金属矿采选业	0.24	−0.19
	食品加工业	0.12	0.04
	饮料制造业	0.33	0.01
	烟草加工业	0.44	−0.01
	纺织业	0.02	0.13
	服装及其他纤维制品制造业	0.16	1.28
	皮革毛皮羽绒及其制品业	0.14	0.60
	木材加工及竹藤棕草制品业	0.18	0.22
	家具制造业	0.21	1.09
	造纸及纸制品业	0.18	−0.25
	印刷业记录媒介的复制业	0.07	0.01

续表

年份	行业	出口加成比例	净风险暴露
2004	文教体育用品制造业	0.17	1.17
	化学原料及制品制造业	0.22	-0.47
	医药制造业	0.35	0.01
	化学纤维制造业	0.13	-0.31
	橡胶制品业	0.19	0.07
	塑料制品业	0.16	0.08
	非金属矿物制品业	0.19	0.05
	黑色金属冶炼及压延加工业	0.18	-0.09
	有色金属冶炼及压延加工业	0.16	-0.12
	金属制品业	0.17	0.23
	普通机械制造业	0.22	-0.26
	专用设备制造业	0.21	-0.50
	交通运输设备制造业	0.19	-0.03
	电气机械及器材制造业	0.20	-0.57
	电子及通信设备制造业	0.13	0.31
	仪器仪表文化办公用机械制造业	0.19	-1.05
2005	非金属矿采选业	0.26	-0.24
	食品加工业	0.12	0.06
	饮料制造业	0.32	0.00
	烟草加工业	0.73	-0.02
	纺织业	0.18	0.14
	服装及其他纤维制品制造业	0.16	1.23
	皮革毛皮羽绒及其制品业	0.13	0.57
	木材加工及竹藤棕草制品业	0.14	0.21
	家具制造业	0.16	0.93
	造纸及纸制品业	0.15	-0.20
	印刷业记录媒介的复制业	0.28	0.02
	文教体育用品制造业	0.14	1.10
	化学原料及制品制造业	0.18	-0.42
	医药制造业	0.35	0.01

续表

年份	行业	出口加成比例	净风险暴露
2005	化学纤维制造业	0.09	−0.23
	橡胶制品业	0.16	0.10
	塑料制品业	0.01	0.07
	非金属矿物制品业	0.17	0.06
	黑色金属冶炼及压延加工业	0.13	−0.06
	有色金属冶炼及压延加工业	0.14	−0.12
	金属制品业	0.14	0.25
	普通机械制造业	0.19	−0.21
	专用设备制造业	0.18	−0.31
	交通运输设备制造业	0.15	0.01
	电气机械及器材制造业	0.16	−0.60
	电子及通信设备制造业	0.11	0.34
	仪器仪表文化办公用机械制造业	0.17	−0.90
2006	非金属矿采选业	0.25	−0.17
	食品加工业	0.14	0.05
	饮料制造业	0.31	−0.01
	烟草加工业	0.66	−0.03
	纺织业	0.12	0.14
	服装及其他纤维制品制造业	0.16	1.25
	皮革毛皮羽绒及其制品业	0.14	0.53
	木材加工及竹藤棕草制品业	0.16	0.22
	家具制造业	0.18	0.87
	造纸及纸制品业	0.15	−0.16
	印刷业记录媒介的复制业	0.20	0.02
	文教体育用品制造业	0.15	1.06
	化学原料及制品制造业	0.17	−0.35
	医药制造业	0.33	0.01
	化学纤维制造业	0.08	−0.22
	橡胶制品业	0.16	0.09
	塑料制品业	0.22	0.07

续表

年份	行业	出口加成比例	净风险暴露
2006	非金属矿物制品业	0.17	0.06
	黑色金属冶炼及压延加工业	0.12	0.01
	有色金属冶炼及压延加工业	0.16	−0.07
	金属制品业	0.15	0.25
	普通机械制造业	0.18	−0.13
	专用设备制造业	0.20	−0.25
	交通运输设备制造业	0.17	0.00
	电气机械及器材制造业	0.17	−0.54
	电子及通信设备制造业	0.11	0.35
	仪器仪表文化办公用机械制造业	0.17	−0.80
2007	非金属矿采选业	0.26	−0.20
	食品加工业	0.15	0.03
	饮料制造业	0.31	−0.01
	烟草加工业	0.68	−0.04
	纺织业	0.13	0.14
	服装及其他纤维制品制造业	0.17	1.17
	皮革毛皮羽绒及其制品业	0.15	0.47
	木材加工及竹藤棕草制品业	0.17	0.17
	家具制造业	0.18	0.82
	造纸及纸制品业	0.16	−0.14
	印刷业记录媒介的复制业	0.20	0.03
	文教体育用品制造业	0.16	1.05
	化学原料及制品制造业	0.19	−0.31
	医药制造业	0.33	0.00
	化学纤维制造业	0.12	−0.13
	橡胶制品业	0.16	0.11
	塑料制品业	0.15	0.06
	非金属矿物制品业	0.19	0.05
	黑色金属冶炼及压延加工业	0.15	0.04
	有色金属冶炼及压延加工业	0.14	−0.10

年份	行业	出口加成比例	净风险暴露
2007	金属制品业	0.15	0.24
	普通机械制造业	0.20	−0.04
	专用设备制造业	0.21	−0.19
	交通运输设备制造业	0.19	0.02
	电气机械及器材制造业	0.17	−0.44
	电子及通信设备制造业	0.12	0.37
	仪器仪表文化办公用机械制造业	0.18	−0.53
2008	非金属矿采选业	0.26	−0.24
	食品加工业	0.13	−0.02
	饮料制造业	0.30	−0.01
	烟草加工业	0.71	−0.02
	纺织业	0.12	0.15
	服装及其他纤维制品制造业	0.17	0.90
	皮革毛皮羽绒及其制品业	0.15	0.46
	木材加工及竹藤棕草制品业	0.17	0.11
	家具制造业	0.17	0.70
	造纸及纸制品业	0.15	−0.12
	印刷业记录媒介的复制业	0.19	0.04
	文教体育用品制造业	0.14	1.07
	化学原料及制品制造业	0.17	−0.22
	医药制造业	0.33	0.01
	化学纤维制造业	0.06	−0.12
	橡胶制品业	0.15	0.09
	塑料制品业	0.14	0.06
	非金属矿物制品业	0.19	0.05
	黑色金属冶炼及压延加工业	0.11	0.06
	有色金属冶炼及压延加工业	0.11	−0.07
	金属制品业	0.15	0.21
	普通机械制造业	0.20	0.01
	专用设备制造业	0.21	−0.08

续表

年份	行业	出口加成比例	净风险暴露
2008	交通运输设备制造业	0.18	0.04
	电气机械及器材制造业	0.17	− 0.24
	电子及通信设备制造业	0.11	0.34
	仪器仪表文化办公用机械制造业	0.18	− 0.40
2009	非金属矿采选业	0.22	− 0.08
	食品加工业	0.13	0.01
	饮料制造业	0.28	− 0.01
	烟草加工业	0.71	− 0.03
	纺织业	0.12	0.12
	服装及其他纤维制品制造业	0.15	0.70
	皮革毛皮羽绒及其制品业	0.14	0.39
	木材加工及竹藤棕草制品业	0.14	0.07
	家具制造业	0.15	0.58
	造纸及纸制品业	0.14	− 0.10
	印刷业记录媒介的复制业	0.18	0.02
	文教体育用品制造业	0.12	0.76
	化学原料及制品制造业	0.16	− 0.22
	医药制造业	0.32	− 0.01
	化学纤维制造业	0.10	− 0.10
	橡胶制品业	0.16	0.06
	塑料制品业	0.14	0.04
	非金属矿物制品业	0.17	0.04
	黑色金属冶炼及压延加工业	0.09	− 0.02
	有色金属冶炼及压延加工业	0.11	− 0.13
	金属制品业	0.14	0.14
	普通机械制造业	0.15	− 0.02
	专用设备制造业	0.17	− 0.07
	交通运输设备制造业	0.17	0.01
	电气机械及器材制造业	0.17	− 0.23
	电子及通信设备制造业	0.11	0.29
	仪器仪表文化办公用机械制造业	0.19	− 0.38

续表

年份	行业	出口加成比例	净风险暴露
2010	非金属矿采选业	0.22	-0.09
	食品加工业	0.14	0.01
	饮料制造业	0.29	-0.01
	烟草加工业	0.70	-0.02
	纺织业	0.13	0.13
	服装及其他纤维制品制造业	0.17	0.71
	皮革毛皮羽绒及其制品业	0.16	0.41
	木材加工及竹藤棕草制品业	0.15	0.07
	家具制造业	0.17	0.58
	造纸及纸制品业	0.16	-0.13
	印刷业记录媒介的复制业	0.19	0.02
	文教体育用品制造业	0.15	0.70
	化学原料及制品制造业	0.18	-0.20
	医药制造业	0.32	0.00
	化学纤维制造业	0.13	-0.15
	橡胶制品业	0.16	0.06
	塑料制品业	0.15	0.03
	非金属矿物制品业	0.18	0.03
	黑色金属冶炼及压延加工业	0.11	0.01
	有色金属冶炼及压延加工业	0.14	-0.11
	金属制品业	0.15	0.13
	普通机械制造业	0.18	-0.08
	专用设备制造业	0.20	-0.11
	交通运输设备制造业	0.19	0.01
	电气机械及器材制造业	0.18	-0.20
	电子及通信设备制造业	0.13	0.30
	仪器仪表文化办公用机械制造业	0.19	-0.47
2011	非金属矿采选业	0.22	-0.11
	食品加工业	0.13	0.01
	饮料制造业	0.29	-0.01

续表

年份	行业	出口加成比例	净风险暴露
2011	烟草加工业	0.73	-0.02
	纺织业	0.13	0.14
	服装及其他纤维制品制造业	0.17	0.73
	皮革毛皮羽绒及其制品业	0.17	0.42
	木材加工及竹藤棕草制品业	0.15	0.07
	家具制造业	0.17	0.55
	造纸及纸制品业	0.15	-0.10
	印刷业记录媒介的复制业	0.18	0.02
	文教体育用品制造业	0.14	0.72
	化学原料及制品制造业	0.17	-0.17
	医药制造业	0.30	-0.02
	化学纤维制造业	0.11	-0.15
	橡胶制品业	0.15	0.08
	塑料制品业	0.15	0.05
	非金属矿物制品业	0.18	0.03
	黑色金属冶炼及压延加工业	0.09	0.02
	有色金属冶炼及压延加工业	0.12	-0.09
	金属制品业	0.15	0.14
	普通机械制造业	0.18	-0.01
	专用设备制造业	0.20	-0.09
	交通运输设备制造业	0.17	0.00
	电气机械及器材制造业	0.16	-0.16
	电子及通信设备制造业	0.12	0.27
	仪器仪表文化办公用机械制造业	0.19	-0.36

参考文献

外文参考文献

[1] Acemoglu D., "Credit Constraints, Investment Externalities and Growth", *ESE Discussion Papers*, 2009.

[2] Aghion P., P. Bacchetta, R. Rancière, K. Rogoff, "Exchange Rate Volatility and Productivity Growth: The Role of Financial Development", *Journal of Monetary Economics*, Vol. 56, No. 4, 2009, pp. 494 – 513.

[3] Aguiar M., "Investment, Devaluation and Foreign Currency Exposure: The Case of Mexico", *Journal of Development Economics*, Vol. 78, No. 1, 2005, pp. 95 – 113.

[4] Aizenman J., M. Mussa, "Exchange Rate Flexibility, Volatility and the Patterns of Domestic and Foreign Direct Investment", *Staff Papers*, International Monetary Fund, Vol. 39, No. 4, 1992, pp. 890 – 922.

[5] Alexandre Jeanneret, "Foreign Direct Investment and Exchange Rate Volatility: A Non – Linear Story", IMF Working Paper, 2008.

[6] Amiti M., J. Konings, "Trade Liberalization, Intermediate Inputs and Productivity: Evidence from Indonesia", *Cepr Discussion Papers*, No. 7, 2007.

[7] Antweiler W., D. Trefler, "Increasing Returns and All That: A View from Trade", *American Economic Review*, Vol. 92, No. 1, 2002, pp. 93 – 119.

[8] Arteta, C., B. Eichengreen, C. Wyplosz, "When Does Capital Ac-

count Liberalization Help More Than It Hurts?", In E. Helpman and E. Sadka, Eds., *Economic Policy in the International Economy: Essays in Honor of Assaf Razin*, UK: Cambridge University Press, 2003.

[9] Avinash K. Dixit and Robert S. Pindyck, *Investment under Uncertainty*, Princeton University Press, 1994.

[10] Aw Bee Yan, Sukkyun Chung and Mark J. Roberts, "Productivity and Turnover in the Export Market: Micro – Level Evidence from the Republic of Korea and Taiwan (China)", *World Bank Economic Review*, Vol. 14, 2000, pp. 65 – 90.

[11] Aw Bee Yan, Xiaomin Chen and Mark J. Roberts, "Firm – Level Evidence on Productivity Differentials and Turnover in Taiwanese Manufacturing", *Journal of Development Economics*, Vol. 66, 2001, pp. 51 – 86.

[12] Baggs Jen, Eugene Beaulieu and Loretta Fung, *Firm Survival, Performance and the Exchange Rate*, University of Calgary Discussion Paper, 2007.

[13] Bailey M. J., G. S. Tavlas, M. Obstfeld, "Trade and Investment under Floating Rates: The U. S. Experience", Springer Netherlands, Vol. 8, No. 143, 1989, pp. 1196 – 1196.

[14] Baily M. N., C. Hulten, D. Campbell, T. Bresnahan, R. E. Caves, "Productivity Dynamics in Manufacturing Plants", *Brookings Papers on Economic Activity Microeconomics*, 1992, pp. 187 – 267.

[15] Balassa B., "The Purchasing – Power Parity Doctrine: A Reappraisal", *Journal of Political Economy*, Vol. 72, No. 6, 1964, pp. 584 – 596.

[16] Battese and Coelli, "A Metafrontier Production Function for Estimation of Technical Efficiencies and Technology Gaps for Firms Operating Under Different Technologies", *Journal of Productivity Analysis*, Vol. 21, No. 1, pp. 91 – 103.

[17] Belay Seyoum, "The Role of Factor Conditions in High – Technology Exports: An Empiricial Examination", *The Journal of High Technology Management Research*, Vol. 15, No. 1, 2004, pp. 145 – 162.

[18] Ben Tomlin and Loretta Fung, *The Effect of Exchange Rate Movements on Heterogeneous Plants: A Quantile Regression Analysis*, Bank of Canada, Working Paper No. 25, 2010.

[19] Ben Tomlin, *Exchange Rate Fluctuations, Plant Turnover and Productivity*, Bank of Canada Working Paper No. 18, 2010.

[20] Bengui J. and J. Bianchi, *Capital Flow Management When Capital Controls Leak*, http: //www. ecb. europa. eu/events/pdf/conferences/140623/Bengui_ ShadowMP_ l. pdf? e57ee672701df1ead056d2aa4eff 35d4, 2014.

[21] Bernanke B. , *The Global Saving Glut and the US Current Account Deficit*, The Federal Reserve Board Speech, available at http: //www. federalreserve. gov/boarddocs/speeches/2005/200503102.

[22] Bernanke B. and Y. Gertler, "Should Central Banks Respond to Inviolation in Asset Prices?", *American Economic Review*, Vol. 21, 2001, pp. 253 – 257.

[23] Bernard A. B. , J. Eaton, J. B. Jensen, S. Kortum, "Plants and Productivity in International Trade", *American Economic Review*, Vol. 93, No. 4, 2003, pp. 1268 – 1290.

[24] Bhagwati J. , "The Capital Myth", *Foreign Affairs*, Vol. 77, 1998, pp. 7 – 12.

[25] Blonigen B. A. , "Firm – Specific Assets and the Link between Exchange Rates and Foreign Direct Investment", *American Economic Review*, Vol. 87, No. 3, 1997, pp. 447 – 465.

[26] Bodnar, Gordon M. and William M. Gentry, "Exchange – Rate Exposure, and Industry Characteristics: Evidence from Canada, Japan and U. S. A. ", *Journal of International Money and Finance*,

Vol. 12, 1993, pp. 29 – 45.

[27] Bugamelli, Schivardi and Zizza, "The Euro and Firm Restructuring", Bank of Italy, EIEF, CEPR No. 27, 2008.

[28] Caglayan M., F. Demir, "Firm Productivity, Exchange Rate Movements, Sources of Finance and Export Orientation", *Mpra Paper*, Vol. 54, No. 54, 2012, pp. 204 – 219.

[29] Campa J. and L. S. Goldberg, "Investment in Manufacturing, Exchange Rates and External Exposure", *Journal of International Economics*, Vol. 38, No. 3, 1995, pp. 297 – 320.

[30] Campa J. and L. S. Goldberg, "Investment, Pass – Through and Exchange Rates: A Cross – 32 Country Comparison", *Bank of Canada Review*, 1999, pp. 17 – 28.

[31] Carlaw K., S. Kosempel, "The Sources of Productivity Growth in Canada", Working Papers, 2000.

[32] Carranza L. J., J. M. Cayo, J. E. Galdón – Sánchez, "Exchange Rate Volatility and Economic Performance in Peru: A Firm Level Analysis", *Emerging Markets Review*, Vol. 4, No. 4, 2003, pp. 472 – 496.

[33] Cheung Y. W. and D. Rime, "The Offshore Renminbi Exchange Rate: Microstructure and Links to the Onshore Market", *Journal of International Money and Finance*, Vol. 49, 2014, pp. 170 – 189.

[34] Chia W. M., J. D. Alba, "Terms – of – Trade Shocks and Exchange Rate Regimes in a Small Open Economy", *Economic Record*, Vol. 82, No. s1, 2010, pp. S41 – S53.

[35] Christian P., M. Risse and S. Rohloff, "Fluctuations of the Real Exchange Rate, Real Interest Rates and the Dynamics of the Price of Gold in a Small Open Economy", *Empirical Economics*, Vol. 51, No. 4, 2016, pp. 1481 – 1499.

[36] Clarida, Richard, "The Real Exchange Rate and U. S. Manufacturing Profits: A Theoretical Framework with Some Empirical Support",

International Journal of Financeand Economics, Vol. 2, No. 3, 1997, pp. 177 – 188.

[37] Cushman D. O. , "Exchange – Rate Uncertainty and Foreign Direct Investment in the United States", *Weltwirtschaftliches Archiv*, Vol. 124, No. 2, 1988, pp. 322 – 336.

[38] Cushman D. O. , "Real Exchange Rate Risk, Expectations, and the Level of Direct Investment", *Review of Economics & Statistics*, Vol. 67, No. 2, 1985, pp. 297 – 308.

[39] C. Broda, Weinstein D. , "Globalization and the Gains from Variety", *Econometric Society North American Summer Meetings*, Vol. 121, No. 2, 2004, pp. 541 – 585.

[40] Danny Leung and Terence Yuen, *Do Exchange Rates Affect the Capital – Labour Ratio? Panel Evidence from Canadian Manufacturing Industries*, Bank of Canada Working Paper, 12, 2005.

[41] Disney R. , J. Haskel, Y. Heden, "Restructuring and Productivity Growth in UK Manufacturing", *The Economic Journal*, Vol. 113, No. 489, 2003, pp. 666 – 694.

[42] Dominguez K. M. , "Central Bank Intervention and Exchange Rate Volatility", *Journal of International Money and Finance*, Vol. 17, No. 1, 1998, pp. 161 – 190.

[43] Doms M. T. Dunne and M. J. Robert, "The Role of Technology Use in the Survival and Growth of Manufacturing Plants", *International Journal of Industrial Organization*, Vol. 13, No. 4, 1995, 523 – 542.

[44] Dornbusch, "Exchange Rates and Prices", *American Economic Review*, Vol. 77, No. 1, 1987, pp. 93 – 106.

[45] Duttagupta, Rupa and Antonio Spilimbergo, *What Happened to Asian Exports During the Crisis*", Washington: International Monetary Fund, 2000.

[46] Eichengreen B. , A. Rose and C. Wyplosz, "Contagious Currency

Crises: First Tests", *Scandinavian Journal of Economics*, Vol. 98, No. 4, 1996, pp. 463 – 484.

[47] Fare R., S. Grosskopf, B. Lindgren, P. Roos, "Prductivity Developments in Swedish Hospitals: A Malmquist Output Lndex Approach", Springer Netherlands, Vol. 45, No. 2, 1994, pp. 227 – 235.

[48] Feenstra R. C., H. L. Kee, "Export Variety and Country Productivity", *Social Science Electronic Publishing*, Vol. 74, No. 2, 2010, pp. 500 – 518.

[49] Feenstra R. C., "New Product Varieties and the Measurement of International Price", *American Economic Review*, Vol. 84, No. 1, 1994, pp. 157 – 177.

[50] Fenstra R. C., "Symmetric Pass – Through of Tariffs and Exchange Rates under Imperfect Competition: An Empirical Test", *Journal of International Economics*, Vol. 27, 1989.

[51] Forbes K., *Cheap Labor Meets Costly Capital: The Impact of Devaluations on Commodity Firms*, NBER Working Paper, Cambridge, Massachusetts: NBER, 2002a.

[52] Forbes K. and R. Rigobon, *Measuring Contagion: Conceptual and Empirical Issues*, International Financial Contagion: How It Spreads and How It Can Be Stopped, Conference 2000.

[53] Forbes K., *How Do Large Depreciations Affect Firm Performance?*, NBER Working Paper, Cambridge, Massachusetts: NBER, 2002b.

[54] Foster L., J. Haltiwanger and C. J. Krizan, "Aggregate Productivity Growth: Lessons from Microeconomic Evidence", *Social Science Electronic Publishing*, 1998, pp. 303 – 372.

[55] Foster L., J. Haltiwanger, C. J. Krizan, "The Link between Aggregate and Micro Productivity Growth: Evidence from Retail Trade", Working Papers, 2002.

[56] Fratzscher M., "Financial Market Integration in Europe: On the

Effects of EMU on Stock Markets", *International Journal of Finance and Economics*, Vol. 7, 2002, pp. 165 – 193.

[57] Fung L., J. T. Liu, "The Impact of Real Exchange Rate Movements on Firm Performance: A Case Study of Taiwanese Manufacturing Firms", *Japan & the World Economy*, Vol. 21, No. 1, 2009, pp. 85 – 96.

[58] Fung L., J. Baggs, E. Beaulieu, "Plant Scale and Exchange – Rate – Induced Productivity Growth", *Journal of Economics & Management Strategy*, Vol. 20, No. 4, 2011, pp. 1197 – 1230.

[59] Fung L., "Large Real Exchange Rate Movements, Firm Dynamics and Productivity Growth", *Canadian Journal of Economics*, Vol. 41, No. 2, 2004, pp. 391 – 424.

[60] Färe R., S. Grosskopf, M. Norris, "Productivity Growth, Technical Progress and Efficiency Change in Industrialized Countries: Reply", *American Economic Review*, Vol. 84, No. 5, 1994, pp. 1040 – 1044.

[61] Ghei, Nita and Lant Pritchett, "The Three Pessimisms: Real Exchange Rates and Trade Flows in Developing Countries", in *Exchange Rate Misalignment: Concepts and Measurement for Developing Countries*, Lawrence Hinkle and Peter Montiel eds., New York: Oxford University Press, 1999, pp. 467 – 496.

[62] Goldberg, L. S., Charles D. Kolstad, "Foreign Direct Investment, Exchange Rates Variability Demand Uncertainty", *International Economic Review*, Vol. 36, No. 4, 1995, pp. 855 – 873.

[63] Goldberg, L. S., M. W. Klein, "Foreign Direct Investment, Trade and Real Exchange Rate Linkages in Southeast Asia and Latin America", *Social Science Electronic Publishing*, 1998, pp. 73 – 100.

[64] Goodhart C. A., *Price Stability and Financial Fragility*, The Central Bank and the Financial System, Cambridge, MIT Press, 1995.

[65] Guo Jin, "Examining the Exchange Rate Regime for China", *Inter-*

national *Research Journal of Finance and Economics*, Vol. 1, No. 25, 2009, pp. 64 – 77.

[66] Hahn C. H. , "Entry, Exit and Aggregate Productivity Growth: Micro Evidence on Korean Manufacturing", Organization for Economic Cooperation and Development ECO/WKP (2000) 45.

[67] Haihong Gao, "Real Exchange Rate in China : A Long – Run Perspective", *China and World Economy*, Vol. 14, No. 4, 2006, pp. 21 – 37.

[68] Halkos, George E. , Tzeremes, Nickolaos G. , "Measuring Seaports' Productivity: A Malmquist Productivity Index Decomposition Approach", *Journal of Transport Economics and Policy*, Vol. 49, No. 2, 2015, pp. 355 – 376.

[69] Harris R. , *Is There a Case for Exchange Rate Induced Productivity Changes?*, Canadian Institute for Advanced Research Working Paper 164, 2001.

[70] Harrison, Ann, "Productivity, Imperfect Competition and Trade Reform", *Journal of International Economics*, Vol. 36, 1994, pp. 53 – 73.

[71] Hausman Ricardo, Hwang Jason and Rodrik Dani, *What You Export Matters*, NBER Working Paper, No. 11905, December, 2005.

[72] Head K. , J. Ries, "Rationalization Effects of Tariff Reductions", *Journal of International Economics*, Vol. 47, No. 2, 1999, pp. 295 – 320.

[73] Helpman E. , M. J. Melitz, S. R. Yeaple, "Export Versus FDI", *Social Science Electronic Publishing*, Vol. 94, No. 1, 2003, pp. 300 – 316.

[74] Hu M. , Y. Li , J. Yang, "Actual Intervention and Verbal Intervention in the Chinese RMB Exchange Rate", *International Reviews of Economics & Finance*, Vol. 43, 2016, pp. 499 – 508.

[75] Hudson A. , B. Straathof, "The Declining Impact of Exchange Rate

Volatility on Trade", *De Economist*, Vol. 158, No. 4, 2010, pp. 361 – 372.

[76] Hummels D., J. Levinsohn, "Product Differentiation as a Source of Comparative Advantage?", *American Economic Review*, Vol. 83, No. 2, 1993, pp. 445 – 449.

[77] Jeanneney S. G., P. Hua, Z. Liang, "Financial Development, Economic Efficiency and Productivity Growth: Evidence from China", *Developing Economies*, Vol. 44, No. 1, 2010, pp. 27 – 52.

[78] Kamin, Steven, "Devaluation, External Balance and Macroeconomic Performance: A Look at the Numbers", *Studies in International Finance*, Vol. 62, 1988.

[79] Kaminsky G. L., C. M. Reinhart, "On Crises, Contagion and Confusion", *Journal of International Economics*, Vol. 51, No. 1, 2000, pp. 145 – 168.

[80] Kaminsky G. L., C. M. Reinhart, "The Twin Crises: The Causes of Banking and Balance – of – Payments Problems", *The American Economic Review*, Vol. 89, No. 3, 1999, pp. 473 – 500.

[81] Karolina Ekholm, Andreas Moxnes, Karen Helene Ulltveit – Moe, *Manufacturing Restructuring and the Role of Real Exchange Rate Shocks*, CEPR Discussion Paper, No. 6904, 2009.

[82] Kaysia C. and D. M. Hunter, "Exchange Rate Exposure, Competition and Investments: Firm – Level Evidence from Around the World", *Financial Review*, Vol. 45, No. 3, 2010, pp. 825 – 843.

[83] Keynes, John Maynard, *A Tract on Monetary Reform*, Macmillan, 1923.

[84] Kichun Kang, "How Much Have Been the Export Products Changed from Homogeneous to Differentiated ? Evidence from China, Japan and Korea", *China Economic Review*, No. 19, 2008.

[85] Korinek A. and E. G. Mendoza, *From Sudden Stops to Fisherian Deflation: Quantitative Theory and Policy Implications*, National Bu-

reau of Economic Research, 2014.

[86] Kumbhakar, *Stochastic Frontier Analysis*, Cambridge University Press, 2000.

[87] Lafrance R. and L. Schembri, "The Exchange Rate, Productivity and the Standard of Living", *International Economic Review*, Vol. 40, No. 2, 2000, pp. 287 – 314.

[88] Lall Sanjaya, Weiss John and Zhang Jinkang, "The Sophistication of Exports: A New Trade Measure", *World Development*, 2006.

[89] Landon S. and C. E. Smith, "The Exchange Rate and Machinery and Equipment Imports: Identifying the Impact of Import Source and Export Destination Country Currency Valuation Changes", *North American Journal of Economics & Finance*, Vol. 18, No. 1, 2007, pp. 3 – 21.

[90] Leibenstein H. , "Book Reviews: Economic Backwardness and Economic Growth", *Studies in the Theory of Economic Development*, *Population*, Vol. 126, No. 1, 1957, pp. 1349 – 1350.

[91] Lileeva A. , "Trade Liberalization and Productivity Dynamics: Evidence from Canada", *Canadian Journal of Economics*, Vol. 41, No. 2, 2008, pp. 360 – 390.

[92] Linda S. Goldberg and Charles D. Kolstad, "Foreign Direct Investment, Exchange Rate Variability and Demand Uncertainty", *International Economic Review*, Vol. 36, No. 4. Nov. , 1995 , pp. 855 – 873.

[93] Marston, *Real Exchange Rates and Productivity Growth in the United States and Japan*, NBER Working Paper, No. 1922, 1986.

[94] Mary Amiti and Caroline Freund, *An Anatomy of China's Export Growth*, Federal Reserve Working Paper, No. 11, 2007.

[95] McCallum B. T. and Yongsung Chang, "Understanding How Price Responds to Costs and Production: A Comment", Vol. 52, No. 1, 1999, pp. 79 – 85.

[96] M. D. Negro, F. Schorfheide, F. Smets and R. Wouters, "On the Fit of New Keynesian Models", Journal of Business & Economic statistics, Vol. 25, No. 2, 2007, pp. 159 – 162.

[97] Melitz M. J. and G. I. P. Ottaviano, "Market Size, Trade and Productivity", *Review of Economic Studies*, Vol. 75, No. 3, 2008, pp. 295 – 316.

[98] Melitz M. J., "The Impact of Trade on Intra – Industry Reallocations and Aggregate Industry Productivity", *Econometrica*, Vol. 71, 2003, pp. 1695 – 1725.

[99] Min Yuan and Zhuang Zhou, "The Impact and Countermeasures of RMB Appreciation on Export – Based Enterprises in China", *International Journal of Marketing Studies*, Vol. 8, No. 1, 2008, pp. 85 – 89.

[100] Myers S. C. and N. S. Majluf, "Corporate Financing and Investment Decisions When Firms Have Information that Investors Do not Have", *Social Science Electronic Publishing*, Vol. 13, No. 2, 1984, pp. 187 – 221.

[101] Negro M. D., F. Schorfheide, F. Smets and R. Wouters, "On the Fit of New Keynesian Models", *Journal of Business & Economic Statistics*, Vol. 25, No. 2, 2007, pp. 159 – 162.

[102] Nishimizu M. and J. J. Page, "Trade Policy, Market Orientation and Productivity Change in Industry", *Economic Studies Quarterly*, 1982.

[103] Nucci F. and A. F. Pozzolo, "Investment and the Exchange Rate: An Analysis with Firm – level Panel Data", *European Economic Review*, Vol. 45, No. 2, 2001, pp. 259 – 283.

[104] Paul R. Krugman, "Increasing Returns, Monopolistic Competition and International Trade", *Journal of International Economics*, No. 9, 1979, pp. 469 – 479.

[105] Pavcnik N., "Trade Liberalization, Exit and Productivity Improve-

ment: Evidence from Chilean Plants", *Review of Economic Studies*, Vol. 69, No. 1, 2010, pp. 245 – 276.

[106] Pengfei W., Y. Wen and Z. W. Xu, "Two – Way Capital Flows and Global Imbalances", *The Economic Journal*, Vol. 127, 2017, pp. 229 – 270.

[107] Philippe Aghion, Philippe Bacchettab, Romain Ranciec and Kenneth Rogoff, "Exchange Rate Volatility and Productivity Growth: The Role of Financial Development", *Journal of Monetary Economics*, Vol. 56, No. 4, 2009, pp. 494 – 513.

[108] Ping Hua, *Real Exchange Rate and Productivity in China*, CERDI Working Papers, No. 28, 2003.

[109] Ping Hua, "Real Exchange Rate and Manufacturing Employment in China", *China Economic Review*, Vol. 18, 2007, pp. 335 – 353.

[110] Pratap S., C. Urrutia, "Firm Dynamics, Investment and Debt Portfolio: Balance Sheet Effects of the Mexican Crisis of 1994", *Journal of Development Economics*, Vol. 75, No. 2, 2004, pp. 535 – 563.

[111] Pratap S., I. Lobato, A. Somuano, "Debt Composition and Balance Sheet Effects of Exchange Rate Volatility in Mexico: A Firm Level Analysis", *Emerging Markets Review*, Vol. 4, No. 4, 2003, pp. 450 – 471.

[112] Rey H., "Dilemma Not Trilemma: The Global Financial Cycle and Monetary Policy Independence", in *Asia – Pacific Journal of Accounting & Economics*, Social Science Electronic Publishing, Vol. 4, 2015, pp. 1 – 2.

[113] Richard G. Harris, *Is There a Case for Exchange Rate Induced Productivity Changes?*, Canadian Institute for Advanced Research Working Paper No. 164, 2001.

[114] Robert Lafrance and David Tessier, *Exchange Rate Uncertainty, Investment, and Productivity*, Bank of Canada Conference Session

4, Discussion Paper, 2008, pp. 239 – 275.

[115] Rodrik D. , R. Hausmann and J. Hwang, "What You Export Matters", *Journal of Economic Growth*, Vol. 12, No. 1, 2007, pp. 1 – 25.

[116] Rodrik, Dani, "What Is So Special about China's Exports?", *China & World Economy*, No. 5, 2006.

[117] Ronald M. D. and J. Nagayasu, "The Long – Run Relationship between Real Exchange Rates and Real Interest Rate Differentials: A Panel Study", *IMF Economic Reviews*, Vol. 47, No. 1, 2000, pp. 116 – 128.

[118] Samuelson P. A. , "Theoretical Notes on Trade Problems", *Review of Economics & Statistics*, Vol. 46, No. 2, 1964, pp. 145 – 154.

[119] Shibuya Hiroshi, "Dynamic Equilibrium Price Index: Asset Price and Inflation, Monetary & Economic Studies", *Institute for Monetary and Economic Studies*, Bank of Japan, Vol. 10, No. 1, 1992, pp. 95 – 109.

[120] Smets F. and R. Wouters, *Shocks and Frictions in US Business Cycles—A Bayesian DSGE Approach*, European Central Bank Working Paper, No. 722, Feberuary, 2007.

[121] Straathof B. , P. Calio, "Currency Derivatives and the Disconnection between Exchange Rate Volatility and International Trade", CPB Discussion Paper, 2012.

[122] Takagi S. and Z. Shi, "Exchange Rate Movements and Foreign Direct Investment (FDI): Japanese Investment in Asia, 1987 – 2008", *Japan & the World Economy*, Vol. 23, No. 4, 2011, pp. 265 – 272.

[123] Tang Y. , "Does Productivity Respond to Exchange Rate Appreciations?", *International Atlantic Economic Conference*, 2009.

[124] Thomas J. Holmes, David K. Levine, James A. and Schmitz Jr. , *Monopoly and the Incentive to Innovate When Adoption Involves Swit-*

chover Disruptions, NBER Working Paper, No. 13864, 2008.

[125] Tilak Abeysinghe and Tanlin Lin Yeok, "Exchange Rate Appreciation and Export Competitiveness, the Case of Singapore", *Applied Economics*, Vol. 30, 1998, pp. 51 – 55.

[126] Tomlin B. , *Exchange Rate Fluctuations*, *Plant Turnover and Productivity*, Bank of Canada Working Paper, No. 18, 2010.

[127] Trefler D. , "The Long and Short of the Canada – U. S. Free Trade Agreement", *American Economic Review*, Vol. 94, No. 4, 2004, pp. 870 – 895.

[128] Tybout, James R. and M. Daniel Westbrook, "Trade Liberalization and the Dimensions of Efficiency Change in Mexican Manufacturing Industries", *Journal of International Economics*, Vol. 39, 1995, pp. 53 – 78.

[129] Wang Zhi and Wei Shang – jin, *What Accounts for the Rising Sophistication of China's Exports?*, NBER Working Paper, No. 13771, February, 2008.

[130] Wang Z. Q. and N. J. Swain, "The Determinants of Foreign Direct Investment in Transforming Economies: Empirical Evidence from Hungary and China", Weltwirtschaftliches Archiv, Vol. 131, No. 2, 1995, pp. 359 – 382.

[131] Wu Chung – Shu and Liang – Hwa Hsu, *The Impact of Exchange Rate Fluctuation on Export Prices of Nine Taiwan Export Industries*, Taiwan Economic Association Annual Conference Proceedings, 1996 (in Chinese) .

[132] Xing Y. , "Why is China so Attractive for FDI? The Role of Exchange Rates", *China Economic Review*, Vol. 17, No. 2, 2006, pp. 198 – 209.

[133] Yi Gang Pan, "The Inflow of Foreign Direct Investment to China: The Impact of Country – Specific Factors", *Journal of Business Research*, Vol. 56, No. 10, 2003, pp. 829 – 833.

［134］ Ying Xu, "Lessons from Taiwan's Experience of Currency Appre-
ciation", *China Economic Review*, Vol. 19, No. 1, 2008, pp.
53 – 65.

［135］ Yu M., "Processing Trade, Firm's Productivity and Tariff Reduc-
tions: Evidence from Chinese Products", *Chinese Economic Quar-
tely*, Vol. 125, No. 585, 2015, pp. 943 – 988.

中文参考文献

［1］ 陈昆亭、龚六堂、邹恒甫：《基本 RBC 方法模拟中国经济的数值
试验》，《世界经济文汇》2004 年第 2 期。

［2］ 陈诗一：《中国工业分行业统计数据估算：1980—2008》，《经济
学季刊》2011 年第 3 期。

［3］ 陈作章：《日元汇率升值趋势与日本经济内外均衡关系研究》，
博士学位论文，苏州大学，2007 年。

［4］ 程瑶、于津平：《人民币汇率波动对外商直接投资影响的实证分
析》，《世界经济研究》2009 年第 3 期。

［5］ 戴觅、余淼杰：《企业出口前研发投入、出口及生产率进步——
来自中国制造业企业的证据》，北京大学中国经济研究中心讨论
稿，2010 年 11 月。

［6］ 戴翔、张二震：《危机冲击、汇率波动与出口绩效》，《金融研
究》2011 年第 8 期。

［7］ 杜修立、王维国：《中国出口贸易的技术结构及其变迁：1980—
2003》，《经济研究》2007 年第 7 期。

［8］ 樊纲、关志雄、姚枝仲：《国际贸易结构分析：贸易品的技术分
布》，《经济研究》2006 年第 8 期。

［9］ 范爱军：《台湾经济研究》，济南出版社 1995 年版。

［10］ 封北麟、王贵民：《货币政策与金融形势指数 FCI：基于 VAR
的实证分析》，《数量经济技术经济研究》2006 年第 11 期。

［11］ 谷克鉴、余剑：《汇率变化与中国产业结构调整研究》，中国人
民大学出版社 2008 年版。

［12］ 关志雄：《从美国市场看中国制造的实力——以信息技术产品为

中心》,《国际经济评论》2002 年第 7 期。

[13] 郭新强、胡永刚:《中国财政支出与财政支出结构偏向的就业效应》,《经济研究》2012 年第 2 期。

[14] 何德旭、苗文龙:《国际金融市场波动溢出效应与动态相关性》,《数量经济技术经济研究》2015 年第 11 期。

[15] 何新华、吴海英、刘仕国:《人民币汇率调整对中国宏观经济的影响》,《世界经济》2003 年第 11 期。

[16] 胡晓炼:《人民币汇率形成机制改革的成功实践》,《金融时报》2010 年第 7 期。

[17] 胡永刚、刘方:《劳动调整成本、流动性约束与中国经济波动》,《经济研究》2007 年第 10 期。

[18] 华民:《人民币升值并未让中国经济增长变得更健康》,《上海证券报》2006 年 6 月 16 日。

[19] 黄梅波、熊爱宗:《日元、新台币升值及其对实体经济的影响》,《亚太经济》2008 年第 4 期。

[20] 江小涓:《吸引外资对中国产业技术进步和研发能力提升的影响》,《国际经济评论》2004 年第 2 期。

[21] 姜波克:《均衡汇率理论和政策的新框架》,《中国社会科学》2006 年第 1 期。

[22] 姜波克:《均衡汇率理论和政策新框架的再探索》,《复旦学报》(社会科学版)2007 年第 2 期。

[23] 姜波克:《均衡汇率理论与政策新框架的三探索——基于自然资源角度的分析》,《国际金融研究》2007 年第 1 期。

[24] 姜波克、李怀定:《均衡汇率理论文献评述》,《当代财经》2006 年第 2 期。

[25] 姜波克、李天栋:《人民币均衡汇率理论的新视角及其意义》,《国际金融研究》2006 年第 4 期。

[26] 金中夏、洪浩、李宏瑾:《利率市场化对货币政策有效性和经济结构调整的影响》,《经济研究》2013 年第 4 期。

[27] 康立、龚六堂:《金融摩擦、银行净资产与国际经济危机传

导》，《经济研究》2014 年第 5 期。

[28] 李丹、胡小娟：《中国制造业企业相对效率和全要素生产率增长研究——基于 1999~2005 年行业数据的实证分析》，《数量经济技术经济研究》2008 年第 7 期。

[29] 李浩、胡永刚、马知遥：《国际贸易与中国的实际经济周期》，《经济研究》2007 年第 5 期。

[30] 李建伟、余明：《人民币有效汇率的波动及其对中国经济增长的影响》，《世界经济》2003 年第 11 期。

[31] 李善同、吴延瑞：《生产率增长与中国经济增长的可持续性》，《调查研究报告》2002 年第 108 卷。

[32] 李善同、吴延瑞、侯永志、刘培林：《生产率增长与中国经济增长的可持续性》，《调查研究报告》2002 年第 108 期。

[33] 李胜文、李大胜：《中国工业全要素生产率的波动：1986—2005——基于细分行业的三投入随机前沿生产函数分析》，《数量经济技术经济研究》2008 年第 5 期。

[34] 李天栋：《汇率变动、资本配置及其对经济增长的效应》，第十三届中国经济学会会议论文。

[35] 李天栋、薛斐、胡靖：《人民币汇率调整与均衡经济增长》，《东岳论丛》2006 年第 1 期。

[36] 李小平、卢现祥、朱钟棣：《国际贸易、技术进步和中国工业行业的生产率增长》，《经济学季刊》2008 年第 2 期。

[37] 李玉红、王皓、郑玉歆：《企业演化：中国工业生产率增长的重要途径》，《经济研究》2008 年第 6 期。

[38] 林伯强：《人民币均衡汇率的估计与实际汇率错位的测算》，《经济研究》2003 年第 12 期。

[39] 刘斌：《我国 DSGE 模型的开发及在货币政策分析中的应用》，《金融研究》2008 年第 10 期。

[40] 刘泌清：《产品改进、产业升级和内涵经济增长——比较优势的视角》，《复旦学报》（社会科学版）2007 年第 2 期。

[41] 刘锡良、吕娅娴、苗文龙：《国际风险冲击与金融市场波动》，

《中国经济问题》2014 年第 3 期。

[42] 娄伶俐：《人民币升值对出口企业技术进步的作用区间分析》，《产业经济研究》2008 年第 4 期。

[43] 吕炜、高帅雄、周潮：《财政政策、纵向产业关联与供给侧结构性改革》，《中国工业经济》2016 年第 8 期。

[44] 毛日昇、郑建明：《人民币实际汇率不确定性与外商直接投资择机进入》，《金融研究》2011 年第 5 期。

[45] 苗文龙：《金融部门资产负债表与金融市场风险传染》，《中国经济问题》2011 年第 3 期。

[46] 苗文龙、周潮：《国际风险冲击与金融周期联动性分析》，《金融监管研究》2012 年第 12 期。

[47] 任再萍、陈金明：《人民币汇率日益波动下提升我国出口竞争力的途径分析——基于日本、德国的经验》，《宏观经济研究》2012 年第 5 期。

[48] Rodrik：《中国的出口有何独到之处》，《世界经济》2006 年第 3 期。

[49] 商务部课题组：《4 家外贸企业出口订单回升 出口信心有所恢复》，《中国对外贸易》2013 年第 5 期。

[50] 沈筠彬：《行业实际有效汇率变动对中国制造业生产率的影响》，硕士学位论文，华东理工大学，2013。

[51] 施建淮、余海丰：《人民币均衡汇率与汇率失调：1991—2004》，《经济研究》2005 年第 4 期。

[52] 石田護：《日本企业应对日元升值的策略》，《国际经济评论》2005 年第 8 期。

[53] 苏振东、周玮庆：《FDI 对中国出口结构变迁的非对称影响效应》，《财经科学》2009 年第 4 期。

[54] 田素华：《人民币汇率变动投资效应的企业特征》，《世界经济》2008 年第 5 期。

[55] 田巍、余淼杰：《企业生产率和企业"走出去"对外直接投资：基于企业层面数据的实证研究》，北京大学中国经济研究中心

讨论稿，2011 年。

[56] 涂正革、肖耿：《中国的工业生产力革命——用随机前沿生产模型对中国大中型工业企业全要素生产率增长的分解及分析》，《经济研究》2005 年第 3 期。

[57] 王呈斌、谢守祥：《后危机时代的中小企业景气状况及其特征分析》，《经济社会体制比较》2012 年第 1 期。

[58] 王君斌：《通货膨胀惯性、产出波动与货币政策冲击》，《世界经济》2010 年第 3 期。

[59] 王敏：《人民币汇率变动的 FDI 及其贸易结构效应研究》，博士学位论文，辽宁大学，2009 年。

[60] 王玮：《"走出去"企业应用衍生金融工具管理外汇风险的探讨》，《财会学习》2015 年第 17 期。

[61] 王允贵：《广场协议对日本经济的影响及启示》，《国际经济评论》2004 年第 2 期。

[62] 熊威：《人民币升值后的汇率传递效应与贸易结构调整》，博士学位论文，华中科技大学，2009 年。

[63] 许斌：《技术升级与中国出口竞争力》，《国际经济评论》2008 年第 5 期。

[64] 许少强、李天栋、姜波克：《均衡汇率与人民币汇率政策的理论研究》，复旦大学出版社 2006 年版。

[65] 薛敬孝：《趋势性日元升值和日本产业的结构性调整》，《中国社会科学》1997 年第 4 期。

[66] 姚洋、张晔：《中国出口品国内技术含量升级的动态研究——来自全国及江苏省、广东省的证据》，《中国社会科学》2008 年第 2 期。

[67] 姚洋、章林峰：《中国本土企业出口竞争优势和技术变迁分析》，《世界经济》2008 年第 3 期。

[68] 姚枝仲：《如何看待中国当前的对外直接投资》，《国际经济评论》2009 年第 5—6 期。

[69] 姚仲枝：《如何看待投资陷阱?》，《新华文摘》2009 年第

15 期。

[70] 易纲、范敏：《人民币汇率的决定因素及走势分析》，《经济研究》1997 年第 10 期。

[71] 于津平：《汇率变化如何影响外商直接投资》，《世界经济》2007 年第 4 期。

[72] 余永定：《现行汇率制度的主要特点分析》，《新世纪周刊》2010 年第 8 期。

[73] 袁志刚、邵挺：《人民币升值对我国各行业利润率变动的影响——基于 2007 年投入产出表的研究》，《金融研究》2011 年第 4 期。

[74] 曾贵、钟坚：《台湾加工贸易转型升级的路径、机制及其启示》，《世界经济与政治论坛》2010 年第 5 期。

[75] 曾铮、张亚斌：《人民币实际汇率升值与中国出口商品结构调整》，《世界经济》2007 年第 5 期。

[76] 张斌：《汇改之鉴——德国、日本汇率波动的经验与启示》，《中国改革》2011 年第 3 期。

[77] 张斌：《人民币均衡汇率：简约一般均衡下的单方程模型研究》，《世界经济》2003 年第 11 期。

[78] 张斌：《人民币真实汇率：概念、测量与解析》，《经济学（季刊)》2005 年第 2 期。

[79] 张帆：《中国企业对人民币升值免疫?》，《CMRC 朗润经济评论》2010 年第 11 期。

[80] 张海洋：《人力资本吸收、外资技术扩散与中国经济增长》，《科学学研究》2005 年第 1 期。

[81] 张军：《增长、资本形成与技术选择：解释中国经济增长下降的长期因素》，《经济学（季刊)》2002 年第 2 期。

[82] 张军：《资本形成、工业化与中国的经济增长：中国的转轨特征》，《经济研究》2002 年第 7 期。

[83] 张军、施少华、陈诗一：《中国的工业改革与效率变化：方法、数据、文献和现有的结果》，《经济学》（季刊)，2003 年第

3 期。

[84] 张涛、张若雪：《人力资本与技术采用：对珠三角技术进步缓慢的一个解释》，《管理世界》2009 年第 2 期。

[85] 张小蒂、孙景蔚：《基于垂直专业化分工的中国产业国际竞争力分析》，《世界经济》2006 年第 5 期。

[86] 张晓朴：《均衡与失调：1978—1999 年人民币汇率合理性评估》，《金融研究》2000 年第 8 期。

[87] 张佐敏：《财政规则与政策效果》，《经济研究》2013 年第 1 期。

[88] 郑联盛、董裕平：《离岸人民币定价权及其对在岸人民币的影响》，《国际金融》2016 年第 3 期。

[89] 朱廷柏：《从美元、日元看人民币的汇率》，经济学家网，2003 年 8 月 6 日。

[90] 卓俭华、朱训伟：《当前中国用工成本上升的原因分析及对策》，《经济与管理》2011 年第 7 期。